	願望	たし	7	願望（…	たから	たかり						「さす」の連用形
終止形	推量	べし	54	推量（…ニチガイナイ、…ソウダ、…ダロウ）意志（…ウ、…ヨウ、…ツモリダ）適当（…ノガヨイ、…ノガ適当ダ）当然・義務（…ハズダ、…ナケレバナラナイ、…ベキダ）強い勧誘・命令（…ベキダ、…セヨ）可能（…デキル、…デキルハズダ）	べく べから	べく べかり	べし	べき べかる	べけれ	○	形容詞型	活用語の終止形（ラ変・ラ変型の活用語には連体形に接続） ＊ラ変型の活用語…形容詞（カリ活用）・形容動詞・ラ変型活用の助動詞
終止形	現在推量	らむ〈らん〉	58	現在推量（今ゴロハ…テイルダロウ）現在の原因推量（…ノダロウ、…ダカラダロウ、〈ドウシテ〉…テイルノダロウ）現在の伝聞（…トカイウ、…ソウダ）現在の婉曲（…テイルヨウナ、…ト思ワレル）推量（…ダロウ）	○	○	らむ〈らん〉	らむ〈らん〉	らめ	○	四段型	〃
終止形	推定	らし	60	推定（…ラシイ、…ニチガイナイ）	○	○	らし	らし（らしき）	らし	○	特殊型	〃
終止形	推定	めり	60	推定（…ヨウニ見エル、…ヨウダ）婉曲（…ヨウダ）	[illegible]	[illegible]り）	めり	める	めれ	○	ラ変型	〃
終止形	推定	なり	61	推定（…ヨウダ、…ラシイ、…ニ[illegible]ナイ）伝聞（…トイウコトダ、…ソ[illegible]…ト聞イテイル）	[illegible]	[illegible]り	なり	なる	なれ	○	ラ変型	〃
終止形	打消推量	まじ	56	打消推量（…ナイダロウ、…マイ、[illegible]ウニナイ）打消意志（…マイ、…ナ[illegible]モリダ）禁止・不適当（…テハナ[illegible]イ、…ナイホウガヨイ）打消当然（[illegible]キデハナイ、…ハズガナイ）不可能[illegible]量（…デキナイダロウ、…デキソウニ[illegible]イ）	[illegible]	[illegible]、[illegible]り	まじ	まじき まじかる	まじけれ	○	形容詞型	〃
体言 連体形	断定	なり	64	断定（…ダ、…デアル）存在（…ニアル）	[illegible]	[illegible]	なり	なる	なれ	（なれ）	形容動詞型	体言・活用語の連体形（一部の助詞や副詞にも接続）
体言	断定	たり	64	断定（…ダ、…デアル）	[illegible]	[illegible]	たり	たる	たれ	（たれ）	形容動詞型	体言
その他	完了	り	50	存続（…テイル、…テアル）完了（…タ、…テシマッタ）	ら	り	り	る	れ	（れ）	ラ変型	サ変の未然形・四段の已然形（四段については命令形に接続するという説もある）
その他	比況	ごとし	71	比況（…ト同ジダ、…ニ似テイル、…ヨウダ）例示（タトエバ…ノヨウダ、タトエバ…ナドダ）	ごとく	ごとく	ごとし	ごとき	○	○	形容詞型	体言・活用語の連体形・格助詞「が」「の」
その他	比況	やうなり	72	比況（…ヨウダ、…ミタイダ）例示（タトエバ…ヨウダ）様子・状態（…様子ダ、…状態ダ、…ヨウダ）婉曲（…ヨウダ）	やうなら	やうなり やうに	やうなり	やうなる	やうなれ	○	形容動詞型	活用語の連体形・格助詞「が」「の」

五十音図

段＼行	ア行	カ行	サ行	タ行	ナ行	ハ行	マ行	ヤ行	ラ行	ワ行	
a	あ	か	さ	た	な	は	ま	や	ら	わ	ワ
i	い	き	し	ち	に	ひ	み	い	り	ゐ	ヰ
u	う	く	す	つ	ぬ	ふ	む	ゆ	る	う	ウ
e	え	け	せ	て	ね	へ	め	え	れ	ゑ	ヱ
o	お	こ	そ	と	の	ほ	も	よ	ろ	を	ヲ

濁音・半濁音

段＼行	ガ行	ザ行	ダ行	バ行	パ行
a	が	ざ	だ	ば	ぱ
i	ぎ	じ	ぢ	び	ぴ
u	ぐ	ず	づ	ぶ	ぷ
e	げ	ぜ	で	べ	ぺ
o	ご	ぞ	ど	ぼ	ぽ

撥音《はつおん》　ん

促音《そくおん》　つ

音便（⇩p.33）

いろは歌

いろはにほへと　ちりぬるを
色は匂へど　散りぬるを

わかよたれそ　つねならむ
我が世たれぞ　常ならむ

うゐのおくやま　けふこえて
有為の奥山　今日越えて

あさきゆめみし　ゑひもせす
浅き夢見じ　酔ひもせず

歌意

桜の花は色美しく照り映えるけれど、
はかなく散ってしまうものだから、
我々人の世も、誰が、
いつまでも生き続けていられようか、いや、この世は移り変わって無常である。
道もなく越えがたい深い山のようなこの世、その奥深い山を
今日もまた越えて行くような人生で、
浅い夢をみるように眼前の事象に惑わされたりはしまい。
酒に酔いしれるようにわけもわからないまま生涯を送ったりはしまい。

本書の編集方針

本書は、高等学校で学ぶ古文を正しく読解するために、その基礎となる古典文法の学力を習得することを目標として編集しました。教科書の用例を中心に採録し、解釈に役立つテクニックを盛り込むなど、取り組みやすい配慮をしています。

一 本文は二段構成とし、次のような構成としました。

● 上段……基本事項の解説と用例。

● 下段……覚えておきたい文法事項（♛で示しています）、その他の補足・発展的説明。用例の口語訳。紛らわしい語の識別を整理した「識別チェック」。

二 用例は、高等学校の**教科書に採録されている**古文作品から優先して採録することを徹底しました。原典にあたる便宜を考慮し、すべての用例に作品名・巻数・章段番号・歌番号等を示しています。

三 **用例にはすべて口語訳**を付けました。学習内容に関連する部分は**太字**にし、原文と口語訳を対照しやすくしました。

四 用言・助動詞・助詞について、学習上注意すべき事項を**「ポイント」**として囲みで解説しました。

五 補助動詞・助動詞・助詞・敬語について、文法事項の理解を実際の解釈に役立てるために有効な知識を**「詳解」**として囲みで解説しました。

六 練習問題を適切な位置に配し、学習内容の定着を目指しました。解答は別冊です。

● **確認問題**……本文の各項目・各語彙に即した基本的な問題。

● **総合問題**……長文を素材にした実践的な問題。

七 重要な文法事項について解説した動画と基本的な文法事項を一問一答形式で問うウェブコンテンツを用意しました。本文中の二次元コードからアクセスすることができます。使用に際しては、一般に、通信料が発生します。利用については、先生の指示に従ってください。

目次

第一章 古典文法入門

1 古文と現代文の違い

● 丹波《たんば》に出雲《いづも》といふ所あり。大社《おほやしろ》を移して、めでたく作れり。

（徒然草・二三六段）

丹波の国に出雲という所がある。出雲大社（の神）を勧請《かんじょう》して、立派に作ってある。

古文に用いられた言葉を**文語**（**古語**）といい、文語で書かれた文章を、**文語文**（**古文**）という。これに対して、現在使われている言葉を**口語**（現代語）といい、口語で書かれた文章を、**口語文**（現代文）という。多くの言葉は時間の経過とともに移り変わってきているが、古文では平安時代中期の文法が規範とされた。

古文と現代文とでは主に次のものが違っている。古文を読むにあたっては、これらをまず理解しなければならない。

1 仮名遣《かなづか》い　古文では、書き表す場合の仮名遣いが異なる。「いづも」「いふ」「おほやしろ」は、現代文では「いずも」「いう」「おおやしろ」となる。

2 言葉の意味　古文では、現代文に使われなくなった言葉がある。「作れり」は、現代文では「作ってある」の意味である。また、使われていても意味が異なる言葉もある。「めでたく」は、現代文では喜び祝うべきさまをいうが、この例文では「立派に・すばらしく」の意味である。

3 文法　古文では、文法が一部異なる。たとえば「所あり」は、主語を示す助詞「が」が省略され、「あり」で文が終止している。現代文では「所がある」となる。

▼現代に残る歴史的仮名遣い

現代仮名遣いは、原則として発音に基づいているが、一部に発音と表記が一致しないところがある。次の例の色字は、発音と表記が一致していない。これは、歴史的仮名遣いの名残を現代仮名遣いにとどめているのである。

● わたし**は**、おとうさん**を**迎えに、えき（駅）**へ**行った。

2 歴史的仮名遣い

口語文に使われている**現代仮名遣い**に対し、文語文で使われている仮名遣いを**歴史的仮名遣い**という。これは、平安時代中期ごろの用例を基準としている。

▼歴史的仮名遣いの読み方

1 語中・語尾の「は・ひ・ふ・へ・ほ」は、「ワ・イ・ウ・エ・オ」と読む。

例 いはひ〈祝ひ〉⇒イワイ　くふ〈食ふ〉⇒クウ　うへ〈上〉⇒ウエ

※語頭に「は・ひ・ふ・へ・ほ」のある語が、他の語の下に付いて複合語になった場合は、「ハ・ヒ・フ・ヘ・ホ」と読む。例 はつはな〈初花〉⇒ハツハナ

2 次のように母音が重なる場合は、長音で読む。※「フ」も「ウ」と同じ。〈1の原則〉

- アウ・アフ → **オー**〈au→ô〉
  - 例 やう〈様〉⇒ヨー〔yau→yô〕
  - 例 たまふ〈給ふ〉⇒タモー〔tamahu→tamau→tamô〕
- イウ・イフ → **ユー**〈iu→yû〉
  - 例 いうげん〈幽玄〉⇒ユーゲン〔iugen→yûgen〕
  - 例 いふ〈言ふ〉⇒ユー〔ihu→iu→yû〕
- エウ・エフ → **ヨー**〈eu→yô〉
  - 例 せうと〈兄人〉⇒ショート〔seuto→syôto〕
  - 例 けふ〈今日〉⇒キョー〔kehu→keu→kyô〕
- オウ・オフ → **オー**〈ou→ô〉
  - 例 おうな〈媼〉⇒オーナ〔ouna→ôna〕
  - 例 きのふ〈昨日〉⇒キノー〔kinohu→kinou→kinô〕

3 「ゐ・ゑ・を」は「イ・エ・オ」と読み、「ぢ・づ」は「ジ・ズ」と読む。

例 ゐなか〈田舎〉⇒イナカ　ゑむ〈笑む〉⇒エム　をんな〈女〉⇒オンナ

例 なんぢ〈汝〉⇒ナンジ　みづから〈自ら〉⇒ミズカラ

4 助動詞「む」、助詞「なむ」などの「む」は、「ン」と読む。 例 書かむ⇒カカン

5 「くわ・ぐわ」は「カ・ガ」と読む。 例 くわんゐ〈官位〉⇒カンイ　ぐわん〈願〉⇒ガン

確認問題

一 次の歴史的仮名遣いで表記してある語を、現代仮名遣いに改めよ。

1 うつは（器）〔　　〕
2 ゆふ（結ふ）〔　　〕
3 いきほひ（勢ひ）〔　　〕
4 まうす（申す）〔　　〕
5 あふぎ（扇）〔　　〕
6 てふ（蝶）〔　　〕
7 ひうが（日向）〔　　〕
8 ゐる（居る）〔　　〕
9 ひとこゑ（一声）〔　　〕
10 をのこ（男）〔　　〕
11 もみぢ（紅葉）〔　　〕
12 めづ（愛づ）〔　　〕

二 次の傍線部を、平仮名・現代仮名遣いに改めよ。

1 名をば、さかきの造《みやつこ》と[1]なむ[2]いひける。（竹取物語・おひたち）

（翁は）名を、さかきの造といった。

1〔　　〕　2〔　　〕

2 いと[1]うつくしうて[2]ゐたり。（竹取物語・おひたち）

（かぐや姫は）とてもかわいらしい姿で（竹の中に）座っている。

1〔　　〕　2〔　　〕

3 言葉の単位

1 文と文章

● 丹波《たんば》に出雲《いづも》といふ所あり。大社《おほやしろ》を移して、めでたく作れり。（徒然草・二三六段）

ひとまとまりの思想や感情を表す表現を、**文**という。文は、読むときには終わりに音の区切れがあり、書くときには終わりに句点「。」を付けて区切ることができる。引用した『徒然草』第二三六段の冒頭は、二つの文からなっている。

単なる文の集合ではなく、一つのまとまった思想や感情を表現した統一された全体を、**文章**という。

『徒然草』のような一編の言語的作品も文章であり、短歌や俳諧のような短詩も、一文で一つの世界を表しているので、一文章である。

2 文節

● 丹波に／出雲と／いふ／所／あり。大社を／移して／めでたく／作れり。

文を、音読するときに意味が不自然にならない範囲で小さく区切った、その一つ一つの単位を、**文節**という。

3 単語

● 丹波／に／出雲／と／いふ／所／あり。大社／を／移し／て／めでたく／作れ／り。

文節をさらに小さく分けた、意味を持つ言葉の最小の単位を、**単語**という。

文節の分け方

1「ネ」を入れて区切れるところを目安とする。

● 丹波にネ／出雲とネ／いふネ／所ネ／あり。

2 一文節は、自立語一つか、自立語に付属語が付くかしてできているので、自立語か付属語かを見分ける。

● 丹波（自）に（付）／出雲（自）と（付）／いふ（自）／所（自）／あり（自）。

▼接頭語と接尾語

接頭語と接尾語は、それ自身では独立した単語になることはできない。必ず他の単語（品詞）に結び付いて一単語を構成する。

1 接頭語

● 御子（名詞）　第三（名詞）　小夜（名詞）　うち泣く（動詞）

2 接尾語

● 深さ（名詞）　童べども（名詞）　春めく（動詞）

接頭語が付いても、品詞の種類は変わらないが、接尾語が付くと、他の品詞に変わることがある。

● 春（名詞）＋めく（接尾語）→春めく（動詞）

4 単語の種類

1 自立語と付属語

丹波	に	出雲	と	いふ	所	あり。	大社	を	移し	て、	めでたく	作れ	り。
自	付	自	付	自	自	自	自	付	自	付	自	自	付

（自＝自立語、付＝付属語）

単語には、**自立語**と**付属語**がある。「所」「あり」「めでたく」など、単独で文節になることができる単語を、**自立語**という。「に」「と」「を」「て」「り」など、単独では文節になることができない単語を、**付属語**という。

自立語は、一文節中に二つ以上存在せず、また「丹波に」「出雲と」「大社を」「移して」「作れり」のように、自立語に付属語が付いて一文節を作る場合には、文節の最初にくる。付属語は自立語の後に付き、「丹波にも」のように、一文節中に二つ以上存在することもある。

2 体言と用言

参照 p.14用言　p.114名詞

「丹波」「出雲」「所」「大社」など、主として実体を表す自立語（名詞）を、**体言**という。体言は単独で主語になることができ、語形が変わらない。「いふ」は「いはず・いひたり・いふ所」のように、語形が変化する。このように語形が変化することを、**活用**という。「いふ」「あり」「めでたく」「作れ」など、活用があり、作用などを表す自立語（動詞・形容詞・形容動詞）を、**用言**という。用言は単独で述語になることができる。

また、単語は、**活用する語**と**活用しない語**にも、大きく分けることができる。

確認問題

一 次の各文を文節に区切り、／（斜線）で示せ。

1 寄りて見るに、筒の中光りたり。（竹取物語・おひたち）

近寄って見ると、竹筒の中が光っている。

2 翁《おきな》、竹を取ること久しくなりぬ。（竹取物語・おひたち）

翁は、竹を取ることが長く続いた。

二 一の文を単語に区切り、―（横線）で示せ。

三 二の単語を、自立語と付属語とに分けよ。

1 自立語［　　］
付属語［　　］

2 自立語［　　］
付属語［　　］

四 三の自立語を、体言と用言に分けよ。

1 体言［　　］
用言［　　］

2 体言［　　］
用言［　　］

5 文節の種類

文節は、文の中での働きによって、次のように分けることができる。

1 主部・述部

「何ガ」にあたる文節を、主部という。「ドウスル」「ドンナダ」「ナニダ」にあたる文節を、述部という。

❶秋田(主部)、なよ竹の　かぐや姫と　つけつ(述部)。（竹取物語・おひたち）

❷比叡《ひえ》の　山に　児《ちご》(主部)　ありけり(述部)。（宇治拾遺物語・一二）

❸かれは(主部)　何ぞ(述部)。（伊勢物語・六段）

2 修飾部

下の文節を詳しく説明する文節を、修飾部という。

1 連用修飾部　用言を含む文節を修飾する文節

❹この　児《ちご》、心寄せに　聞きけり。（宇治拾遺物語・一二）

2 連体修飾部　体言を含む文節を修飾する文節

❺をさなき　人は、寝入り　給《たま》ひにけり。（宇治拾遺物語・一二）

3 接続部

前後の文や文節をつなぐ働きをする文節を、接続部という。

❻和歌　一つづつ　つかうまつれ。さらば　許さむ。（紫式部日記・寛弘五年十一月）

4 独立部

前後の文節から比較的独立している文節を、独立部という。

❼いざ、かいもちひ　せむ。（宇治拾遺物語・一二）

---

❶秋田は、なよ竹のかぐや姫と(名を)つけた。
❷比叡山に児がいた。
❸あれは何なの。
❹この児は、期待して聞いた。
❺幼い人は、寝込んでしまわれたよ。
❻和歌を一首ずつよんで差し上げろ。そうしたら許そう。
❼さあ、ぼたもちを作ろう。

▼主部と述部

本書では、**単語**を単位とする場合は**主語・述語**、**文節**を単位とする場合は**主部・述部**として区別した。単語を単位として考えると、❶は「秋田」が主語で、「つけ」が述語である。文節を単位として考えると、「秋田」が主部で、「つけつ」が述部である。「つけ-つ」は二つの単語で一文節を作っている。

以下の修飾部・接続部・独立部も、文節を単位としている。

▼品詞分解

品詞の分類に従って、文を品詞に分けることを、**品詞分解**という。

丹波	に	出雲	と	いふ	所	あり。
名詞	助詞	名詞	助詞	動詞	名詞	動詞

6 品詞

単語を、文法上の性質や語形によって分類したものを、**品詞**という。

品詞は、次の三つの基準によって、十種に分けることができる。

1 自立語か、付属語か。
2 活用するか、活用しないか。
3 単独で、主語・述語・修飾語・接続語・独立語のどれになり得るか。

分類の基準	自立語か付属語か	活用するか活用しないか	どのような文節になるか	文語の場合の言い切りの語尾	品詞	文語の例
単語	自立語	活用する語	単独で述語となる語〈用言〉	u段音で終わる語（ラ変の場合「り」）	動詞	思ふ　あり
				「し」で終わる語	形容詞	なし　をかし
				「なり」「たり」で終わる語	形容動詞	静かなり　堂々たり
		活用しない語	単独で主語となる語〈体言〉		名詞	われ　所
			主語とならない語 ― 修飾語となる語 ― 用言を修飾する語		副詞	いと　なほ
			主語とならない語 ― 修飾語となる語 ― 体言を修飾する語		連体詞	いはゆる
			主語とならない語 ― 修飾語とならない語 ― 接続する語		接続詞	されど
			主語とならない語 ― 修飾語とならない語 ― 接続しない語（独立語）		感動詞	いざ　あな
	付属語	活用する語			助動詞	き　けり
		活用しない語			助詞	が　ば　も

確認問題

一 10ページ脚注の例にならって次の文を品詞に分けよ。

1 かきつばたいとおもしろく咲きたり。（伊勢物語・九段）

かきつばたがたいそう美しく咲いている。

⑦ 文の基本構造

1 文節相互の関係

文節が集まって文を組み立てる場合、文節と文節との関係は、次のように分けることができる。

1 主・述の関係

❶潮　満ちぬ。〈ナニガ　ドウスル〉（土佐日記・十二月二十七日）

❷月　おもしろし。〈ナニガ　ドンナダ〉（土佐日記・一月十三日）

❸御局《みつぼね》は、桐壺《きりつぼ》なり。〈ナニガ　ナニダ〉（源氏物語・桐壺）

2 修飾・被修飾の関係

1 連用修飾・被修飾の関係

❹いと　をさなければ、籠《こ》に　入れて　養ふ。（竹取物語・おひたち）

2 連体修飾・被修飾の関係

❺苦しき　ことも　やみぬ。（竹取物語・おひたち）

3 接続・被接続の関係

❻ゆく　川の　流れは　絶えずして、しかも、もとの　水に　あらず。（方丈記・ゆく川の流れ）

4 並立の関係（対等の関係）

連文節

二つ以上の文節が連なって、その全体が一つの文節と同じ働きをしているものを、**連文節**という。

●よろづの　遊びをぞ　しける。（竹取物語・おひたち）

連文節

右の例では、「よろづの遊びをぞ」が連用修飾部となって、「しける」を修飾している。

❶潮が満ちた。
❷月が美しい。
❸お部屋は、桐壺である。
❹とても小さいので、籠《かご》に入れて育てる。
❺苦しい気持ちもおさまってしまう。
❻流れてゆく川の流れは絶えることがなくて、それでいて、もとの水ではない。
❼この世に住む男は、身分の高い人も低い人も、
❽かぐや姫はとてもひどくお泣きになる。
❾少納言よ、香炉峰の雪はどうだろう。
❿(私には)わからない、生まれる人死ぬ人は、どこから(この世に)やって来て、どこへ去って行くものなのか。
⓫世間に語り伝えている話は、事実はおもしろくないからだろうか、多くはみな作り話である。

⓬「夜の明けないうちに(妻を連れ戻してしまおう)。」と言って、(男は)この童を供として、たいそう早く(妻のもとに)行き着いた。

⑦世界の をのこ、貴《あて》なるも いやしきも、（竹取物語・おひたち）

並立

5 補助・被補助の関係

⑧かぐや姫 いと いたく 泣き 給《たま》ふ。（竹取物語・嘆き）

被補助　補助

6 独立の関係

⑨少納言よ、香炉峰《かうろほう》の 雪 いかならむ。（枕草子・雪のいと高う降りたるを）

独立

2 特殊な構造の文

1 倒置

普通の文とは違った順序に文節を並べ、表現効果を高める。

⑩知らず、生まれ死ぬる人、いづ方より来たりて、いづ方へか去る。（方丈記・ゆく川の流れ）

被修飾　連用修飾

2 挿入

文の途中に、感想や説明などの文（文節）が挟み込まれる。

⑪世に語り伝ふること、まことはあいなきにや、多くはみなそらごとなり。（徒然草・七三段）

主　述

3 省略

当然あるはずの文節を省く。文を簡潔にしたり、余情を深めたりする。

⑫「明けぬ先に（迎へ返してむ）。」とて、この童《わらは》、供《とも》にて、いととく行き着きぬ。（堤中納言物語・はいずみ）

連用修飾　被修飾

確認問題

一 次の文節と文節との関係を答えよ。

1 わが 朝ごと 夕ごとに 見る 竹の 中に おはするにて、知りぬ。（竹取物語・おひたち）

私が毎朝毎晩見る竹の中にいらっしゃることで、わかった。

1［　　］ 2［　　］ 3［　　］

2 その ことに 候《さうら》ふ。さがなき 童べどもの つかまつりける、奇怪に 候ふ ことなり。（徒然草・二三六段）

そのことでございます。いたずらな子供たちがいたしました、けしからぬことでございます。

1［　　］ 2［　　］ 3［　　］

第二章

活用のある自立語──用言

文法一問一答

1 用言

参照 p.9体言と用言

自立語で活用があり、単独で述語になることができる語を、**用言**という。用言には、次の三種類がある。

品詞	性質	言い切りの形	例語
動詞	動作・作用・存在を表す	u段（ラ変は「り」）	思ふ　過ぐ　あり
形容詞	状態・性質・感情を表す	「し」（「じ」）	なし　をかし　いみじ
形容動詞	状態・性質を表す	「なり」「たり」	静かなり　堂々たり

2 動詞

❶もろともにいみじう**泣く**。（言い切り）（竹取物語・嘆き）

❷足ずりをして**泣け**ども、かひなし。（続く）（伊勢物語・六段）

①の「泣く」は、単独で一文節を作り（＝自立語）、「泣く」という動作を表して、述語となっている。また、①（言い切りの形）と②（「ども」という助詞に接続）とでは、「泣く」「泣け」と語形が変化している。

このように、自立語で活用があり、単独で述語となることができる語（＝用言）のうち、動作・作用・存在を表し、「泣く。」のように、言い切るとu段の音で終わる（ただし、「あり」「居《を》り」などはi段で終わる）語を、**動詞**という。

用言の文法的説明

用言を文法的に説明するときは、次の要素を入れる。

動詞＝活用する行[1]＋活用の種類[2]＋品詞[3]＋基本形（終止形）[4]＋活用形[5]。

形容詞・形容動詞＝活用の種類[1]＋品詞[2]＋基本形[3]＋活用形[4]。

●泣く＝カ行[1]四段活用[2]動詞[3]「泣く」[4]の終止形[5]。

●かひなし＝ク活用[1]形容詞[2]「かひなし」[3]の終止形[4]。

＊行＝五十音図の縦の列
＊段＝五十音図の横の列

已然形と仮定形

文語の活用形には仮定形がなく、その位置に已然形が置かれる。仮定を表現する場合、口語では仮定形に「ば」を付けて表すが、文語では未然形に「ば」を付けて表す。

文語	雪**降れば**、休校なり。	（已然形）
	雪が**すでに降っている**ので、休校だ。	
	雪**降らば**、休校なり。	（未然形）
	もし雪が**降っ**たら、休校だ。	
口語	雪（が）**降れば**、休校だ。	（仮定形）
	もし雪が**降っ**たら、休校だ。	

四段活用	a～e段の四段に活用する	a i u e o	例語 泣く　思ふ
上二段活用	i・u段の二段に活用する	a i u e o	例語 過《す》ぐ　起《お》く
下二段活用	u・e段の二段に活用する	a i u e o	例語 上《あ》ぐ　捨《す》つ
上一段活用	i段のみの一段に活用する	a i u e o	例語 見る　射る
下一段活用	e段のみの一段に活用する	a i u e o	例語 蹴《け》る
カ行変格活用	カ行の三段に活用する	か き く け こ	例語 来《く》
サ行変格活用	サ行の三段に活用する	さ し す せ そ	例語 す　おはす
ナ行変格活用	ナ行の四段に活用する	な に ぬ ね の	例語 死ぬ　往《い》ぬ
ラ行変格活用	ラ行の四段に活用する	ら り る れ ろ	例語 あり　をり

（四段活用～下一段活用：正格活用）

❸ 活用と活用形

「泣く」「泣け」のように、語形が変化した一つ一つの形を**活用形**という。また、「泣く」の「な」のように、活用するとき変化しない部分を**語幹**といい、「く」「け」のように、変化する部分を**活用語尾（語尾）**という。

文語

	語幹 語尾
1 **未然《みぜん》形**	泣か—ず
2 **連用形**	泣き—たり
3 **終止形**	泣く—。
4 **連体形**	泣く—時
5 **已然《いぜん》形**	泣け—ども
6 **命令形**	泣け—。

口語

1 **未然形**	泣か—ない 泣こ—う
2 **連用形**	泣き—ます 泣い—た
3 **終止形**	泣く—。
4 **連体形**	泣く—時
5 **仮定形**	泣け—ば
6 **命令形**	泣け—。

⬆ここに注意！

❶（かぐや姫は翁たちと）一緒にひどく泣く。
❷（男は）じだんだ踏んで泣くけれども、どうしようもない。

動詞の活用の種類の変化

文語で九種類あった活用の種類は、口語では五種類に減少した。

文語	口語
四段　下一段　ナ変　ラ変	五段
上一段　上二段	上一段
下二段	下一段
カ変	カ変
サ変	サ変

正格活用の活用する段

変格活用に対して、四段・上二段・下二段・上一段・下一段活用を、**正格活用**という。それぞれの名称は、五十音図のどの段に活用するかによって付けられている。

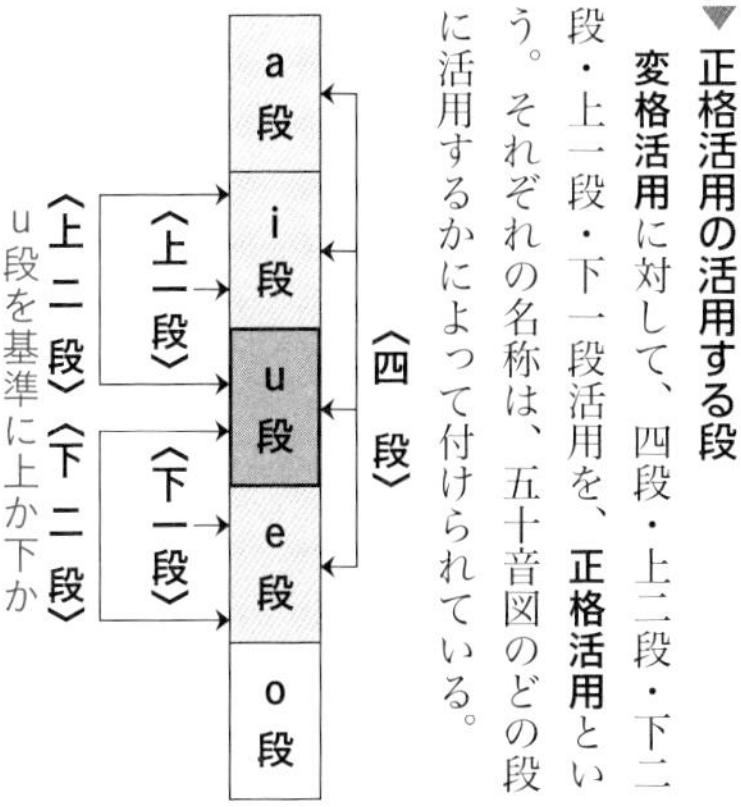

4 活用形の主な用法

活用形名（名称の意味）	主な用法	用例	下に続く助動詞	下に続く助詞
未然形 （**未**《いま》だ**然**《しか》らず——まだそうなっていない）	**1**（打消・推量などの）助動詞が付く。 **2**（仮定条件・願望などの）助詞が付く。	**1** なほも**急が**ず。（古今著聞集・三四九） やはり急がない。 **2** 待つとし**聞か**ば今帰り来む（古今集・三六五） （あなたが私を）待つと聞いたらすぐに帰って来ましょう。	る らる す さす しむ **ず** **む** むず まし じ まほし り	で ばや ば〈仮定条件〉 なむ〈終助詞〉
連用形 （**用**言に**連**なる）	**1** 用言に連なって連用修飾部になる。 **2** 文をいったん中止する。（中止法） **3** 助動詞が付く。 **4** 助詞が付く。	**1** ものなど食ひて、**急ぎ**出でぬ。（宇治拾遺物語・一八） 食事をするなどして、急いで出発した。 **2** 音に**聞き**、めでて惑ふ。（竹取物語・おひたち） （かぐや姫のことを）うわさに聞き、恋して心を乱す。 **3** **急ぎ**たるはわろく見ゆ。（枕草子・檳榔毛《びらうげ》は） （檳榔毛の車は）急いでいるのは悪く見える。 **4** 今しばし**あり**て参らむ。（堤中納言物語・はいずみ） もうしばらくして参ろう。	き けり つ ぬ **たり**〈完了〉 けむ たし	**て** して つつ ながら ほか
終止形 （**終止**する） ＊基本形ともいう。	**1** 言い切る形で文を終止する。 **2** 助動詞が付く。 **3** 助詞が付く。	**1** あはれなりと**聞く**。（更級日記・梅の立ち枝《たちえ》） いたわしいことだと思って聞く。 **2** 大事を**急ぐ**べきなり。（徒然草・一八八段） 重要なことを速やかに行うべきである。 **3** かかること**聞く**とも聞かじ。（平家物語・祇園女御） このようなことは聞いても聞かないことにしよう。	べし らむ らし めり なり〈推定〉 まじ	とも な〈禁止〉 ほか

活用形	主な用法	例	下に続く主な語（助動詞）	下に続く主な語（助詞）
連体形 〈体言に連なる〉	**1** 体言に連なって連体修飾部になる。	**1** **急ぐ**道なり。 急ぐ道中である。（十六夜日記・宇津の山）	なり〈断定〉 たり〈断定〉 ごとし やうなり	が を に かな ほか
	2 体言に準じて用いる。〔準体法〕	**2** 用意**ある**、心にくし。 心遣いのあるのは、奥ゆかしい。（徒然草・一九一段）		
	3 係助詞「ぞ」「なむ」「や」「か」を受けて、結びとなる。〔係り結び〕	**3** 人や**ある**、人や**ある**。 誰かいるか、誰かいるか。（平家物語・大原御幸）		
	4 余情をこめて文を終止する。〔連体形止め〕	**4** 悲しくのみ**ある**。 悲しいだけですわ。（竹取物語・嘆き）		
	5 助動詞が付く。	**5** ひがごとの**ある**なり。 不都合な点があるのである。（俊頼髄脳《としよりずいなう》・鷹狩りの歌）		
	6 助詞が付く。	**6** 名を**聞く**にをかしきなり。 （橋の）名前を聞くとおもしろいのである。（枕草子・橋は）		
已然形 〈已《すで》に然《しか》り――すでにそうなっている〉	**1** 係助詞「こそ」を受けて、結びとなる。〔係り結び〕	**1** 一条次郎とこそ**聞け**。 （おまえは）一条次郎と聞くぞ。（平家物語・木曽最期《きそのさいご》）	り	ば〈確定条件〉 ど ども
	2 助動詞が付く。	**2** 雪いと白う**降れ**り。 雪がたいそう白く降り積もっている。（伊勢物語・九段）		
	3 （確定条件の）助詞が付く。	**3** 所願**あれ**どもかなへず、 願望があってもかなえず、（徒然草・二一七段）		
命令形 〈命令する〉	**1** 命令の意を表して文を終止する。	**1** 万事を鎮めてこれを**聞け**。 万事静かにしてこれから言うことを聞け。（義経記・巻五）		
	2 放任の意を表して文を中止する。〔放任法〕	**2** 駒の行方はさもあらば**あれ** 馬の行方はどこであろうと構わない、（山家集・七六五）		

＊**太字**の助動詞・助詞を、「下に続く主な語」として、18ページからの動詞の活用表に示した。

5 動詞の種類

1 四段活用

参照 p.35動詞の整理

口語で五段に活用する「思う」は、文語では基本形が「思ふ」で、次のように活用する。

基本形	語幹	未然形	連用形	終止形	連体形	已然形	命令形	活用する行
活用する段		a	i	u	u	e	e	
思ふ	おも	は	ひ	ふ	ふ	へ	へ	ハ行
下に続く主な語		ず・む	たり・て	(終止)	とき・こと	ど・ども	(命令)	

未然形 ❶忘らるる身をば**思は**ず（拾遺集・八七〇）

連用形 ❷げにと**思ひ**て、人々忘れず。（土佐日記・一月十一日）

終止形 ❸男はこの女をこそ得めと**思ふ**。（伊勢物語・二三段）

連体形 ❹京に**思ふ**人なきにしもあらず。（伊勢物語・九段）

已然形 ❺はかなく**思へ**ども、仏のはからはせ給ふやうあらむ。（宇治拾遺物語・九六）

命令形 ❻この一矢に定むべしと**思へ**。（徒然草・九二段）

▼四段活用の活用する段

	a段	i段	u段	e段	o段
未然形	a				
連用形		i			
終止形			u		
連体形			u		
已然形				e	
命令形				e	

❶(あなたに)忘れられる私自身のことは(なんとも)思わない。
❷なるほどと思って、人々は(この歌を)忘れない。
❸男はこの女をぜひ妻にしようと思う。
❹都に恋しく思う人がいないわけでもない。
❺頼りなく思うけれども、仏がお取り計らいになるわけがあるのだろう。
❻この一矢で決めようと思え。

ポイント

1 語尾が、a段・i段・u段・e段の**四段**に活用する。
2 口語で五段活用の語の多くは、文語では四段活用になる。
3 口語で上一段活用をする「飽きる」「借りる」「足りる」は、文語では四段活用「飽く」「借る」「足る」である。
4 「思う」「言う」など、口語でワ・ア行にまたがって活用する語は、文語では「思ふ」「言ふ」のようにハ行のみに活用する。（文語の動詞は一つの行のみに活用する。）

見分け方 打消の助動詞「ず」を付けて、**未然形の活用語尾がa段**になれば四段活用（ナ変とラ変は別途覚える）。

- 思ふ⬇思**は**-ず　書く⬇書**か**-ず　読む⬇読**ま**-ず

＊文語には、「書ける」「読める」という形の可能動詞はないので注意。

四段活用一覧

基本形	語幹	未然形	連用形	終止形	連体形	已然形	命令形	行
書く	か	か	き	く	く	け	け	カ行
仰ぐ	あふ	が	ぎ	ぐ	ぐ	げ	げ	ガ行
隠す	かく	さ	し	す	す	せ	せ	サ行
持つ	も	た	ち	つ	つ	て	て	タ行
言ふ	い	は	ひ	ふ	ふ	へ	へ	ハ行
遊ぶ	あそ	ば	び	ぶ	ぶ	べ	べ	バ行
読む	よ	ま	み	む	む	め	め	マ行
狩る	か	ら	り	る	る	れ	れ	ラ行

▼四段活用例語

ア行	〈なし〉
カ行	飽《あ》く　動《うご》く　驚《おどろ》く　聞《き》く　嘆《なげ》く
ガ行	急《いそ》ぐ　泳《およ》ぐ　漕《こ》ぐ　騒《さわ》ぐ　脱《ぬ》ぐ
サ行	起《お》こす　指《さ》す　過《す》ごす　話《はな》す
ザ行	〈なし〉
タ行	誤《あやま》つ　討《う》つ　勝《か》つ　保《たも》つ　放《はな》つ
ダ行	〈なし〉
ナ行	〈なし〉
ハ行	疑《うたが》ふ　食《く》ふ　使《つか》ふ　養《やしな》ふ　酔《ゑ》ふ
バ行	転《ころ》ぶ　飛《と》ぶ　学《まな》ぶ　結《むす》ぶ　呼《よ》ぶ
マ行	組《く》む　好《この》む　富《と》む　望《のぞ》む　踏《ふ》む
ヤ行	〈なし〉
ラ行	借《か》る　取《と》る　乗《の》る　走《はし》る　光《ひか》る
ワ行	〈なし〉

確認問題

一 次の動詞の活用表を完成させよ。

基本形	語幹	未然形	連用形	終止形	連体形	已然形	命令形	行
泣く								
散らす								
待つ								
笑ふ								
呼ぶ								
住む								
足る								

二 次の傍線部の動詞の基本形(終止形)を答えよ。

1 資財を取り出づるに及ばず。（方丈記・安元の大火）［　　］
家財を取り出すことはできない。

2 道長は大極殿《だいごくでん》へ行け。（大鏡・道長伝）［　　］
道長は大極殿へ行け。

3 今宵《こよひ》逢はむ。（伊勢物語・二四段）［　　］
今夜逢いましょう。

4 なすことなくして、身は老いぬ。（徒然草・一八八段）［　　］
成し遂げることもなくて、身は老いてしまう。

2 下二段活用

口語でガ行下一段に活用する「上げる」は、文語では基本形が「上ぐ」で、次のように活用する。

参照 p.35動詞の整理

基本形	語幹	未然形	連用形	終止形	連体形	已然形	命令形	活用する行
上ぐ	あ	げ	げ	ぐ	ぐる	ぐれ	げよ	ガ行
活用する段		e	e	u	uる	uれ	eよ	
下に続く主な語		ず・む	たり・て	（終止）	とき・こと	ど・ども	（命令）	

未然形 ❶簾《すだれ》は上げず、下簾《したすだれ》も薄色《うすいろ》の、裾《すそ》少し濃き、（枕草子・関白殿、二月二十一日に）

連用形 ❷大きなる声を上げて泣き叫ぶ。（宇治拾遺物語・一〇二）

終止形 ❸吹く風砂《いさご》を上ぐ。（平家物語・太宰府落《だざいふおち》）

連体形 ❹いま一陣旗を上ぐる戦場にして、（平家物語・願書《がんじょ》）

已然形 ❺烽火《ほうくわ》を上ぐれども、例の后《きさき》の火にならつて、兵も参らず。（平家物語・烽火之沙汰《ほうくわのさた》）

命令形 ❻いと暗し。上げよ。（落窪物語・巻一）

▼下二段活用の活用する段

	a段	i段	u段	e段	o段
未然形				e	
連用形				e	
終止形			u		
連体形			uる		
已然形			uれ		
命令形				eよ	

❶（牛車《ぎっしゃ》の）簾を上げず、内側に垂らす布も薄い紫色で、裾のほうが少し濃いのを（垂らし）、
❷大きな声を上げて泣き叫ぶ。
❸吹く風が砂を吹き上げる。
❹もう一合戦して軍旗を掲げようとする戦場で、
❺のろしを上げるけれども、いつもの后の（楽しみのために上げる）火に慣れていて、兵も参上しない。
❻とても暗い。（格子を）上げよ。

ポイント

1 語尾が、u段・e段の**二段**に活用する。

2 口語で下一段活用の語の多くは、文語では下二段活用になる。

注意する語

● 「**得**《う》」…ア行に活用する動詞はこの一語だけ。複合動詞に「**心得**《こころう》」「**所得**《ところう》」がある。

● 「**得**《う》」「**寝**《ぬ》」「**経**《ふ》」…語幹と語尾の区別がない。

● 「**混ず（交ず）**《ま》」…サ変以外でザ行に活用する動詞はこの一語だけ。

● 「**植う**《う》」「**飢う**《う》」「**据う**《す》」…ワ行下二段活用はこの三語だけ。

見分け方

打消の助動詞「ず」を付けて、**未然形の活用語尾がe段**になれば下二段活用（下一段活用「蹴る」は除く）。

● 上ぐ➡上**げ**-ず　捨つ➡捨**て**-ず　覚ゆ➡覚**え**-ず

下二段活用一覧

基本形	語幹	未然形	連用形	終止形	連体形	已然形	命令形	行
得	(う)	え	え	う	うる	うれ	えよ	ア行
明く	あ	け	け	く	くる	くれ	けよ	カ行
投ぐ	な	げ	げ	ぐ	ぐる	ぐれ	げよ	ガ行
失す	う	せ	せ	す	する	すれ	せよ	サ行
混ず	ま	ぜ	ぜ	ず	ずる	ずれ	ぜよ	ザ行
捨つ	す	て	て	つ	つる	つれ	てよ	タ行
愛づ	め	で	で	づ	づる	づれ	でよ	ダ行
連ぬ	つら	ね	ね	ぬ	ぬる	ぬれ	ねよ	ナ行
憂ふ	うれ	へ	へ	ふ	ふる	ふれ	へよ	ハ行
比ぶ	くら	べ	べ	ぶ	ぶる	ぶれ	べよ	バ行
集む	あつ	め	め	む	むる	むれ	めよ	マ行
聞こゆ	きこ	え	え	ゆ	ゆる	ゆれ	えよ	ヤ行
恐る	おそ	れ	れ	る	るる	るれ	れよ	ラ行
植う	う	ゑ	ゑ	う	うる	うれ	ゑよ	ワ行

▼下二段活用例語(＊は複合動詞)

ア行　得《う》〈一語だけ〉　＊心得《こころう》　＊所得《ところう》
カ行　預《あづ》く　受《う》く　避《さ》く　助《たす》く　負《ま》く
ガ行　上《あ》ぐ　下《さ》ぐ　捧《ささ》ぐ　告《つ》ぐ　遂《と》ぐ
サ行　褪《あ》す　失《う》す　似《に》す　任《まか》す　痩《や》す
ザ行　混《ま》ず〈一語だけ〉
タ行　当《あ》つ　慌《あわ》つ　掟《おき》つ　企《くはた》つ　果《は》つ
ダ行　出《い》づ　撫《な》づ　詣《まう》づ　罷《まか》づ　愛《め》づ
ナ行　重《かさ》ぬ　兼《か》ぬ　尋《たづ》ぬ　寝《ぬ》　跳《は》ぬ
ハ行　与《あた》ふ　答《いら》ふ　経《ふ》　迎《むか》ふ　教《をし》ふ
バ行　比《くら》ぶ　調《しら》ぶ　統《す》ぶ　食《た》ぶ　述《の》ぶ
マ行　定《さだ》む　攻《せ》む　眺《なが》む　始《はじ》む　求《もと》む
ヤ行　覚《おぼ》ゆ　消《き》ゆ　越《こ》ゆ　絶《た》ゆ　見《み》ゆ
ラ行　荒《あ》る　訪《おとづ》る　隠《かく》る　枯《か》る　流《なが》る
ワ行　植《う》う　飢《う》う　据《す》う〈三語だけ〉

＊複合動詞＝動詞に他の語が結合して、新たに一語としての意味を持つ動詞。

◀確認問題

一 次の動詞の活用表を完成させよ。

基本形	語幹	未然形	連用形	終止形	連体形	已然形	命令形	行
心得								
見ゆ								
据う								

二 次の傍線部の動詞の基本形(終止形)を答えよ。

1 日ごろへて、宮に帰り給うけり。(伊勢物語・八三段)
何日かたって、(親王は)御殿にお帰りになった。
[　　　]

2 道を知る者は植う[1]るることを努む[2]。(徒然草・二二四段)
道理を心得る者は(植物を)植えることに努める。
1[　　　]　2[　　　]

3 上二段活用

参照 p.35動詞の整理

口語でガ行上一段に活用する「過ぎる」は、文語では基本形が「過ぐ」で、次のように活用する。

基本形	語幹	未然形	連用形	終止形	連体形	已然形	命令形	活用する行
過ぐ	す	ぎ	ぎ	ぐ	ぐる	ぐれ	ぎよ	ガ行
活用する段		i	i	u	uる	uれ	iよ	
下に続く主な語		ず・む	たり・て	(終止)	とき・こと	ど・ども	(命令)	

未然形　❶人間の大事、この三つには**過ぎ**ず。(徒然草・一二三段)

連用形　❷春**過ぎ**て夏来たるらし (万葉集・二八)

終止形　❸清見が関を**過ぐ**。(十六夜日記・清見が関)

連体形　❹知らぬ人と同じやうにて**過ぐる**人あり。(徒然草・一九四段)

已然形　❺わが膝《ひざ》のもとを**過ぐれ**ど、我を飲まむとさらにせず。(宇治拾遺物語・八七)

命令形　❻ゆかしからぬことぞ。早く**過ぎよ**。(枕草子・五月の御精進《みさうじ》のほど)

▼上二段活用の活用する段

	a段	i段	u段	e段	o段
未然形		i			
連用形		i			
終止形			u		
連体形			uる		
已然形			uれ		
命令形		iよ			

❶人間にとっての重要事は、この(衣食住の)三点に過ぎない。
❷春が過ぎて夏がやって来るらしい。
❸清見が関を通り過ぎる。
❹知らない人と同じように聞き過ごす人もある。
❺(大蛇が)私の膝のすぐそばを通り過ぎるけれども、私を飲みこもうとは全くしない。
❻興味のないことだよ。早く行き過ぎろ。

ポイント

1 語尾が、i段・u段の**二段**に活用する。

2 口語で上一段活用の語の多くは、文語では上二段活用になる。例外は上一段活用になる十数語である。

3 口語でザ行上一段活用をする語は、文語ではダ行上二段活用になる。
●怖《お》じる⬇怖《お》づ　閉《と》じる⬇閉《と》づ

4 口語で五段活用をする「恨む」は、文語では上二段活用になる。

注意する語　「**老《お》ゆ**」「**悔《く》ゆ**」「**報《むく》ゆ**」…ヤ行上二段活用はこの三語だけ。「老い-ず」と活用するが、ア行ではない。

見分け方　打消の助動詞「ず」を付けて、**未然形の活用語尾がi段**になれば上二段活用(上一段活用は別途覚える)。
●過ぐ⬇過**ぎ**-ず　起く⬇起**き**-ず　落つ⬇落**ち**-ず

上二段活用一覧

基本形	語幹	未然形	連用形	終止形	連体形	已然形	命令形	行
起く	お	き	き	く	くる	くれ	きよ	カ行
凪ぐ	な	ぎ	ぎ	ぐ	ぐる	ぐれ	ぎよ	ガ行
落つ	お	ち	ち	つ	つる	つれ	ちよ	タ行
閉づ	と	ぢ	ぢ	づ	づる	づれ	ぢよ	ダ行
生ふ	お	ひ	ひ	ふ	ふる	ふれ	ひよ	ハ行
侘ぶ	わ	び	び	ぶ	ぶる	ぶれ	びよ	バ行
恨む	うら	み	み	む	むる	むれ	みよ	マ行
報ゆ	むく	い	い	ゆ	ゆる	ゆれ	いよ	ヤ行
下る	お	り	り	る	るる	るれ	りよ	ラ行

▼上二段活用例語

- ア行　〈なし〉
- カ行　起《お》く　尽《つ》く
- ガ行　過《す》ぐ　凪《な》ぐ
- サ行　〈なし〉
- ザ行　〈なし〉
- タ行　落《お》つ　朽《く》つ
- ダ行　怖《お》づ　閉《と》づ　綴《と》づ　恥《は》づ
- ナ行　〈なし〉
- ハ行　生《お》ふ　恋《こ》ふ　強《し》ふ
- バ行　帯《お》ぶ　滅《ほろ》ぶ　侘《わ》ぶ
- マ行　恨《うら》む　試《こころ》む　凍《し》む
- ヤ行　老《お》ゆ　悔《く》ゆ　報《むく》ゆ　〈三語だけ〉
- ラ行　下《お》る　懲《こ》る　古《ふ》る
- ワ行　〈なし〉

確認問題

一 次の動詞の活用表を完成させよ。

基本形	語幹	未然形	連用形	終止形	連体形	已然形	命令形	行
怖づ								
強ふ								
滅ぶ								
凍《し》む								
悔ゆ								
懲る								

二 次の傍線部の動詞の基本形（終止形）を答えよ。

1 一門の運命はや尽き候ひぬ。（平家物語・忠度都落）
一門の運命はもう尽きてしまいました。
［　　］

2 このをば、いといたう老いて、（大和物語・一五六段）
この伯母は、たいそうひどく年老いて、
［　　］

3 心ある者は、恥ぢずになむ来ける。（土佐日記・十二月二十三日）
真心のある者は、人目を恥じずにやってきた。
［　　］

4 忍ぶれどなほものあはれなり。（源氏物語・若菜上）
耐え忍ぶけれどやはりもの悲しい。
［　　］

4 上一段活用

口語でマ行上一段に活用する「見る」は、文語では次のように活用する。

参照 p.35動詞の整理

基本形	語幹	未然形	連用形	終止形	連体形	已然形	命令形	活用する行
見る	(み)	み	み	みる	みる	みれ	みよ	マ行
活用する段		i	i	iる	iる	iれ	iよ	
下に続く主な語		ず・む	たり・て	(終止)	とき・こと	ど・ども	(命令)	

未然形 ❶山までは**見**ず。（徒然草・五二段）

連用形 ❷家の焼くるを**見**て、うちうなづきて、時々笑ひけり。（宇治拾遺物語・三八）

終止形 ❸水鳥の思ふことなげに遊び合へるを**見る**。（紫式部日記・寛弘五年十月）

連体形 ❹妻戸《つまど》をいま少し押し開けて、月**見る**けしきなり。（徒然草・三二段）

已然形 ❺不便なりと**見れ**ど、いかがすべからむ。（大鏡・時平伝）

命令形 ❻この鏡を、こなたに映れるかげを**見よ**。（更級日記・鏡のかげ）

▼上一段活用の活用する段

	a段	i段	u段	e段	o段
未然形		i			
連用形		i			
終止形		iる			
連体形		iる			
已然形		iれ			
命令形		iよ			

❶山までは見ない。

❷家が焼けるのを見て、しきりにうなずいて、時々笑った。

❸水鳥がなんのもの思いもない様子で遊び合っているのを見る。

❹妻戸をもう少し押し開けて、月を見る様子である。

❺不都合だと見るが、どうしたらよかろうか、いや、どうしようもない。

❻この鏡を、こちらのほうに映っている姿を見なさい。

ポイント

1 語尾が、i段の**一段のみ**に活用する。

2 複合動詞を除いて、語幹と語尾の区別がない（活用表にはカッコに入れて示す）。

3 文語で上一段活用の語は、口語でも上一段活用である。

注意する語

● 「**居《ゐ》る**」…ワ行上一段⇕「**居《を》り**」…ラ変

● **見る**…マ行上一段⇕**見ゆ**…ヤ行下二段

見分け方 語数が少ないので、暗記する。

● **干《ひ》る**(乾)／**射《い》る**　**鋳《い》る**／**着《き》る**／**煮《に》る**　**似《に》る**／**見《み》る**／**居《ゐ》る**　**率《ゐ》る**

⇩「ひ・い・き・に・み・ゐ-る」と覚える。

上一段活用一覧

基本形	語幹	未然形	連用形	終止形	連体形	已然形	命令形	行
着る	(き)	き	き	きる	きる	きれ	きよ	カ行
似る	(に)	に	に	にる	にる	にれ	によ	ナ行
干る	(ひ)	ひ	ひ	ひる	ひる	ひれ	ひよ	ハ行
試みる	こころ	み	み	みる	みる	みれ	みよ	マ行
射る	(い)	い	い	いる	いる	いれ	いよ	ヤ行
居る	(ゐ)	ゐ	ゐ	ゐる	ゐる	ゐれ	ゐよ	ワ行

＊ヤ行とワ行の語の区別に注意。

▼上一段活用例語（＊は複合動詞）

ア行　〈なし〉
カ行　着《き》る
ガ行　〈なし〉
サ行　〈なし〉
ザ行　〈なし〉
タ行　〈なし〉
ダ行　〈なし〉
ナ行　煮《に》る　似《に》る
ハ行　干《ひ》る（乾《ひ》る）
マ行　見《み》る　＊後見《うしろみ》る　＊惟《おもん》みる　＊顧《かへり》みる　＊鑑《かんが》みる　＊試《こころ》みる
ヤ行　射《い》る　鋳《い》る
ラ行　〈なし〉
ワ行　居《ゐ》る　率《ゐ》る　＊率《ひき》ゐる　＊用《もち》ゐる

確認問題

一 次の動詞の活用表を完成させよ。

基本形	語幹	未然形	連用形	終止形	連体形	已然形	命令形	行
着る								
煮る								
乾《ひ》る								
鑑みる								
鋳る								
率る								

二 次の傍線部の動詞の基本形（終止形）を答えよ。

1 ただ水の泡にぞ似たりける。（方丈記・ゆく川の流れ）
（人の世の生滅は）全く水の泡に似ているよ。
［　　］

2 かれは何ぞと見よ。（枕草子・村上の先帝《せんだい》の御時に）
あれが何だか見て来い。
［　　］

3 ある人、弓射ることを習ふに、（徒然草・九二段）
ある人が、弓を射ることを習うときに、
［　　］

4 それをば用ゐ侍るべからず。（無名抄・俊成自賛歌事）
それを採用するのはよくありません。
［　　］

5 下一段活用

参照 p.35動詞の整理

口語でラ行五段に活用する「蹴《け》る」は、文語では次のように活用する。

基本形	語幹	未然形	連用形	終止形	連体形	已然形	命令形	活用する行
蹴る	**(け)**	**け**	**け**	**ける**	**ける**	**けれ**	**けよ**	**カ行**
活用する段		e	e	eる	eる	eれ	eよ	
下に続く主な語		ず・む	たり・て	(終止)	とき・こと	ど・ども	(命令)	

未然形 ❶皮韈《かはしたうづ》を履きて、三足《みあし》**蹴**むと思ふなり。（古今著聞集・四一二）

連用形 ❷鞠《まり》を**蹴**てその音を聞かせぬこと、不思議のことなり。（古今著聞集・四一〇）

終止形 ❸さと寄りて一足《ひとあし》づつ**蹴る**。（落窪物語・巻二）

連体形 ❹二丈ばかり**蹴る**人もありしなり。（遊庭秘抄）

已然形 ❺円子川《まりこがは》**蹴れ**ばぞ波は上がりける。（源平盛衰記・巻三七）

命令形 ❻尻《しり》**蹴よ**。（今昔物語集・巻二三ノ二一）

ポイント

1 語尾が、e段の**一段のみ**に活用する。
2 語幹と語尾の区別がない。
3 口語の「蹴散らす」「蹴飛ばす」などの語に、下一段活用の名残がある。

見分け方 「**蹴る**」一語だけなので、暗記する。

▼下一段活用の活用する段

	a段	i段	u段	e段	o段
未然形				e	
連用形				e	
終止形				eる	
連体形				eる	
已然形				eれ	
命令形				eよ	

❶皮靴下を履いて、三回（鞠を）蹴ろうと思うのだ。
❷鞠を蹴ってその音を聞かせないのは、不思議なことだ。
❸さっと寄って一足ずつ蹴る。
❹六メートルくらい蹴る人もいたのである。
❺円子川の水を蹴ると、波が上がった。
❻尻を蹴れ。

▼下一段活用例語

蹴る〈一語だけ〉

6 カ行変格活用（略してカ変）

参照 p.35 動詞の整理

口語でカ行変格活用をする「来る」は、文語では基本形が「来《く》」で、次のように活用する。

基本形	語幹	未然形	連用形	終止形	連体形	已然形	命令形	活用する行
来	（く）	こ	き	く	くる	くれ	こ（こよ）	カ行
下に続く主な語		ず・む	たり・て	（終止）	とき・こと	ど・ども	（命令）	

未然形 ❶大和人《やまとびと》、「**来**《こ》む。」と言へり。（伊勢物語・二三段）

連用形 ❷この男**来**《き》たりけり。（伊勢物語・二四段）

終止形 ❸人々、絶えずとぶらひに**来**《く》。（土佐日記・一月五日）

連体形 ❹しのびて**来**《く》**る**人見知りてほゆる犬。（枕草子・にくきもの）

已然形 ❺春**来**《く》**れ**ば雁《かり》帰るなり（古今集・一四）

命令形 ❻いづら、猫は。こちゐて**来**《こ》。（更級日記・大納言の姫君）

▼カ行変格活用の活用する段

	a段	i段	u段	e段	o段
未然形					o
連用形		i			
終止形			u		
連体形			uる		
已然形			uれ		
命令形					o（よ）

❶大和の国の男は、「行くつもりだ。」と言った。
❷この男が来た。
❸人々が、絶えず訪問に来る。
❹（にくらしいもの、）人目を避けて通って来る人を見知っているのにほえる犬。
❺春が来るので雁が帰って行くようだ。
❻どこだ、猫は。こちらへ連れて来い。
❼馬を取って来い。

▼カ行変格活用例語

来《く》〈一語だけ〉

〔複合動詞〕 出《い》で来《く》　追《お》ひ来《く》　詣《まう》で来《く》　持《も》て来《く》　など

ポイント

1 カ行のキ・ク・コの**三音**に活用する。
2 複合動詞を除いて、語幹と語尾の区別がない。
3 命令形に「よ」を伴うものもあるが、用例は多くない。
❼馬を取りて**来**《こ》**よ**。（今昔物語集・巻二五ノ一二）

注意する語 「**来**《く》」…カ変 ⟷ 「**来**《き》**たる**」…ラ行四段
＊「来たる」は、中古以降、主に漢文訓読体で用いられる。

見分け方 「**来**《く》」一語だけなので、暗記する。ただし、複合動詞を作るので注意。

7 サ行変格活用（略してサ変）

参照 p.35動詞の整理 p.150・152識別

口語でサ行変格活用をする「する」は、文語では基本形が「す」で、次のように活用する。

基本形	語幹	未然形	連用形	終止形	連体形	已然形	命令形	活用する行
す	（す）	せ	し	す	する	すれ	せよ	サ行
下に続く主な語		ず・む	たり・て	（終止）	とき・こと	ど・ども	（命令）	

未然形 ❶いみじからむ心地も**せ**ず。（竹取物語・嘆き）

連用形 ❷遺恨《ゐこん》のわざをも**し**たりけるかな。（大鏡・雑々物語《くさぐさものがたり》）

終止形 ❸戌《いぬ》の時に、門出**す**。（土佐日記・十二月二十一日）

連体形 ❹もとより友と**する**人、ひとりふたりして行きけり。（伊勢物語・九段）

已然形 ❺弓矢を取り立てむと**すれ**ども、手に力もなくなりて、（竹取物語・昇天）

命令形 ❻教経《のりつね》に組んで生け捕りに**せよ**。（平家物語・能登殿最期《のとどののさいご》）

ポイント

1 サ行のシ・ス・セの**三音**に活用する。
2 「す」は語幹と語尾の区別がない。
3 「おはす」には、下二段・四段に活用している例もある。
4 複合動詞「信ず」などはザ行に活用するが、サ変という。

▼サ行変格活用の活用する段

	a段	i段	u段	e段	o段
未然形				e	
連用形		i			
終止形			u		
連体形			uる		
已然形			uれ		
命令形				eよ	

❶うれしいような気持ちもしない。
❷気の毒なことをしてしまったなあ。
❸午後八時ごろに、出発する。
❹以前から友とする人、一人二人とともに行った。
❺弓矢を持って構えようとするけれども、手に力もなくなって、
❻教経と組み討って生け捕りにしろ。

▼サ行変格活用例語

す　**おはす**〈二語だけ〉
〔複合動詞〕 愛す（漢語＋す）　心地す（名詞＋す）　重んず（形容詞＋す）　など

注意する語
●「**す**」…サ変⟷「**なす**」…サ行四段
●「**混《ま》ず**」…ザ行下二段⟷「混ず」以外のザ行の動詞…サ変

見分け方
「**す**」「**おはす**」の二語だけなので、暗記する。
ただし、「す」は複合動詞を作るので注意。

8 ナ行変格活用（略してナ変）

参照 p.35動詞の整理　p.155・158・159識別

口語でナ行五段活用をする「死ぬ」は、文語では次のように活用する。

基本形	語幹	未然形	連用形	終止形	連体形	已然形	命令形	活用する行
死ぬ	し	な	に	ぬ	ぬる	ぬれ	ね	ナ行
下に続く主な語		ず・む	たり・て	（終止）	とき・こと	ど・ども	（命令）	

未然形　❶一杯食へども**死な**ず、（沙石集・巻八ノ一一）

連用形　❷**死に**てのちまでも屍《かばね》の上の恥を見えじ。（義経記・巻五）

終止形　❸炎にまぐれてたちまちに**死ぬ**。（方丈記・安元の大火）

連体形　❹これは、人の食ひつれば**死ぬる**ものぞ。（沙石集・巻八ノ一一）

已然形　❺つひにはその毒のゆゑに**死ぬれ**ども、（宇治拾遺物語・一五五）

命令形　❻吾《あれ》を**死ね**とや思ほすらむ。（古事記・景行天皇）

ポイント

1 ナ行のナ・ニ・ヌ・ネの**四音**に活用し、各活用形の語形がすべて異なる。

2 ナ行に活用する四段活用動詞はない。

▼ナ行変格活用の活用する段

	a段	i段	u段	e段	o段
未然形	a				
連用形		i			
終止形			u		
連体形			uる		
已然形			uれ		
命令形				e	

❶一杯食べるが死なず、
❷死んだあとまでも屍の上の恥を見せまい。
❸炎に目がくらんで倒れて瞬く間に死ぬ。
❹これは、人が食べると必ず死ぬものだよ。
❺とうとうその毒のために死ぬけれども、
❻私など死ねとお思いなのだろうか。

▼ナ行変格活用例語

死ぬ　往《い》ぬ（去ぬ）〈二語だけ〉
〔複合動詞〕　思ひ死ぬ　恋ひ死ぬ　など

注意する語
●「**死《し》ぬ**」…ナ変⟷「**死《し》す**」…サ変
●「**往《い》ぬ**」…ナ変⟷「**寝《い》ぬ**」…ナ行下二段

見分け方
「**死ぬ**」「**往ぬ（去ぬ）**」の二語だけなので、暗記する。ただし、「死ぬ」は複合動詞を作るので注意。

9 ラ行変格活用（略してラ変）

参照 p.35動詞の整理　p.160識別

口語でラ行五段に活用する「ある」は、文語では基本形が「あり」で、次のように活用する。

基本形	語幹	未然形	連用形	終止形	連体形	已然形	命令形	活用する行
あり	あ	ら	り	り	る	れ	れ	ラ行
下に続く主な語		ず・む	たり・て	（終止）	とき・こと	ど・ども	（命令）	

未然形　❶おのが身はこの国の人にも**あら**ず。（竹取物語・嘆き）

連用形　❷猫またといふものの**あり**て、人を食らふなる。（徒然草・八九段）

終止形　❸いと大きなる河**あり**。（伊勢物語・九段）

連体形　❹清水《しみず》の**ある**所に伏しにけり。（伊勢物語・二四段）

已然形　❺銭《ぜに》**あれ**ども用ゐざらむは、全く貧者と同じ。（徒然草・二一七段）

命令形　❻なほここに**あれ**。（源氏物語・真木柱《まきばしら》）

▼ラ行変格活用の活用する段

	a段	i段	u段	e段	o段
未然形	a				
連用形		i			
終止形		i			
連体形			u		
已然形				e	
命令形				e	

❶私の身はこの人間世界の人でもありません。
❷猫またというものがいて、人を食うそうだよ。
❸たいそう大きな川がある。
❹清水がある所にうつぶしてしまった。
❺お金があるのに使わないようなのは、全く貧者と同じだ。
❻やはりここにいなさい。

▼ラ行変格活用例語

あり　**居《を》り**　**侍《はべ》り**　**いまそかり（いますかり・いまそがり）**〈四語だけ〉

〔複合動詞〕かかり　さり　しかり　など

ポイント

1 ラ行のラ・リ・ル・レの**四音**に活用し、基本形がi段の「り」で言い切る。

2 「帰る」などのラ行四段活用とは基本形だけが異なる。

注意する語　「**居《を》り**」…ラ変⇔「**居《ゐ》る**」…ワ行上一段

見分け方　「**あり**」「**居り**」と、その丁寧語「**侍り**」（アリマス）、その尊敬語「**いまそかり**」（イラッシャル）の四語だけなので、暗記する。ただし、「あり」は副詞「かく」「さ」「しか」などと複合して複合動詞を作るので注意。

確認問題

一 次の動詞の活用表を完成させよ。

基本形	語幹	未然形	連用形	終止形	連体形	已然形	命令形	種類
蹴る								
来								
出で来								
す								
おはす								
案ず								
死ぬ								
往ぬ								
あり								
侍り								

二 次の傍線部の動詞の基本形（終止形）を答えよ。

1 尻をほうと蹴たれば、失せぬるなり。（宇治拾遺物語・一七六）
尻をぽんと蹴ったところ、死んでしまったのである。［　］

2 いま五日ありておはせよ。（宇治拾遺物語・一九六）
もう五日たっておいでなさい。［　］

3 死して伏せりけり。（宇治拾遺物語・一〇四）
死んで倒れていた。［　］

4 頭《かしら》かいけづりなどして居り。（大和物語・一四九段）
髪を櫛《くし》でとかしなどしている。［　］

5 笛の音など聞こえたるは、過ぎて往ぬるもくちをし。（枕草子・いみじう暑きころ）
笛の音などが聞こえている牛車《ぎっしゃ》は、通り過ぎて去って行くのも残念だ。［　］

6 いと興あることなり。（大鏡・道長伝）
たいへんおもしろいことだ。［　］

7 のど乾き、死[1]なむとす[2]。（宇治拾遺物語・一九六）
のどが乾き、死にそうだ。1［　］ 2［　］

三 口語訳を参考に、次の傍線部の動詞の読みを平仮名・現代仮名遣いで答えよ。

1 のちに迎へに来む。（更級日記・のちの頼み）
あとで迎えに来よう。［　］

2 我もこの戸より出でて来。（源氏物語・空蝉）
自分もこの戸口から出て来る。［　］

3 馬を馳《は》せて来る者あり。（宇治拾遺物語・一〇六）
馬を走らせて来る人がいる。［　］

4 東南《たつみ》より火出で来て、西北《いぬゐ》に至る。（方丈記・安元の大火）
東南から火事が起こって、西北の方角に広がった。［　］

5 汝《なんぢ》ら、よく持て来ずなりぬ。（竹取物語・竜《たつ》の頸《くび》の玉）
おまえたち、よくぞ持って来ないでくれた。［　］

6 家に、「造麻呂《みやつこまろ》、まうで来。」と言ふに、（竹取物語・昇天）
（天人が）家に向かって、「造麻呂、出て来い。」と言うと、［　］

6 補助動詞

参照 p.126 主要敬語一覧

❶ 官人の禄《ろく》ども、大将**給ふ**（本動詞）。〔「お与えになる」の意を表す〕　（源氏物語・若菜上）

❷ かぐや姫いといたく泣き**給ふ**（補助動詞）。〔「お……になる」の意を添える〕　（竹取物語・嘆き）

①の「給ふ」は「お与えになる」という動作を表す動詞であるが、②の「給ふ」は、動詞「泣き」に付いて、「お……になる」という意味を添えているだけである。

②のように、動詞本来の意味を失い、助動詞のように他の語の下に付いて補助の働きをする動詞を、**補助動詞**という。補助動詞は品詞としては動詞に属する。

補助動詞に対して本来の動詞を**本動詞**という。

「あり」「居《を》り」など、存在の意を表す動詞にも補助動詞の用法がある。

❸ いと大きなる河**あり**（本動詞）。〔「存在する・ある」の意を表す〕　（伊勢物語・九段）

❹ 上に塵《ちり》ゐて**あり**（補助動詞）。〔「…(て)いる・…(で)ある」の意を添える〕　（蜻蛉日記・康保三年）

❶ 役人たちの褒美を、大将がお与えになる。
❷ かぐや姫はとてもひどくお泣きになる。
❸ たいそう大きな川がある。
❹ 水面にほこりが浮いている。

▼補助動詞例語

尊敬	給《たま》ふ　おはす	**謙譲**	奉《たてまつ》る　聞《き》こゆ
丁寧	侍《はべ》り　候《さぶら》ふ	**(存在)**	あり　居《を》り

▼自動詞と他動詞

自動詞	その語だけで動作・作用を表す動詞。 ●(水ガ)流る・(人ガ)笑ふ・(岩ガ)砕く
他動詞	動作・作用が他に働きかけている動詞。 ●(水ヲ)流す・(人ヲ)笑ふ・(岩ヲ)砕く

詳解

■補助動詞の見分け方

1 動詞連用形 ＋ 敬意を表す動詞 ⇒ 尊敬《お…になる》・謙譲《お…申し上げる》・丁寧《…です》の意を添える。

2 形容詞・形容動詞／助動詞「ず」「べし」 } 連用形（＋助詞） ＋ 存在の意を表す動詞

3 動詞連用形＋助詞「て」「つつ」 ＋ 存在の意を表す動詞

4 断定の助動詞「なり」の連用形「に」 }（＋助詞） ＋ 存在の意を表す動詞

2・3・4 ⇒「…(て)いる・…(で)ある」の意を添える。

1 天人、「遅し。」と心もとながり**給ふ**。　（竹取物語・昇天）
天人は、「遅い。」とじれったがりなさる。

2 うらやましくも**ある**かな。　（大鏡・道長伝）
うらやましいことだなあ。

3 頭《かしら》かいけづりなどして**居り**。　（大和物語・一四九段）
髪を櫛《くし》でとかしなどしている。

4 そのことに**候ふ**。　（徒然草・二三六段）
そのことでございます。

7 動詞の音便

参照 p.41形容詞・形容動詞の音便　p.73助動詞の音便

発音の便宜のために単語の音が変化することを**音便**といい、次の四種類がある。動詞が助詞や助動詞に続くときには、次のように活用語尾が変化することがある。

音便	活用の種類	条件	例
イ音便（イ音に変化）	カ行四段 ガ行四段 サ行四段	連用形活用語尾 **き**・**ぎ**・**し** ＋ 助詞**て**・助動詞**たり**	泣**き**て ⬇ 泣**い**て 漕**ぎ**て ⬇ 漕**い**で おぼ**し**たり ⬇ おぼ**い**たり
ウ音便（ウ音に変化）	ハ行四段 バ行四段 マ行四段	連用形活用語尾 **ひ**・**び**・**み** ＋ 助詞**て**・助動詞**たり**	思**ひ**て ⬇ 思**う**て 呼**び**て ⬇ 呼**う**で 頼**み**たり ⬇ 頼**う**だり
撥音便《はつおんびん》（ン音に変化）撥音＝はねる音＝ン	バ行四段 マ行四段 ナ変	連用形活用語尾 **び**・**み**・**に** ＋ 助詞**て**・助動詞**たり**	飛**び**て ⬇ 飛**ん**で 読**み**て ⬇ 読**ん**で 死**に**たり ⬇ 死**ん**だり
	ラ変	連体形活用語尾 **る** ＋ 助動詞**なり**＊・助動詞**めり**	ある**なり** ⬇ あ**ん**なり ある**めり** ⬇ あ**ん**めり
促音便《そくおんびん》（ッ音に変化）促音＝つまる音＝ッ	タ行四段 ハ行四段 ラ行四段 ラ変	連用形活用語尾 **ち**・**ひ**・**り**・**り** ＋ 助詞**て**・助動詞**たり**	立**ち**て ⬇ 立**つ**て 笑**ひ**て ⬇ 笑**つ**て 取**り**たり ⬇ 取**つ**たり あ**り**て ⬇ あ**つ**て

＊＝推定・伝聞の助動詞

撥音の無表記

ラ変動詞の連体形「ある」が撥音便化する場合、撥音「ん」は表記されないこともあるが、**読むときには「ン」音を補う**。

- **ある**なり ⬇ あ**ん**なり ⬇ あなり
- **ある**めり ⬇ あ**ん**めり ⬇ あめり

参照 p.61ラ変型の活用語と「めり」「なり」の接続

促音の表記

促音の「っ」は、歴史的仮名遣いでは「つ」と大きく表記される。

音便に続く語の音変化

「て」「たり」が、「ぎ」のイ音便、「び」「み」のウ音便、撥音便に続くとき、「で」「だり」と濁音化する。

- 騒ぎて ⬇ 騒**いで**　忍びて ⬇ 忍**うで**
- 頼みて ⬇ 頼**うで**　学びたり ⬇ 学**んだり**

その他の動詞の音便

連用形が、補助動詞「給ふ」、完了の助動詞「ぬ」へと続くとき、音便が起こる。

- 泣**き**給ふ ⬇ 泣**い**給ふ（イ音便）
- 終は**り**ぬ ⬇ 終は**ん**ぬ（撥音便）

確認問題

一 次の傍線部の語は、動詞、補助動詞のどちらか。

1 深きゆゑあらむ。（徒然草・二三六段）［　　］
深いいわれがあるのだろう。

2 十ばかりにやあらむ。（源氏物語・若紫）［　　］
（この少女は）十歳くらいであろうか。

3 手づから飯《いひ》盛り居りけり。（大和物語・一四九段）［　　］
自分の手で飯《めし》を盛っていた。

4 聖人、みづからいやしき位に居り、（徒然草・三八段）［　　］
聖人が、自ら低い位にあり、

5 帝、御年いと若くおはします。（大鏡・時平伝）［　　］
帝は、お年がたいそう若くていらっしゃいます。

6 帝、常に笑《ゑ》みてぞおはしましける。（大鏡・雑々物語）［　　］
帝は、いつもほほえんでいらっしゃった。

7 この戸開け給へ。（伊勢物語・二四段）［　　］
この戸をお開けください。

8 唐土《もろこし》にある火鼠《ひねずみ》の皮衣《かはごろも》を給へ。（竹取物語・貴公子の求婚）［　　］
中国にある火鼠の皮衣をお与えください。

9 おのれ酔《ゑ》ひたること侍らず。（徒然草・八七段）［　　］
私は酔ったことがありません。

10 年ごろ思ひつること、果たし侍りぬ。（徒然草・五二段）［　　］
長年念願していたことを、成し遂げました。

11 三つをば奉らむ。（沙石集・巻九ノ三）［　　］
（銀貨）三枚を差し上げよう。

12 上には我見せ奉らむ。（源氏物語・初音）［　　］
紫の上には私が（鏡餅を）お見せ申し上げよう。

二 次の傍線部の音便の語の音便の種類ともとの形を答えよ。

1 をめき叫んで攻め戦ふ。（平家物語・能登殿最期）［　　・　　］
わめき叫んで攻め戦う。

2 西をさいてぞ歩ませ給ふ。（平家物語・忠度都落）［　　・　　］
西をさして（馬を）歩ませなさる。

3 三十人が力持つたる大力《だいぢから》の剛《かう》の者あり。（平家物語・能登殿最期）［　　・　　］
三十人力を持っている大力の剛勇の者がいる。

4 頼朝《よりとも》に会うて、ものひとこと言はむ。（平家物語・能登殿最期）［　　・　　］
頼朝に会って、一言ものを言おう。

5 たれとも知れず取つて帰りぬ。（西鶴諸国ばなし・巻一ノ三）［　　・　　］
誰とも知れず（小判を）持ち帰っていた。

6 この山は、四方巌石《がんぜき》であんなり。（平家物語・願書）［　　・　　］
この山は、四方が険しい岩であるそうだ。

7 ゐざり出づる人あなり。（源氏物語・若紫）［　　・　　］
膝をついてにじり出る人があるようだ。

8 削り跡は、いとけざやかにて侍めり。（大鏡・道長伝）［　　・　　］
削り跡は、とてもはっきりと（残って）いるようです。

動詞の整理

1 活用の種類の見分け方

参照 p.18〜30

語数の少ないもの ▲暗記する　＊複合動詞もあるので注意。

上一段活用	十数語	干《ひ》る 射《い》る 鋳《い》る 着《き》る 煮《に》る 似《に》る 見《み》る 居《ゐ》る 率《ゐ》る など 「ひいきにみゐ-る」と覚える。
下一段活用	一語	蹴《け》る
カ行変格活用	一語	来《く》
サ行変格活用	二語	す おはす
ナ行変格活用	二語	死ぬ 往《い》ぬ(去《い》ぬ)
ラ行変格活用	四語	あり 居《を》り 侍《はべ》り いまそかり(いますかり)

語数の多いもの ▲打消の助動詞「ず」を付けて見分ける

四段活用	a段になる	行か-ず 勝た-ず 飛ば-ず
上二段活用	i段になる	起き-ず 落ち-ず 滅び-ず
下二段活用	e段になる	受け-ず 捨て-ず 述べ-ず

2 ア行・ヤ行・ワ行に活用する動詞

参照 p.20・22・24

ア行	下二段活用	一語	得《う》(＊心得《こころう》・＊所得《ところう》)
ヤ行	上一段活用	二語	射《い》る 鋳《い》る
ヤ行	上二段活用	三語	老《お》ゆ 悔《く》ゆ 報《むく》ゆ
ヤ行	下二段活用	右以外すべて	覚《おぼ》ゆ 聞《き》こゆ 見《み》ゆ など
ワ行	上一段活用	二語	居《ゐ》る 率《ゐ》る (＊率《ひき》ゐる・＊用《もち》ゐる)
ワ行	下二段活用	三語	植《う》う 飢《う》う 据《す》う

＊複合動詞もあるので注意。

3 基本形が一字の動詞

参照 p.20・27・28

基本形	語幹	未然形	連用形	終止形	連体形	已然形	命令形	活用の種類
得	(う)	え	え	う	うる	うれ	えよ	ア行下二段
寝	(ぬ)	ね	ね	ぬ	ぬる	ぬれ	ねよ	ナ行下二段
経	(ふ)	へ	へ	ふ	ふる	ふれ	へよ	ハ行下二段
来	(く)	こ	き	く	くる	くれ	こ(こよ)	カ行変格
す	(す)	せ	し	す	する	すれ	せよ	サ行変格

8 形容詞

参照 p.150 識別

自立語で活用があり、単独で述語になることができる語（＝用言）のうち、状態・性質・感情を表し、「なし。」のように、言い切ると「し」で終わる語を、**形容詞**という。

形容詞の活用は、口語では一種類であるが、文語では語尾が「く・く・し……」と活用する**ク活用**と、「しく・しく・し……」と活用する**シク活用**の二種類がある。

活用の種類	基本形	語幹	未然形	連用形	終止形	連体形	已然形	命令形
ク活用	なし	な	く から	く かり	し	き かる	けれ	かれ
シク活用	をかし	をか	しく しから	しく しかり	し	しき しかる	しけれ	しかれ
下に続く主な語			は・ず	なる・けり	（終止）	とき・べし	ど・ども	（命令）

未然形　❶胸・腹**なく**は、いづくにか心のあらむ。（宇津保物語・俊蔭）
未然形　❷子めいたるものから、かど**なから**ず、（源氏物語・東屋）
連用形　❸かたへは**なく**なりにけり。（土佐日記・二月十六日）
連用形　❹あひ戦はむ心も**なかり**けり。（竹取物語・昇天）
終止形　❺よろづのもの、よそながら見ることな**し**。（徒然草・一三七段）
連体形　❻**なき**人をいづらと問ふぞ悲しかりける（土佐日記・十二月二十七日）
連体形　❼さらに遊びの興**なかる**べし。（徒然草・一三〇段）
已然形　❽おぼし怠るとは**なけれ**ど、途絶え多かるべし。（源氏物語・葵）
命令形　❾初心の人、二つの矢を持つことな**かれ**。（徒然草・九二段）

形容詞の未然形に付く「は」

未然形「く」「しく」に接続助詞「ば」が付いて仮定条件を表す場合、「は」と表記され、「ワ」と発音する。

- **恋しく**は来ても見よかし（伊勢物語・七一段）
  もし恋しいなら来て会いなさいよ。

参照 p.51「ず」の未然形に付く「は」
p.90 清音の「は」

「同じ」の連体形

形容詞「同じ」は連体形に「同じ」がある。「同じき」は主に漢文訓読体に用いられる。

- **同じ**所に居ぬめり。（大鏡・序）
  同じ場所に座り合わせたようです。
- **同じき**年の冬、（方丈記・都遷り）
  同じ年の冬、

「多し」の終止形・已然形

平安時代の和文では、終止形に「多かり」、已然形に「多かれ」が使われた。

終止形	うるはしき貝、石など**多かり**。（土佐日記・二月四日） 美しい貝や、石などが多い。
已然形	くちをしきこと**多かれ**ど、（土佐日記・二月十六日） 心残りなことは多いけれど、

❶もし胸や腹がないなら、どこに心があろうか。
❷あどけないものの、才気がないではなく、

▼形容詞例語

ク活用
憂《う》し　多《おほ》し　おもしろし　暗《くら》し　高《たか》し　つらし
なし　古《ふる》し　細《ほそ》し　よし　悪《わろ》し　をさなし

シク活用
悪《あ》し　あやし　いみじ　いやし　美《うつく》し　うれし
悲《かな》し　苦《くる》し　久《ひさ》し　よろし　をかし　惜《を》し

③(松の)半分はなくなってしまっていたよ。
④戦い合おうという気持ちもないのだった。
⑤すべてのものを、遠くから見ることがない。
⑥亡くなった人のことを「どこにいるのか。」と尋ねてしまうのは、悲しいことだよ。
⑦ちっとも遊びのおもしろみはないだろう。
⑧なおざりにお思いになるというわけではないが、ご訪問が途絶えることが多いのだろう。
⑨初心者は、二本の矢を持ってはいけない。

ポイント

1 シク活用の「-し」までを語幹と考えれば、ク活用に含めることができそうだが、それでは終止形に活用語尾がないことになってしまう。したがって、「-し」以下を語尾と考えて、ク活用とシク活用とを区別するのである。

2 活用表の右側を本活用、左側を**カリ活用**(補助活用)ということがある。カリ活用は、連用形にラ変動詞「あり」が付いて、「-く＋あり⬇-かり」「-しく＋あり⬇-しかり」となったもので、ラ変型の活用をする。

3 カリ活用には、**助動詞の続くことが多い**。

4 「同じ」「いみじ」のように「じく・じから……」と活用する語もシク活用という。

見分け方 動詞「なる」を付けて、連用形の活用語尾が「く」になればク活用。「しく」になればシク活用。

・なし⬇な**く**-なる　をかし⬇をか**しく**-なる

確認問題

一 次の形容詞の活用表を完成させよ。

基本形	語幹	未然形	連用形	終止形	連体形	已然形	命令形
かしこし							
わびし							
いみじ							

二 次の傍線部の形容詞について、活用の種類と活用形を答えよ。

1 うつくしき[1]こと限りなし[2]。(竹取物語・おひたち)
かわいらしいことはこのうえない。
1[　・　] 2[　・　]

2 翁《おきな》心地あしく[1]、苦しき[2]ときも、(竹取物語・おひたち)
翁は気分が悪く、苦しいときも、
1[　・　] 2[　・　]

9 形容動詞

参照 p.152・154・156・158 識別

自立語で活用があり、単独で述語になることができる語（＝用言）のうち、状態・性質を表し、言い切ると「なり」「たり」で終わる語を、**形容動詞**という。

形容動詞の活用は、口語では一種類であるが、文語では終止形の活用語尾が「なり」となる**ナリ活用**と、「たり」となる**タリ活用**の二種類がある。

活用の種類	基本形	語幹	未然形	連用形	終止形	連体形	已然形	命令形
ナリ活用	静かなり	静か	なら	なり に	なり	なる	なれ	（なれ）
タリ活用	堂々《だうだう》たり	堂々	（たら）	たり と	たり	たる	（たれ）	（たれ）
下に続く主な語			ず	けり なる・して	（終止）	とき	ど・ども	（命令）

▼ナリ活用

未然形 ❶身もくたびれ、心も**静かなら**ず。（徒然草・一七〇段）

連用形 ❷**静かなり**けるとき、二人臥《ふ》して、よろづを語らひ、（今昔物語集・巻一六ノ二二）

連用形 ❸聖人の言《こと》に随《したが》ひて、**静かに**して隠れ居たり。（今昔物語集・巻一三ノ一）

終止形 ❹夕日の影**静かなり**。（平家物語・高野巻《かうやのまき》）

連体形 ❺**静かなる**暇《いとま》なく、一生を苦しむるこそ、おろかなれ。（徒然草・三八段）

已然形 ❻心おのづから**静かなれ**ば、無益《むやく》のわざをなさず。（徒然草・一七二段）

▼タリ活用

連用形 ❼涼風**颯々《さつさつ》たり**し夜半《なか》ばに、（平家物語・青山之沙汰《せいざんのさた》）

連用形 ❽あけぼのの空**朧々《ろうろう》と**して、（奥の細道・旅立ち）

識別チェック　形容動詞と名詞＋「なり」

1 上に「この」など連体修飾句を付けて、
意味が通じる ➡名詞＋断定の「なり」
○この　武者なり。
意味が通じない➡形容動詞
×この　穏やかなり。

2 上に「いと」など連用修飾語を付けて、
意味が通じる ➡形容動詞
○いと　穏やかなり
意味が通じない➡名詞＋断定の「なり」
×いと　武者なり

3 主語になるかならないかを見て、
主語になる ➡名詞＋断定の「なり」
○武者が……する・武者が……だ
主語にならない➡形容動詞
×穏やかが……する・穏やかが……だ

❶体も疲れ、心も平静でない。
❷静かだったとき、二人は共寝して、いろいろなことを話し合い、
❸聖人の言葉に従って、静かにして隠れていた。
❹夕日の光がひっそりとしている。
❺静かなひまもなく、一生を苦しめることは、まことにおろかである。
❻心が自然と平静であるので、無益なことはしない。

終止形　⑨松吹く風索々《さくさく》たり。（平家物語・海道下《かいだうくだり》）
連体形　⑩渺々《べうべう》たる平沙《へいさ》へぞ赴き給ふ。（平家物語・太宰府落《だざいふおち》）

⑦涼しい風がさわやかに吹いていた夜更けに、
⑧夜明け方の空はぼんやりかすんでいて、
⑨松を吹く風が響きわたっている。
⑩広々とした砂浜へ向かいなさる。

▼形容動詞例語

ナリ活用

あからさまなり　あはれなり　大きなり　つれづれなり　いたづらなり　異なり
〔「か」が付く〕おろかなり　かすかなり　〔「らか」が付く〕明らかなり　うららかなり
〔「やか」が付く〕あざやかなり　穏やかなり　〔「げ」が付く〕あやしげなり　清げなり

タリ活用

荒涼《くわうりやう》たり　蕭条《せうでう》たり　清明《せいめい》たり　朦朧《もうろう》たり
〔同じ語を重ねる〕悠々《いういう》たり　洋々《やうやう》たり　〔「然」が付く〕騒然《さうぜん》たり　平然《へいぜん》たり

ポイント

1「-に」「-と」の形にラ変動詞「あり」が付いて、「-に＋あり⇩なり」「-と＋あり⇩たり」となったもので、ラ変型の活用をする。

2タリ活用形容動詞は、口語では「-と」「-たる」の形しか用いられないので、形容動詞と認められていない。

3ナリ活用の命令形とタリ活用の未然形・已然形・命令形は、ほとんど見られない（活用表にはかっこに入れて示す）。

4ナリ活用は和文体で多く用いられ、タリ活用は漢文訓読体や和漢混交文で用いられる。

5タリ活用形容動詞の語幹はすべて漢語である。

確認問題

一 次の形容動詞の活用表を完成させよ。

基本形	語幹	未然形	連用形	終止形	連体形	已然形	命令形
むげなり							
安らかなり							
寂寞《じやくまく》たり							

二 次の傍線部の形容動詞について、活用の種類と活用形を答えよ。

1 そこにいたづらになりにけり。（伊勢物語・二四段）
その場で命が絶えてしまった。［　　・　　］

2 朝顔の露に異ならず。（方丈記・ゆく川の流れ）
朝顔の露と異ならない。［　　・　　］

3 輿《こし》に乗りて、茫然として居たり。（古今著聞集・四三一）
輿に乗って、茫然としていた。［　　・　　］

10 形容詞・形容動詞の語幹の用法

形容詞・形容動詞の語幹は独立性が強いため、次のような特殊な用法を持つ。
シク活用形容詞は、終止形が語幹と同じ働きをする。

1 感動詞＋語幹、または語幹単独で言い切って、感動表現になる

❶あな（感動詞）、**をさな**や。（⬆をさなし）　（源氏物語・若紫）

❷あら（感動詞）、**あはれ**。（⬆あはれなり）　（古今著聞集・一七五）

2 語幹に助詞「の」が付いて、連体修飾部になる

❸**をかし**の御髪《みぐし》や。（⬆をかし）　（源氏物語・若紫）

❹勢ひ**猛**の者になりにけり。（⬆猛なり）　（竹取物語・おひたち）

3 形容詞の語幹に接尾語「み」が付いて、原因・理由を表す

多くは「体言（＋を）＋形容詞語幹＋み」の形で、「〜が…ので」の意を表す。

❺若《わか》の浦《うら》に潮《しほ》満ち来れば潟（体言）を**無《な》み**葦辺《あしへ》をさして鶴《たづ》鳴き渡る（⬆無し）　（万葉集・九一九）

❻山（体言）**深み**春とも知らぬ松の戸にたえだえかかる雪の玉水（⬆深し）　（新古今集・三）

＊「を」は間投助詞ととるのが一般的。⬇p.109

4 接尾語が付いて他の品詞になる

1「さ」「み」が付いて名詞になる。

悲しさ（⬆悲し）　**あはれ**み（⬆あはれなり）

2「がる」「めく」などが付いて動詞になる。

ゆかしがる（⬆ゆかし）　**ことさら**めく（⬆ことさらなり）

3 形容詞に「げ」が付いて形容動詞の語幹になる。

清げなり（⬆清し）　**をかしげ**なり（⬆をかし）

❶なんとまあ、子供っぽいこと。
❷ああ、かわいそうに。
❸美しい御髪ですこと。
❹勢力のある富豪になった。
❺若の浦に潮が満ちてくると、干潟がなくなるので、岸辺の葦の生えているあたりをさして鶴が鳴きながら飛んでゆく。
❻山が深いので、春（になった）とも気づかないわび住まいの松の戸に、とぎれとぎれに落ちかかる雪解けの玉のようなしずくよ。

確認問題

一 次の傍線部の語幹は、どのような用法か。本文の解説中の番号で答えよ。

1 初めの矢になほざりの心あり。　（徒然草・九二段）
初めの矢をいいかげんに思う気持ちが生じる。［　　］

2 いとことわりと思ひ知らるるに、　（源氏物語・藤裏葉）
「全く当然のことだよ。」とおのずから納得するが、［　　］

3 瀬をはやみ岩にせかるる滝川のわれても末にあはむとぞ思ふ　（詞花集・二二九）
川の流れが速いので、岩に邪魔される急流のように、別れても将来は（あなたに）逢おうと思う。［　　］

11 形容詞の音便

形容詞の音便は、イ音便・ウ音便・撥音便の三種類である。

参照 p.33動詞の音便　p.73助動詞の音便

イ音便（イ音に変化）	連体形活用語尾 { **き** / **しき** } ＋ { 体言 / 助詞**かな** }	をさな**き**人 ➡をさな**い**人 悲し**き**かな ➡悲し**い**かな
ウ音便（ウ音に変化）	連用形活用語尾 { **く** / **しく** } ＋ { 他の用言 / 助詞**て・こそ** }	白**く**降れり ➡白**う**降れり うれし**く**て ➡うれし**う**て あやし**く**こそ ➡あやし**う**こそ
撥音便（ン音に変化）	カリ活用連体形活用語尾 { **かる** / **しかる** } ＋ { 助動詞**なり***/ 助動詞**めり** }	多か**る**なり ➡多か**ん**なり 苦しか**る**めり ➡苦しか**ん**めり

＊＝推定・伝聞の助動詞

12 形容動詞の音便

形容動詞の音便は、撥音便一種類だけである。

参照 p.33動詞の音便　p.73助動詞の音便

撥音便（ン音に変化）	ナリ活用連体形活用語尾 **なる** ＋ { 助動詞**なり***/ 助動詞**めり** }	苦しげな**る**めり ➡苦しげな**ん**めり

＊＝推定・伝聞の助動詞

撥音の無表記

ラ変型活用の「かる」「しかる」「なる」が撥音便化する場合、撥音「ん」は表記されないこともあるが、**読むときには「ン」音を補う。**

- 多か**る**なり ➡多か**ん**なり ➡多かなり
- 苦しか**る**めり ➡苦しか**ん**めり ➡苦しかめり
- 苦しげな**る**めり ➡苦しげな**ん**めり ➡苦しげなめり

参照 p.61ラ変型の活用語と「めり」「なり」の接続

確認問題

一 次の傍線部の語の音便の種類ともとの形を答えよ。

1 三寸ばかりなる人、いとうつくしうてゐたり。（竹取物語・おひたち）
三寸ほどの人が、とてもかわいらしい姿で座っている。［　　・　　］

2 互ひによいかたきぞ。（平家物語・木曽最期）
互いに不足ない敵だぞ。［　　・　　］

3 候ふ人々も、さうざうしげなめり。（源氏物語・葵）
お仕えする人々も、（出かけないのは）物足りないようだ。［　　・　　］

用言の総合問題

◆次の文章を読んで、後の問いに答えよ。

にくきもの。[1]急ぐこと[2]ある折に[3]来て、長言《ながごと》[4]する客人《まらうと》。侮《あなづ》りやすき人ならば、「のちに。」とてもやりつべけれど、心はづかしき人、いとに[5]くく、[6]むつかし。硯《すずり》に髪の入りてすられたる。また、墨《すみ》の中に、石の、きしきしときしみ、鳴りたる。[7]にはかにわづらふ人のあるに、験者《げんざ》求むるに、例ある所になくて、外《ほか》に尋ねありくほど、いと待ち遠に、久しきに、からうじて待ちつけて、喜びながら加持《かぢ》せさするに、このごろ物怪《もののけ》にあづかりて、困《こう》じにけるにや、[8]ゐるままにすなはちねぶり声なる、いとにくし。なでうことなき人の、[9]笑《ゑ》がちにてもの[10]いたう言ひたる。火桶《ひをけ》の火、炭櫃《すびつ》などに、手の裏うち返しうち返し、押し延べなどしてあぶりたる者。いつか、[11]若やかなる人など、[12]さしたりし。老いばみたる者こそ、火桶の端《はた》に足をさへもたげて、もの言ふままに、[13]押し擦りなどはすらめ。

にくらしいもの。 長話 軽くあしらうことのできる人であるなら、 帰してしまうこともできるが、遠慮のある人は、（そうもいかないので、）とてもにくらしく、面倒だ。 修験者を いつもいる所 探しまわる間、 ひどく待ち遠しく、 長く感じていると、ようやく 病気平癒の祈りをさせると、 物怪調伏に関わって、 疲れてしまったのだろうか、座るやいなや 眠そうな声なのは、 たいしたこともない人が、 笑いを浮かべて 火鉢 いろり てのひらを （しわを）押し延ばしなどして いったいいつ、若々しい人などが、そのようにしていたろうか、いや、（若い人はそんなことは）しない。 おしゃべりしながら、 するようだ。

出典 枕草子・にくきもの

問一　傍線部**1**「急ぐ」、**2**「ある」、**3**「来」、**4**「する」について、例にならって、基本形・活用の種類・活用形を答えよ。　参照 p.18・27・28・30

例 やり＝やる・ラ行四段活用・連用形

1［　　・　　・　　］
2［　　・　　・　　］
3［　　・　　・　　］
4［　　・　　・　　］

問二　傍線部**5**「にくく」、**6**「むつかし」について、基本形・活用の種類・活用形を答えよ。　参照 p.36

5［　　・　　・　　］
6［　　・　　・　　］

問三　傍線部**7**「にはかにわづらふ人のあるに、験者求むるに、例ある所になくて」には、用言が五つ含まれている。抜き出して、順に文法的に説明せよ(同じ語は二度数えない)。　参照 p.18・20・30・36・38

1［　　］＝［　　］
2［　　］＝［　　］
3［　　］＝［　　］
4［　　］＝［　　］
5［　　］＝［　　］

問四　傍線部**8**「ゐる」と活用の種類が同じものを、次の傍線部から一つ選べ。　参照 p.24

ア 男、弓・胡簶《やなぐひ》を負ひて戸口にをり。(伊勢物語・六段)

イ 逃げて(帝はかぐや姫が)入る袖《そで》をとらへ給へば、(お捕らえになったので、)(竹取物語・帝の求婚)

ウ 今はとて天の羽衣着る折ぞ君をあはれと思ひ出でける(竹取物語・昇天)

エ 霜月《十一月》の二十余日、石山《石山寺に》へ参る。(更級日記・石山詣で)

［　　］

問五　傍線部**9**「笑がちに」、**11**「若やかなる」について、品詞と活用形を答えよ。　参照 p.38

9［　　・　　］
11［　　・　　］

問六　傍線部**10**「いたう」は音便形である。音便の種類ともとの形を答えよ。　参照 p.41

［　　・　　］

問七　傍線部**12**「さしたりし」、**13**「押し擦りなどはすらめ」について、それぞれサ行変格活用動詞に傍線を付し、その活用形を答えよ。　参照 p.28・150

12［さしたりし＝　　］
13［押し擦りなどはすらめ＝　　］

第三章 付属語

・助動詞（p.44〜）
・助詞（p.80〜）

文法一問一答

1 助動詞

付属語で活用があり、用言その他に付いて、さまざまな意味を添える働きをする語を、**助動詞**という。

・雨降る〔　〕。　雨が降る。　〔　〕に入る助動詞によって、文意が違ってくる。
・雨降り〔**けり**〕。　雨が降っ**た**。　〔助動詞「けり」は過去の意味を添えている〕
・雨降ら〔**ず**〕。　雨が降ら**ない**。　〔助動詞「ず」は打消の意味を添えている〕
・雨降ら〔**む**〕。　雨が降る**だろう**。　〔助動詞「む」は推量の意味を添えている〕

▼助動詞の文法的説明

助動詞を文法的に説明するときは、次の要素を入れる。

意味[1]＋品詞[2]＋基本形（終止形）[3]＋活用形[4]。

・けり＝過去[1]の助動詞[2]「けり」[3]の終止形[4]。
・ず　＝打消[1]の助動詞[2]「ず」[3]の終止形[4]。
・む　＝推量[1]の助動詞[2]「む」[3]の終止形[4]。

ポイント

■助動詞学習のポイント

助動詞の学習は、**1接続のしかた**、**2活用のしかた**、**3意味**の三点を理解することがポイントである。

❶雨降り**ぬ**。　雨が降っ**た**。
❷降ら**ぬ**雨。　降ら**ない**雨。

❶の「ぬ」と❷の「ぬ」は、同じ「ぬ」という語形をしているが、語としては異なっている。三つのポイントを比較して、明らかにしてみよう。

1 接続　❶は四段活用動詞「降る」の**連用形**に付いている。❷は四段活用動詞「降る」の**未然形**に付いている。

2 活用　❶は句点が付いて言い切っているので**終止形**。❷は体言「雨」に続いているので**連体形**。

3 意味　❶は「……**た**」の意味を添えている。❷は「……**ない**」の意味を添えている。

以上のことから、❶は完了の助動詞「ぬ」の終止形、❷は打消の助動詞「ず」の連体形と見分ける。

② 助動詞の種類

▼意味による分類

参照 p.176 用語解説

主な意味	助動詞			ページ
1 過去	き	けり		46
2 完了	つ	ぬ		48
	たり	り		50
3 打消	ず			51
4 推量	む〈ん〉	むず〈んず〉		52
	べし			54
5 打消推量	じ	まじ		56
6 現在推量	らむ〈らん〉			58
過去推量	けむ〈けん〉			59
7 推定	らし	めり	なり	60
8 反実仮想	まし			62
9 断定	なり	たり		64
10 自発・可能・受身・尊敬	る	らる		66
11 使役・尊敬	す	さす	しむ	68
12 願望	まほし	たし		70
13 比況	ごとし	やうなり		71

▼接続による分類

1 未然形に付く
り（サ変に）　ず　む　むず
じ　まし　る　らる　す
さす　しむ　まほし

2 連用形に付く
き　けり　つ　ぬ
たり〈完了〉　けむ　たし

3 終止形に付く
べし　らむ　まじ
らし　めり　なり〈推定〉
（ただし、ラ変・*ラ変型の活用語には連体形に付く。）

4 連体形に付く
なり〈断定〉　ごとし　やうなり

5 已然形に付く
り（四段に）

6 その他（体言・副詞・助詞）に付く
なり〈断定〉　たり〈断定〉
ごとし　やうなり

＊ラ変型の活用語＝形容詞（カリ活用）・形容動詞・ラ変型活用の助動詞

▼活用の型による分類

1 四段型
む　らむ　けむ

2 下二段型
つ　る　らる　す　さす　しむ

3 ナ変型
ぬ

4 ラ変型
けり　たり〈完了〉　り　めり
なり〈推定〉

5 サ変型
むず

6 形容詞型
ク活用型……べし　たし
　　　　　　ごとし
シク活用型…まじ　まほし

7 形容動詞型
ナリ活用型…なり〈断定〉
　　　　　　やうなり
タリ活用型…たり〈断定〉

8 特殊型
特別の型……き　ず　まし
無変化型……じ　らし

＊助動詞の意味については、p.176の「用語解説」参照。

1 過去

き

活用

基本形	未然形	連用形	終止形	連体形	已然形	命令形	活用の型
き	**（せ）**	**○**	**き**	**し**	**しか**	**○**	**特殊型**

参照 p.151・152 識別

接続 活用語の**連用形**に接続。（カ変・サ変には、特殊な接続をする。）

意味 **1 過去**（……タ）

❶京より下り《連用形》**し**ときに、みな人、子どもなかり《連用形》**き**。（土佐日記・二月九日）

けり

活用

基本形	未然形	連用形	終止形	連体形	已然形	命令形	活用の型
けり	**（けら）**	**○**	**けり**	**ける**	**けれ**	**○**	**ラ変型**

参照 p.150 識別

接続 活用語の**連用形**に接続。

意味 **1 過去**（……タ・……タトイウコトダ・……タソウダ）

❷今は昔、竹取の翁といふ者あり《連用形》**けり**。（竹取物語・おひたち）

2 詠嘆（……ナア・……タノダナア）

❸「盗人《ぬすびと》の**襲**ひかかりたるなり《連用形》**けり**。」（今昔物語集・巻二八ノ四二）

「き」と「けり」の違い

き	**経験過去**	直接体験したことを回想する。
けり	**伝聞過去**	間接的に知ったことを回想する。

「き」の未然形「せ」の用法

「き」の未然形「せ」は、「**せば**……まし」の形で反実仮想を表す用法しかなく、和歌の中で用いられることが多い。この「せ」をサ変動詞の未然形とする説もある。

・世の中にたえて桜のなかり**せ**ば春の心はのどけからまし（古今集・五三）

もし世の中に全く桜がなかっ**た**なら、春の人の心はのどかだったろうに。

参照 p.62「まし」

「けり」の未然形「けら」の用法

「けり」の未然形「けら」は、奈良時代に、「**けらずや**」「**けらく**」の形で用いられた。

・梅の花咲きたる園の青柳《あをやぎ》はかづらにすべくなりに**けら**ずや（万葉集・八一七）

梅の花が咲いているこの庭の青柳は、髪に飾ることができるほどになっ**た**ではないか。

❶京から（土佐へ）下っ**た**ときに、ここにいる人はみな、子供がなかっ**た**。

❷昔、竹取の翁という者がい**た**。

❸「泥棒が襲いかかってき**たのだなあ**。」

詳解

■「き」のカ変・サ変への接続　参照 p.27カ変　p.28サ変

「き」がカ変・サ変に接続するときは、次のような特殊な接続をする。

		過去の助動詞「き」		
		終止形 **き**	連体形 **し**	已然形 **しか**
カ変「来」	未然形 **こ**	×	こ-し	こ-しか
	連用形 **き**	×	き-し	(き-しか)
サ変「す」	未然形 **せ**	×	せ-し	せ-しか
	連用形 **し**	し-き	×	×

● くらべ**こし**(未然形)振り分け髪も肩過ぎぬ　（伊勢物語・二三段）

あなたと長さを比べてき**た**私の振り分け髪も肩より長くなりました。

● わが**せし**(未然形)がごとうるはしみせよ　（伊勢物語・二四段）

私があなたを愛し**た**ように、あなたも相手を愛して幸福に暮らしなさいよ。

■「けり」の詠嘆の用法　参照 p.64「なり」　p.76助動詞の整理

「けり」の詠嘆の用法は、今まで気づかなかったことに初めて気づいた驚きや感動を表す。**気づきの「けり」**ともいう。

1 和歌や会話文の中で使われるときに多い。

2 断定の助動詞「なり」に付くときに多い。

1 見渡せば花も紅葉もなかり**けり**浦の苫屋《とまや》の秋の夕暮れ　（新古今集・三六三）

見渡すと、興趣を誘うような春の桜も秋の紅葉もなかっ**たのだなあ**。漁師の苫ぶきの小屋が点在するだけの海辺の秋の夕暮れは。

2 わがうへを思ふなり**けり**と思ふに、いとかなしうなりぬ。　（大和物語・一四九段）

（女は）私の身の上を案じていたのだっ**たのだなあ**と思うと、（女のことが）ひどくいとおしくなった。

確認問題

一 次の傍線部の助動詞の活用形を答えよ。

1 祭り見し[1]さま、いとめづらかなりき[2]。　（徒然草・一三七段）

（情趣を解さない人が）賀茂祭りを見た様子は、たいそう珍妙だった。

1[　　]　2[　　]

2 思ふさまに吹きける[1]、世にたぐひなく、めでたかりけり[2]。　（十訓抄・第一）

思うままに（笛を）吹いた、その音色は、この世に比類なく、すばらしかった。

1[　　]　2[　　]

二 次の傍線部の助動詞の意味は、過去、詠嘆のどちらか。

1「聞きし[1]にも過ぎて、尊くこそおはしけれ[2]。」（徒然草・五二段）

「（社殿は）聞いていたのよりもまさって、まことに尊くていらっしゃったよ。」

1[　　]　2[　　]

2 駿河《するが》なる宇津《うつ》の山べのうつつにも夢にも人にあはぬなりけり　（伊勢物語・九段）

駿河にある宇津の山辺の「うつ」という名のように、現実にも夢の中でもあなたに逢わないことだよ。

[　　]

2 完了

つ・ぬ

参照 p.77助動詞の整理　p.153・154・155・156・158・159識別

活用

基本形	未然形	連用形	終止形	連体形	已然形	命令形	活用の型
つ	て	て	つ	つる	つれ	てよ	下二段型
ぬ	な	に	ぬ	ぬる	ぬれ	ね	ナ変型

接続

活用語の**連用形**に接続。

意味

1 完了（……タ・……テシマッタ）

❶ 秋田、なよ竹のかぐや姫とつけ（連用形）**つ**。（竹取物語・おひたち）

❷ この子を見れば、苦しきこともやみ（連用形）**ぬ**。（竹取物語・おひたち）

2 確述（強意）（キット……スル・……テシマウ・タシカニ……ダ）

❸ 国王の仰せ言を背かば、はや殺し給ひ（連用形）**てよ**かし。（竹取物語・帝の求婚）

❹ とまれかうまれ、とく破り（連用形）**て**む。（土佐日記・二月十六日）

❺ はや舟に乗れ。日も暮れ（連用形）**ぬ**。（伊勢物語・九段）

❻ もの知り（連用形）**ぬ**べき顔したる神官を呼びて、（徒然草・二三六段）

❼ とく帰り給ひ（連用形）**ね**。（枕草子・菩提《ぼだい》といふ寺に）

3 並列（……タリ、……タリ）◆中世以降の用法

❽ 組ん（連用形）**づ**組まれ（連用形）**つ**、討ち（連用形）**つ**討たれ（連用形）**つ**。（源平盛衰記・巻三）

❾ 泣き（連用形）**ぬ**笑ひ（連用形）**ぬ**ぞし給ひける。（平家物語・藤戸）

「つ」と「ぬ」の違い

つ	**意識的・意図的な動作・作用の完了** ❶ かぐや姫と（名を）つけ（他動詞）**つ**。
ぬ	**無意識・自然な動作・作用の完了** ❷ 苦しきこともやみ（自動詞）**ぬ**。

識別チェック　ぬ

1 連用形に接続
➡完了の助動詞「ぬ」の終止形
・雨やみ**ぬ**。

2 未然形に接続
➡打消の助動詞「ず」の連体形
・やま**ぬ**雨。

❶ 秋田は、なよたけのかぐや姫と（名を）つけ**た**。

❷ （翁は）この子を見ると、苦しい気持ちも治まっ**た**。

❸ （私が）国王のご命令に背いたなら、早く（私を）殺し**てしまい**なさいな。

❹ 何はともあれ、（こんな書き物は）早く破って**しまおう**。

❺ 早く舟に乗れ。日も暮れ**てしまう**。

❻ **いかにも**ものを知っていそう**な**顔をした神官を呼んで、

❼ 早くお帰りになって**しまいなさい**。

❽ 組ん**だり**組まれ**たり**、討っ**たり**討たれ**たり**。

❾ 泣い**たり**笑っ**たり**なさいました。

詳解

■「つ」「ぬ」＋過去の助動詞の訳し方

参照 p.77助動詞の整理

「つ」「ぬ」は、下に過去の助動詞を伴うことが多い。

てき　にき ――完了＋過去　……てしまった

てけり　にけり ――完了＋過去　……てしまった
　　　　　　　――完了＋詠嘆　……てしまったなあ

● 夢てふものは頼みそめてき。（古今集・五五三）
夢というものを頼りにし始めるようになってしまった。

● 「かくても月日は経にけり。」（源氏物語・桐壺）
「更衣が亡くなっても月日は過ぎてしまったなあ。」

■「つ」「ぬ」＋推量の助動詞の訳し方

参照 p.77助動詞の整理

下に推量の助動詞が付くとき、「つ」「ぬ」は確述（強意）の用法である。「む」「べし」の意味にも注意して解釈する。

てむ　なむ
つべし　ぬべし　　確述（強意）＋推量　きっと……だろう　など

● 鬼なども我をば見許してむ。（源氏物語・夕顔）
鬼などもきっと私を見逃すだろう。〔「む」は推量〕

● いづくなりともまかりなむ。（大鏡・道長伝）
どこであっても必ず参りましょう。〔「む」は意志〕

● 言ひ過ぐしもしつべき所々もあれば、（枕草子・跋）
きっと言い過ぎをしているはずの箇所もあるので、〔「べし」は当然〕

● つれづれ慰みぬべき物語や候ふ。（無名草子・紫式部）
退屈を慰めるのにちょうどよい物語はありますか。〔「べし」は適当〕

※推量の助動詞が付かなくても、確実に実現するという判断を表すとき（用例③⑤⑦）は、確述（強意）の用法である。

確認問題

一 次の傍線部の助動詞の活用形を答えよ。

1 一夜《ひとよ》のうちに塵灰《ぢんくわい》となりにき。（方丈記・安元の大火）
一夜のうちに塵灰となってしまった。
〔　　　〕

2 かしらおろしてけり。（古今集・八四七詞書）
出家してしまった。
〔　　　〕

3 年ごろ思ひつる[1]こと、果たし侍りぬ[2]。（徒然草・五二段）
長年念願していたことを、成し遂げました。
1〔　　　〕　2〔　　　〕

二 次の傍線部の助動詞の意味は、完了、確述（強意）のどちらか。

1 このこと、試みてむ。（宇治拾遺物語・一〇四）
このことを、試してみよう。
〔　　　〕

2 行き通ふ所出で来にけり。（伊勢物語・二三段）
通って行く所ができてしまった。
〔　　　〕

3 庵《いほ》なども浮きぬばかりに雨降りなど（更級日記・門出）
仮の宿なども浮いてしまうくらいに雨が降りなど
〔　　　〕

たり・り

参照 p.150・152・160 識別

活用

基本形	未然形	連用形	終止形	連体形	已然形	命令形	活用の型
たり	たら	たり	たり	たる	たれ	(たれ)	ラ変型
り	ら	り	り	る	れ	(れ)	

接続

たり―活用語の**連用形**に接続。

り――サ変動詞の**未然形**・四段動詞の**已然形**に接続。

(四段動詞については**命令形**に接続するという説もある。)

↑ サ変動詞については、命令形の古形「せ」に接続するという説もある。

意味

1 存続 (……テイル・……テアル)

❶ 紫だち(連用形)**たる**雲の細くたなびき(連用形)**たる**。 (枕草子・春は、あけぼの)

❷ かきつばたいとおもしろく咲き(連用形)**たり**。 (伊勢物語・九段)

❸ あしと思へ(已然形)**る**けしきもなくて、出だしやりければ、 (伊勢物語・二三段)

❹ 五月《さつき》のつごもりに、雪いと白う降れ(已然形)**り**。 (伊勢物語・九段)

2 完了 (……タ・……テシマッタ)

❺ すでにし出だし(連用形)**たる**さまにて、ひしめき合ひたり。 (宇治拾遺物語・一二)

❻ 大和人《やまとびと》、「来む。」と言へ(已然形)**り**。 (伊勢物語・二三段)

完了と存続の違い

完了 事件や事象が済んでしまったことを表す。「今ハ……テシマッタ」の意。

存続 事件や事象が済んで、その結果が今も存在し続けていることを表す。

「たり」の並列の用法

中世以降、「……**たり**……**たり**」の形で、**動作・作用の並列**を表す用法が生まれた。

● 掃《は》い**たり**拭《のご》う**たり**、塵《ちり》拾ひ、手づから掃除せられけり。 (平家物語・先帝身投)

掃い**たり**拭い**たり**、塵を拾い、自分の手でお掃除をなさった。

❶ 紫がかって**いる**雲が細くたなびいて**いる**(のは、すばらしい)。

❷ かきつばたがたいそう美しく咲いて**いる**。

❸ いやだと思って**いる**様子もなくて、(男を)送り出してやったので、

❹ 五月の末に、雪がまっ白に降り積もって**いる**。

❺ 早くも(ぼたもちを)作り上げ**た**様子で、騒ぎ合っている。

❻ 大和の人は、「行くつもりだ。」と言っ**た**。

確認問題

一 次の傍線部の助動詞の意味と活用形を答えよ。

1 歌をなむよみて出だしたりける。 (伊勢物語・二四段)

歌をよんで(男に)差し出してしまった。 [　・　]

2 荒れたる庭の露しげきに、 (徒然草・三二段)

荒れている庭で露が一面に降りている所に。 [　・　]

3 おごれる人も久しからず、 (平家物語・祇園精舎)

おごりたかぶっている人もそのおごりの日々は長くは続かない、 [　・　]

3 打消

ず

参照 p.158・159識別

活用

基本形	未然形	連用形	終止形	連体形	已然形	命令形	活用の型
ず	ず ざら	ず ざり	ず	ぬ ざる	ね ざれ	ざれ	特殊型

接続 活用語の**未然形**に接続。

意味 **1 打消**（……ナイ）

⑦京には見え（未然形）**ぬ**鳥なれば、みな人見知ら（未然形）**ず**。（伊勢物語・九段）

▼「ず」の未然形に付く「は」

未然形「ず」に接続助詞「ば」が付いて仮定条件を表す場合、「は」と表記され、「ワ」と発音する。

● 第一ならずはいかに。（枕草子・御方々、君たち）

もし第一番でないならどうですか。

参照 p.36形容詞の未然形に付く「は」
p.90清音の「は」

詳解

■「ず」の活用

次の三つの系列の活用を一つにまとめたものである。

基本形	未然形	連用形	終止形	連体形	已然形	命令形	活用の型
ず	(な)	(に)	○	ぬ	ね	○	四段型
	ず	ず	ず	○	○	○	無変化型
	ざら	ざり	○	ざる	ざれ	ざれ	ラ変型

1「ざり」の系列は「ず」に「あり」が付いてできた活用で、ラ変型活用をする。主として助動詞が下に付く。

2 未然形「な」と連用形「に」は奈良時代に用いられた。「な」は「**なくに**」の形で平安時代以降の和歌にも用いられる。

1 馬の頭《かしら》も見え**ざり**けり。（平家物語・木曽最期）

馬の頭も見え**なかっ**た。

2 みちのくのしのぶもぢずりたれゆゑに乱れそめにし我ならなくに（伊勢物語・一段）

陸奥《むつ》の国のしのぶずりの乱れ模様のように、誰のせいで私の心は乱れ始めたのでしょうか、私のせいでは**ない**のに。

◀確認問題

一 次の傍線部の助動詞の活用形を答えよ。

1 二、三日にあげず、[1]御覧ぜぬ[2]日なし。（大和物語・一五二段）

（帝は鷹を）二、三日と間を置かず、御覧にならない日はない。

1［　　］　2［　　］

2 この川、飛鳥《あすか》川にあらねば[1]、淵瀬《ふちせ》さらに変はらざり[2]けり。（土佐日記・二月十六日）

この川は、飛鳥川ではないので、淵や瀬は少しも変化していないことだよ。

1［　　］　2［　　］

4 推量

む〈ん〉・むず〈んず〉

参照 p.57「む」「べし」「じ」「まじ」の関係　p.155・160 識別

活用

基本形	未然形	連用形	終止形	連体形	已然形	命令形	活用の型
む〈ん〉	(ま)	○	む〈ん〉	む〈ん〉	め	○	四段型
むず〈んず〉	○	○	むず〈んず〉	むずる〈んずる〉	むずれ〈んずれ〉	○	サ変型

接続　活用語の**未然形**に接続。

意味

1 推量（……ウ・……ヨウ・……ダロウ）

❶深きゆゑあら（未然形）**む**。（徒然草・二三六段）

❷もとの国より、迎へに人々まうで来《こ》（未然形）**むず**。（竹取物語・嘆き）

2 意志（……ウ・……ヨウ・……ツモリダ）

❸我、人を起こさ（未然形）**む**。（源氏物語・夕顔）

❹この柑子《かうじ》の喜びをばせ（未然形）**むずる**ぞ。（宇治拾遺物語・九六）

3 適当・勧誘（……ベキダ・……ノガヨイ・……タラドウダ）

❺命長くとこそ思ひ念ぜ（未然形）**め**。（源氏物語・桐壺）

❻方々に手分けをこそせられ（未然形）**むずれ**。（保元物語・中）

4 仮定（……トシタラ）

❼ただ一度にいらへ（未然形）**む**も、待ちけるかともぞ思ふとて、（宇治拾遺物語・一二）

❽焼き殺されたりと言はれ（未然形）**むずる**は、念もなきことなり。（義経記・巻五）

「む」の読みと表記

助動詞「む」は、奈良時代までは「ム」と発音されていたが、平安時代以降「ン」と発音されるようになり、平安時代後期には「ん」とも表記されるようになった。「むず」「らむ」「けむ」などの「む」も同様である。

「む」の未然形「ま」の用法

奈良時代には未然形「ま」があり、接尾語「く」が付いて「まく」（……ダロウコト・……ヨウナコト）の形で用いられた。

● 梅の花散らまく惜しみわが園の竹の林に鶯《うぐひす》鳴くも（万葉集・八二四）

梅の花が散る**だろう**ことを惜しんで、わが庭の竹林に鶯が鳴くことだよ。

「むず」の語源

「むず」は「むとす」（助動詞「む」＋格助詞「と」＋サ変動詞「す」）の縮まった語で、「む」より意味がやや強い。

❶深いわけがあるの**だろう**。

❷もとの国から、迎えに人々が参る**だろう**。

❸私が、人を起こそ**う**。

❹この柑子のお礼をする**つもりだ**よ。

❺長生きして（機会を待とう）と一心に祈るの**がよい**。

❻方々に手分けをなさるの**がよい**。

❼ただ一度で返事をする**としたら**それも、待っていたのかと思うといけないと思って、

❽焼き殺されたと言われる**としたら**それは、無

5 婉曲（……ヨウナ）

⑨ 心あら（未然形）**む**友もがな。（徒然草・一三七段）

⑩ 悦《よろこ》びをなして参ら（未然形）**むずる**源氏どもこそ多う候へ。（平家物語・源氏揃）

⑨ 情趣を解する**ような**友がいてほしい。

⑩ 喜んで馳せ参ずる**ような**源氏勢は多くございます。

念なことである。

詳解

■「む」の意味の見分け方

参照 p.76 助動詞の整理

主語の人称による見分け方

1 一人称 ➡ 意志
2 二人称 ➡ 適当・勧誘
3 三人称 ➡ 推量

1 ● 我は討ち死にせ**む**と思ふなり。（平家物語・木曽最期）
俺は討ち死にし**よう**と思うのだ。〔意志〕

2 ●（あなたは）少将をこそ召し返され候は**め**。（平家物語・赦文《ゆるしぶみ》）
（あなたは）少将をご召還なさっ**たらいかがでしょう**。〔適当〕

3 ● 伊尹《これまさ》・兼通《かねみち》・兼家《かねいへ》などが、言ひもよほして、せさするなら**む**。（大鏡・師輔《もろすけ》伝）
伊尹・兼通・兼家などが、そそのかして、やらせたの**だろう**。〔推量〕

主語の人称以外の見分け方

1 文中で連体形のときは**仮定・婉曲**が多い。
連体形「む」＋助詞……**仮定**が多い
連体形「む」＋体言……**婉曲**が多い

2 適当・勧誘は「こそ……め」「なむ（や）。」「てむ（や）。」に多い。

1 ● 落ちな**む**は、心憂かるべし。（徒然草・一八八段）
（馬から）落ちてしまっ**たら**それは、情けないだろう。〔仮定〕

● いみじから**む**心地もせず。（竹取物語・嘆き）
うれしい**ような**気持ちもいたしません。〔婉曲〕

2 ● 吾子《あこ》がことをこそおぼさ**め**。（しのびね物語）
わが子のことをお考えになる**のがよい**。〔適当〕

● 歌はよみて**む**や。（宇治拾遺物語・一一一）
歌をよんで**みないか**。〔勧誘〕

確認問題

一 次の傍線部の助動詞の意味と活用形を答えよ。

1 こころざしはせむとす。（土佐日記・二月十六日）
お礼はしようと思う。〔　・　〕

2 法師は人に疎くてありなむ。（徒然草・七六段）
法師は人と疎遠であるのがたいへんよい。〔　・　〕

3 ねびゆかむさまゆかしき人かな。（源氏物語・若紫）
成長していくような様子を見たい人だなあ。〔　・　〕

4 こと出で来なむず。（大鏡・道隆伝）
騒動がきっと起こるだろう。〔　・　〕

べし

参照 p.57「む」「べし」「じ」「まじ」の関係

活用

基本形	未然形	連用形	終止形	連体形	已然形	命令形	活用の型
べし	べく べから	べく べかり	べし	べき べかる	べけれ	○	形容詞型

接続 活用語の**終止形**に接続。（ラ変・ラ変型の活用語には**連体形**に接続。）

意味

1推量（……ニチガイナイ・……ソウダ・……ダロウ）

❶この戒め、万事にわたる(終止形)**べし**。（徒然草・九二段）

2意志（……ウ・……ヨウ・……ツモリダ）

❷毎度ただのちの矢なく、この一矢《ひとや》に定む(終止形)**べし**と思へ。（徒然草・九二段）

3適当（……ノガヨイ・……ノガ適当ダ）

❸東《あづま》の方《かた》に住む(終止形)**べき**国求めにとて行きけり。（伊勢物語・九段）

4当然・義務（……ハズダ・……ナケレバナラナイ・……ベキダ）

❹子になり給ふ(終止形)**べき**人なめり。（竹取物語・おひたち）

5強い勧誘・命令（……ベキダ・……セヨ）

❺七つあらむ軟挺《なんてい》を尋ねて取る(終止形)**べし**。（沙石集・巻九ノ三）

6可能（……デキル・……デキルハズダ）

❻影だに踏む(終止形)**べく**もあらぬこそ、くちをしけれ。（大鏡・道長伝）

▼推量の助動詞「べらなり」

活用

基本形	未然形	連用形	終止形	連体形	已然形	命令形	活用の型
べらなり	○	(べらに)	べらなり	べらなる	べらなれ	○	形容動詞型

接続 活用語の**終止形**に接続。（ラ変・ラ変型の活用語には**連体形**に接続。）

意味 **1推量**（……ヨウダ・……ソウダ）

●北へ行く雁《かり》ぞ鳴くなる連れて来《こ》し数は足らでぞ帰る**べらなる**（古今集・四一二）

北へ帰る雁が鳴いているようだ。連れ立って来たときの仲間の数が足りないで帰る**ようだ**。

＊平安時代に主として和歌で用いられた。

▼「べし」の予定の用法

「べし」は、文脈によって**予定**（……コトニナッテイル）の意味にもなる。

●船に乗る**べき**所へわたる。（土佐日記・十二月二十一日）

船に乗る**ことになっている**所へ移る。

❶この教訓は、万事に通じる**にちがいない**。

❷矢を射るたびにひたすら二本目の矢はなく、この一矢で決め**よう**と思え。

❸東国のほうに住む**のによい**国を探しに（行こう）と思って行った。

❹子におなりになる**はずの**人であるようだ。

❺七枚あるような銀貨を探して取り**なさい**。

❻影さえ踏むことも**でき**ないのが、全く残念だ。

詳解

■「べし」の意味の見分け方

参照 p.76助動詞の整理

主語の人称による見分け方

1 一人称 ⇓ 意志
2 二人称 ⇓ 適当・強い勧誘・命令
3 三人称 ⇓ 推量

1 我ふたたび俳諧を言ふ**べから**ず。（去来抄・先師評）
私は二度と俳諧を口にしない**つもりだ**。〔意志〕

2 なんぢ手柄にこの冠《かむり》を置く**べし**。（去来抄・先師評）
おまえは立派な仕事としてこの初句を**つけよ**。〔命令〕

3 折あしかる**べし**。（堤中納言物語・はいずみ）
時期が悪い**だろう**。〔推量〕

主語の人称以外の見分け方

1 打消表現の中で用いられるときは**可能**が多い。
2 疑問・反語表現の中で用いられるときは**可能**か**推量**が多い。

1 一口《いっこう》に言ふ**べき**歌よみにあらず。（俊頼髄脳・歌のよしあし）
一言で（優劣を）決めることの**できる**歌人ではない。〔可能〕

2 何かは苦しう候ふ**べき**。（平家物語・大原御幸）
何が差し支えましょう**か**、いいえ、何も差し支えはありません。〔推量〕

■「む」と「べし」の違い

参照 p.53「む」の意味の見分け方

「べし」の語源は形容詞「宜《うべ》し」（モットモダ・当然ダ）だといわれ、**「そうなるのが当然だ」という意味を根本に持つ**。したがって、推量なら確信のある推量を、意志なら強い意志を表す。「む」とあわせて整理すると、次のようになる。

人称	む		べし
1 一人称	意志	強め	強い意志
2 二人称	適当・勧誘	強め	適当・強い勧誘・命令
3 三人称	推量	強め	確信のある推量

確認問題

一 次の傍線部の助動詞の意味と活用形を答えよ。

1 深き志はこの海にも劣らざるべし。（土佐日記・一月九日）〔　・　〕
深い志はこの海にも劣らないにちがいない。

2 自今以後もなんぢらよくよく心得べし。（平家物語・殿下乗合《てんがのりあい》）〔　・　〕
今後もおまえたちはよくよく心得よ。

3 君の寵《ちょう》をも頼むべからず。（徒然草・二一一段）〔　・　〕
主君の寵愛をも頼みにはできない。

4 これ、罪得べきことにあらず。（宇治拾遺物語・一〇四）〔　・　〕
これは、罪を得るはずのことではない。

5 家の造りやうは、夏をむねとすべし。（徒然草・五五段）〔　・　〕
家の造り方は、夏を主とするのがよい。

5 打消推量

じ

活用

基本形	未然形	連用形	終止形	連体形	已然形	命令形	活用の型
じ	○	○	じ	(じ)	(じ)	○	特殊型

接続 活用語の**未然形**に接続。

意味

1 打消推量（……ナイダロウ・……マイ）

❶月ばかりおもしろきものはあら(未然形)**じ**。（徒然草・二一段）

2 打消意志（……マイ・……ナイツモリダ）

❷私の従者《ずさ》をば具し候は(未然形)**じ**。（大鏡・道長伝）

まじ

活用

基本形	未然形	連用形	終止形	連体形	已然形	命令形	活用の型
まじ	まじく (まじから)	まじく まじかり	まじ	まじき まじかる	まじけれ	○	形容詞型

接続 活用語の**終止形**に接続。（ラ変・ラ変型の活用語には**連体形**に接続。）

意味

1 打消推量（……ナイダロウ・……マイ・……ソウニナイ）

❸行く春丹波《たんば》にいまさば、もとよりこの情浮かぶ(終止形)**まじ**。（去来抄・先師評）

2 打消意志（……マイ・……ナイツモリダ）

❹「漏《も》らすことある(連体形)**まじ**。」と、返す返す契りて去りぬ。（宇治拾遺物語・九二）

3 禁止・不適当（……テハナラナイ・……ナイホウガヨイ）

▼**「じ」の連体形・已然形の用法**

「じ」の活用は無変化型で、連体形・已然形の用例も少ない。連体形では、体言や助詞に続く例はあるが、助詞「ぞ」「なむ」「や」「か」の結びになった例がない。已然形では「こそ」の結びになった例はあるが、助詞「ど」「ども」に続く例がない。

♛**「じ」「まじ」の意味の見分け方**

「じ」は「む」の打消の意味、「まじ」は「べし」の打消の意味である。そのため、「む」「べし」と同じように、**原則として主語の人称によって意味を見分けることができる。**

じ	一人称	⬇ 打消意志
	三人称	⬇ 打消推量
まじ	一人称	⬇ 打消意志
	二人称	⬇ 禁止・不適当
	三人称	⬇ 打消推量

参照 p.53　p.55　p.76助動詞の整理

❶月ほど興趣のあるものは**ないだろう**。
❷私個人の家来は連れて参りますまい。
❸春の終わりに丹波にいらっしゃったなら、もちろんこの感情は浮かば**ないだろう**。
❹「(私は)他言することはし**まい**。」と、繰り返し約束して立ち去った。

⑤さらにさらにおぼしよる（終止形）まじきことなり。（大鏡・師尹《もろまさ》伝）

4 打消当然（……ベキデハナイ・……ハズガナイ）

⑥顔むげに知る（終止形）まじき童《わらは》一人ばかりぞ率《ゐ》ておはしける。（源氏物語・夕顔）

5 不可能推量（……デキナイダロウ・……デキソウニナイ）

⑦この女見では、世にある（連体形）まじき心地のしければ、（竹取物語・仏の御石の鉢《はち》）

⑤絶対に絶対にお考え及びになって**はならない**ことだ。

⑥顔を絶対に知る**はずがない**童一人だけを連れて（夕顔のもとに）いらっしゃった。

⑦（石作りの皇子は、）この女（かぐや姫）を見ないでは、この世に生きていることが**できそうにない**気持ちがしたので、

詳解

■「む」「べし」「じ」「まじ」の関係 参照 p.52「む」 p.54「べし」

		打消 →	
未然形接続 **む**	推量／意志／適当・勧誘	**じ**	打消推量／打消意志
強め ↓		強め ↓	
終止形接続 **べし**	確信のある推量／強い意志／適当・強い勧誘・命令／当然・義務／可能	**まじ**	打消推量／打消意志／禁止・不適当／打消当然／不可能

人称	む	べし	じ	まじ
一人称	意志	強い意志	打消意志	打消意志
二人称	適当 勧誘	適当 強い勧誘 命令	○	禁止 不適当
三人称	推量	確信のある推量	打消推量	打消推量

確認問題

一 次の傍線部の助動詞の意味と活用形を答えよ。

1 女をばよも切らじ。（今昔物語集・巻二八ノ四二）
（盗人も）女のことはまさか切らないだろう。［　・　］

2 勝たむと打つべからず。負けじと打つべきなり。（徒然草・一一〇段）
（双六は）勝とうと思って打ってはならない。負けまいと思って打たなければならないのである。［　・　］

3「ただ今は見るまじ。」とて入りぬ。（枕草子・頭中将の）
「（私は）今すぐは（手紙を）見るまい。」と言って（奥に）入った。［　・　］

4 人づてに聞こえ給ふまじきことなりかし。（源氏物語・蛍）
（この宮に対して）人を介してお返事申し上げなさらないほうがよいことだよ。［　・　］

6 現在推量・過去推量

らむ〈らん〉

参照 p.160 識別

活用

基本形	未然形	連用形	終止形	連体形	已然形	命令形	活用の型
らむ〈らん〉	○	○	らむ〈らん〉	らむ〈らん〉	らめ	○	四段型

接続　活用語の**終止形**に接続。（ラ変・ラ変型の活用語には**連体形**に接続。）

意味

1 現在推量（今ゴロハ……テイルダロウ）

❶風吹けば沖つ白波たつた山夜半《よは》にや君がひとり越ゆ（終止形）**らむ**　（伊勢物語・二三段）

❷見るままに山風荒くしぐるめり都も今は夜寒なる（連体形）**らむ**　（新古今集・九八九）

2 現在の原因推量

（……ノダロウ・……ダカラダロウ・〈ドウシテ〉……テイルノダロウ）

❸などや苦しきめを見る（終止形）**らむ**。　（更級日記・竹芝寺《たけしばでら》）

❹ひさかたの光のどけき春の日に静心《しづごころ》なく花の散る（終止形）**らむ**　（古今集・八四）

3 現在の伝聞（……トカイウ・……ソウダ）

❺唐土《もろこし》にことごとしき名つきたる鳥の、えりてこれにのみゐる（終止形）**らむ**、いみじう心ことなり。　（枕草子・木の花は）

4 現在の婉曲（……テイルヨウナ・……ト思ワレル）

❻ほどにつけつつ思ふ（終止形）**らむ**家を別れて、かく惑ひ合へる。　（源氏物語・須磨）

5 推量（……ダロウ）

❼目を配りて読みゐたるこそ、罪や得《う》（終止形）**らむ**とおぼゆれ。　（枕草子・八月ばかりに）

▼「らむ」の意味

1 現在推量　直接見ていない事柄について、「今ごろは……ているだろう」と推量する。

2 現在の原因推量　直接見ている事柄について、その背後にある原因・理由を「どうして……ているのだろう」と推量する。

3 現在の伝聞　直接見ていない事柄について、「話では……とかいうことだ」と、伝え聞いていることとして述べる。

▼**「らむ」「けむ」の伝聞・婉曲の用法**

「らむ」「けむ」が**文中で連体形**（体言や助詞に接続）のときは、**伝聞・婉曲**の意味を表すことが多い。

●おぼす**らむ**こと何事ぞ。　（竹取物語・嘆き）

お思いになって**いるような**ことはどんなことですか。

▼**「む」「らむ」「けむ」の違い**

む	**未来を推量**	不明のことを推量
らむ	**現在を推量**	現在の事実に基づいて原因を推量
けむ	**過去を推量**	過去の事実に基づいて原因を推量

❶風が吹くと沖の白波が立つ、その竜田山を、夜中にあなたが一人で**今ごろは**越えて**いるだろうか**。

けむ〈けん〉

活用

基本形	未然形	連用形	終止形	連体形	已然形	命令形	活用の型
けむ〈けん〉	○	○	けむ〈けん〉	けむ〈けん〉	けめ	○	四段型

接続

活用語の**連用形**に接続。

意味

1 過去推量（……タダロウ・……ダッタロウ）

❽ 右大臣の御年、五十七、八にやおはしまし（連用形）**けむ**。（大鏡・時平伝）

2 過去の原因推量（……タノダロウ・……ダッタノダロウ）

❾ 恨みを負ふ積もりにやあり（連用形）**けむ**、いとあつしくなりゆき、（源氏物語・桐壺）

❿ 参りたる人ごとに山へ登りしは、何事かあり（連用形）**けむ**。（徒然草・五二段）

3 過去の伝聞（……タトカイウ・……タソウダ）

⓫ 行平《ゆきひら》の中納言の、「関吹き越ゆる」と言ひ（連用形）**けむ**浦波、（源氏物語・須磨）

4 過去の婉曲（……タヨウナ・……タト思ワレル）

⓬ すかし申し給ひ（連用形）**けむ**が恐ろしさよ。（大鏡・花山院）

❷ 見ているうちに山風が激しくしぐれてくるようだ。都も**今ごろは**夜寒になっ**ているだろう**。

❸ どうしてつらい目を見る**のだろう**か。

❹ 日の光がのどかな春の日に、**どうして**落ち着いた心もなく桜の花が散っ**ているのだろう**。

❺ 中国で仰々しい名がついている鳥（鳳凰）が、とくに選んでこの桐の木にだけとまる**とかいう**のは、本当に格別な気持ちがする。

❻ それぞれに応じて大事に思っ**ているような**家を捨てて、このように（私と）ともにさまよっていることよ。

❼ （僧が客に）目をやって（経を）読んでいるのは、仏罰をこうむる**だろう**と思われる。

❽ 右大臣のお年は、五十七、八でいらっしゃっ**ただろう**か。

❾ 恨みを受けることが積もっ**たのだろう**か、ひどく病気がちになってゆき、

❿ 参詣している人がみな山へ登って行ったのは、何事があっ**たのだろう**か。

⓫ 行平の中納言が、「関吹き越ゆる」とよん**だという**海辺の波が、

⓬ （道兼公が花山天皇を）だまし申し上げなさっ**たような**のは恐ろしいことですよ。

確認問題

一 次の傍線部の助動詞の意味を答えよ。

1 春霞《はるかすみ》なに隠すらむ（古今集・七九）

春霞はなぜ（桜の花を）隠すのだろうか。

［　　］

2 鸚鵡《あうむ》、いとあはれなり。人の言ふらむ[1]ことをまねぶらむ[2]よ。（枕草子・鳥は）

鸚鵡は、本当に感心な鳥だ。人の言うようなことをまねるそうだよ。

1［　　］ 2［　　］

3 徳大寺にもいかなるゆゑか侍りけむ。（徒然草・一〇段）

徳大寺にもどんな理由があったのでしょうか。

［　　］

4 これを聞きけむ[1]人、いかに憎み笑ひけむ[2]。（今昔物語集・巻二八ノ四二）

これを聞いたという人は、（国守を）どれほど憎みあざ笑っただろうか。

1［　　］ 2［　　］

7 推定

らし

活用

基本形	未然形	連用形	終止形	連体形	已然形	命令形	活用の型
らし	○	○	らし	らし（らしき）	らし	○	特殊型

接続 活用語の**終止形**に接続。（ラ変・ラ変型の活用語には**連体形**に接続。）

意味 **1 推定**（……ラシイ・……ニチガイナイ）

❶ 春過ぎて夏来たる(終止形)**らし**白妙《しろたへ》の衣乾《ほ》したり天《あめ》の香具山《かぐやま》　（万葉集・二八）

めり

活用

基本形	未然形	連用形	終止形	連体形	已然形	命令形	活用の型
めり	○	（めり）	めり	める	めれ	○	ラ変型

接続 活用語の**終止形**に接続。（ラ変・ラ変型の活用語には**連体形**に接続。）

意味 **1 推定**（……ヨウニ見エル・……ヨウダ）

❷ 簾《すだれ》少し上げて、花奉る(終止形)**めり**。　（源氏物語・若紫）

2 婉曲（……ヨウダ）

❸ ことにかたくなる人ぞ、「この枝、かの枝、散りにけり。今は見どころなし。」などは言ふ(終止形)**める**。　（徒然草・一三七段）

▼**「らし」の連体形「らしき」の用法**

連体形「らしき」は、奈良時代に主に「こそ……**らしき**」の形で用いられた。

• 古《いにしへ》もしかにあれこそうつせみも妻を争ふ**らしき**　（万葉集・一三）

神代の昔もこうであったからこそ、現世でも（一人の）妻を（取り合い）争う**らしい**。

▼**過去の推定「けらし」（連用形に接続）**

過去の推定を表す助動詞に「**けらし**」があり、奈良時代に多く用いられた。

• 夕されば小倉の山に鳴く鹿《しか》は今夜《こよひ》は鳴かずい寝《ね》に**けらし**も　（万葉集・一五一一）

夕方になるといつも小倉山で鳴く鹿は、今夜は鳴かない。寝てしまっ**たらしい**な。

▼**「めり」の連用形「めり」の用法**

連用形「めり」は、下に助動詞「き」「つ」の付く形でまれに用いられるだけである。

• すぐれたる限り抜き出で給ふ**めり**しかば、　（増鏡・おどろの下）

すぐれている歌だけを抜き出しなさった**よう**なので、

❶ 春が過ぎて夏がやって来る**らしい**。真っ白な衣が干してある。天の香具山は。

❷（垣根からのぞくと、女房が）簾を少し上げて、（仏に）花を差し上げている**ようだ**。

❸ 特にものの情趣を解さない人は、「この枝も、あの枝も、（花が）散ってしまった。今はもう見どころがない。」などと言う**ようだ**。

なり

活用

基本形	未然形	連用形	終止形	連体形	已然形	命令形	活用の型
なり	○	なり	なり	なる	なれ	○	ラ変型

参照 p.156識別

接続 活用語の**終止形**に接続。（ラ変・ラ変型の活用語には**連体形**に接続。）

意味

1推定（……ヨウダ・……ラシイ・……ニチガイナイ）

④笛をいとをかしく吹き澄まして、過ぎぬ(終止形)**なり**。（更級日記・荻の葉）

2伝聞（……トイウコトダ・……ソウダ・……ト聞イテイル）

⑤男もす(終止形)**なる**日記《にき》といふものを、女もしてみむとて、するなり。（土佐日記・十二月二十一日）

④笛をたいそうすばらしく澄んだ音色で吹いて、（その人は）通り過ぎてしまった**ようだ**。

⑤男性も書く**という**日記というものを、女性である私も書いてみようと思って、書くのだ。

ラ変型の活用語と「めり」「なり」の接続

「めり」「なり」がラ変型の活用語の連体形に接続する場合、語尾の「る」が撥音便化することが多い。撥音「ん」は表記されないこともあるが、**読むときには「ン」音を補う**。

- あるなり➡あんなり➡あなり
- あるめり➡あんめり➡あめり

参照 p.33動詞の音便 p.41形容詞・形容動詞の音便 p.73助動詞の音便 p.77

詳解

■「らし」「めり」「なり」の違い

らし 客観的な事実に基づく推定（根拠のある推定）

めり 目で見た事柄に基づく推定（視覚的推定）

なり 耳で聞いた事柄に基づく推定（聴覚的推定）

＊推定＝判断の根拠がある推量

用例① 衣替えの白い衣が干してあるという**事実に基づいて**➡夏が来るらしいと推定。

用例② 簾を少し上げている様子をのぞき**見て**➡仏に花を供えているようだと推定。

用例④ 笛の音を**聞いて**➡笛の主が遠のいたようだと推定。

確認問題

一 次の傍線部の助動詞の意味を答えよ。

1 この川にもみぢ葉《ば》流る奥山の雪解《ゆきげ》の水ぞ今まさるらし（古今集・三三〇）

この川に（今ごろ）紅葉の葉が流れている。奥山の雪解けの水が今増しているらしい。

［　　］

2 雪は道も見えず降るめり。（讃岐典侍日記・嘉承二年十一月）

雪は道も見えないほど降っているようだ。

［　　］

3 ゆかしくし給ふなるものを奉らむ。（更級日記・物語）

見たがっていらっしゃると聞いているものを差し上げましょう。

［　　］

8 反実仮想

まし

参照 p.46「き」の未然形「せ」の用法　p.90「ば」

活用

基本形	未然形	連用形	終止形	連体形	已然形	命令形	活用の型
まし	ましか（ませ）	○	まし	まし	ましか	○	特殊型

接続　活用語の**未然形**に接続。

意味

1 反実仮想（モシ〜ダッタラ……ダロウニ）

❶やがてかけこもら(未然形)**ましか**ば、くちをしから(未然形)**まし**。（徒然草・三二段）

❷思ひにし死《しに》するものにあら(未然形)**ませ**ば千遍《ちたび》ぞ吾《われ》は死に返ら(未然形)**まし**（万葉集・六〇三）

❸世の中にたえて桜のなかりせば春の心はのどけから(未然形)**まし**（古今集・五三）

❹朽ちもせぬこの川柱残らずは昔の跡をいかで知ら(未然形)**まし**（更級日記・門出）

2 実現不可能な希望（……ダッタラヨカッタノニ）

❺白玉か何ぞと人の問ひしとき露と答へて消えな(未然形)**まし**ものを（伊勢物語・六段）

3 迷い・ためらい（……タモノダロウカ・……タラヨカロウカ）

◆「何・いかに・や」などの疑問を表す語を伴う。

❻これに何を書か(未然形)**まし**。（枕草子・跋）

▼「まし」の未然形「ませ」の用法

未然形「ませ」は「〜**ませ**ば……まし」の形で、主に奈良時代に用いられた。　⬇用例❷

▼「まし」の推量の用法

「まし」は、中世以降、**単純な推量**（……ダロウ）の意でも用いられることがある。

・行き暮れて木《こ》の下かげを宿とせば花やこよひのあるじなら**まし**（平家物語・忠度最期）

旅の途中で日が暮れて、桜の木の下を宿としたなら、桜の花が今夜の主人（として私をもてなしてくれること）であろう。

❶**もし**すぐさま（妻戸の）掛け金を掛けて引きこもっ**たなら**、残念なことだろうに。

❷**もし**恋のために死ぬというのであっ**たら**、千度も私は死を繰り返すこと**だろうに**。

❸**もし**世の中に全く桜がなかっ**たら**、春の人の心はのどかだった**だろうに**。

❹**もし**朽ち果てもしないこの川中の柱が残っていなかっ**たら**、昔の（長者の屋敷）跡をどうしてわかろうか、いや、わからない**だろうに**。

❺「（あれは）白玉ですか、何ですか。」とあの人が尋ねたとき、「露だよ。」と答えて（私も露のように）消えてしまっ**たらよかったのに**なあ。

❻これに何を書い**たらよかろうか**。

詳解

■反実仮想の意味

反実仮想＝**事実**に**反**することを**仮**定して結果を**想**像する

事実に反すること　　結果

仮想……もし［A］＝だったら［B］＝だろうに。

事実……［A］ではないから［B］ではなかった。

心情……不満・残念・愛惜・希望などを言外に含む。

● ［今しばしあら］（A）**ましかば**、［必ずからめて］（B）**まし**。　（今昔物語集・巻二八ノ四二）

仮想……もしもう少し（盗人がここに）い**たら**、必ず捕らえた**だろうに**。

事実……盗人が逃げ出してもういなかったから、捕らえることができなかった。

心情……残念だ。

■反実仮想の呼応のしかた

条件部　　帰結部

もし［A］だったら［B］だろうに。

［A］ましかば　［B］まし（用例❶）

［A］ませば　［B］まし（用例❷）

［A］せば　［B］まし（用例❸）

［A］ば　［B］まし（用例❹）

・「ば」は仮定条件を表す接続助詞。

・「せば」の「せ」は過去の助動詞「き」の未然形。

・帰結部は省略されることもある。

● 周りをきびしく囲ひたりしこそ、少しこと冷めて、この木なから（未然形）**ましか**ばとおぼえしか。　（徒然草・一一段）

（木の）周りを厳重に囲ってあったのは、少し興ざめして、この木がなかっ**たら**（よかっただろうに）と思われた。

確認問題

一 次の傍線部の助動詞の意味を答えよ。

1 取られむよりは、我とや退《の》きなまし。　（大鏡・師尹伝）［　　］

（皇太子の位を）取られるよりは、自分から辞退してしまったらよかろうか。

2 吾《あ》を待つと君が濡《ぬ》れけむあしひきの山の雫《しづく》にならましものを　（万葉集・一〇八）［　　］

私を待ってあなたが濡れたという山の雫に（私は）なれたらよかったのに。

二 次の反実仮想の文について、事実はどうであったかを口語で答えよ。

1 鏡に色・形あらましかば、映らざらまし。　（徒然草・二三五段）［　　］

もし鏡に色や形があったら、（ものの姿が正しく）映らないだろうに。

2 夢と知りせば覚めざらましを　（古今集・五五二）［　　］

もし夢だと気がついたなら、目を覚まさなかっただろうになあ。

9 断定

なり・たり

参照 p.152・154・156・158 識別

活用

基本形	未然形	連用形	終止形	連体形	已然形	命令形	活用の型
なり	なら	なり に	なり	なる	なれ	(なれ)	形容動詞型
たり	たら	たり と	たり	たる	たれ	(たれ)	

接続

なり―**体言**・活用語の**連体形**に接続。（一部の**助詞**や**副詞**にも接続。）

たり―**体言**に接続。

意味

1 断定（……ダ・……デアル）

❶よき方の風(体言)**なり**。あしき方の風(体言)**に**はあらず。（竹取物語・竜の頸の玉）

❷諸国の受領(体言)**たり**しかども、殿上《てんじやう》の仙籍《せんせき》をばいまだ許されず。（平家物語・祇園精舎）

2 存在（……ニアル）　◆「なり」のみの用法。

❸天の原ふりさけ見れば春日(体言)**なる**三笠《みかさ》の山に出でし月かも（古今集・四〇六）

▼「なり」の接続

「なり」は一部の助詞（「と・て・ば」など）や副詞にも接続する。

●御年二十八、九ばかり**なり**。（大鏡・時平伝）
お年は二十八、九歳ほど**である**。

●ことのゆゑは、かく**なり**。（大鏡・兼通伝）
ことの真相は、こう**である**。

識別チェック　断定「なり」と推定「なり」

1 体言＋「なり」　●風**なり**
⬇**断定の助動詞「なり」**

2 連体形＋「なり」　●する**なり**
⬇**断定の助動詞「なり」**

3 終止形＋「なり」　●す**なり**
⬇**推定・伝聞の助動詞「なり」**

4 ラ変型活用語の連体形撥音便＋「なり」　●あ**なり**・あん**なり**
＊ラ変型活用語には連体形に接続する。
⬇**推定・伝聞の助動詞「なり」**

❶よい方角の風**だ**。悪い方角の風**で**はない。

❷諸国の受領**であっ**たが、昇殿はまだ許されていなかった。

❸大空を振り仰いで見ると、（今昇ったあの月は、）春日**にある**三笠山の山の端に昇った月と、驚くほど似ているなあ。

詳解

■「なり」「たり」の連用形

参照 p.32補助動詞　p.76助動詞の整理　p.103係り結びの留意点

1「なり」は「に-あり」の縮約形、「たり」は「と-あり」の縮約形なので、連用形にもとの形「に」「と」を含める。

2「なり」の連用形「なり」は、助動詞「き」「けり」「けむ」「つ」などに続くときに用いられる。

3「たり」の連用形「と」は、接続助詞「して」を伴うことが多い。

2 見し人**なり**けり。（伊勢物語・九段）

見知った人**であっ**たよ。

3 七珍万宝一つ**と**して欠けたることなし。（平家物語・吾身栄花《わがみのえいぐわ》）

珍しい数々の財宝は一つ**と**して欠けていることがない。

4「なり」の連用形「に」は、主に次の形で用いられる。

❶「に」に接続助詞「て・して」が付いて文を中止する。

❷「に」に存在の意を表す動詞（この場合の働きは補助動詞）が付く。

❸②に助詞を伴い、「に」＋助詞＋補助動詞となる。

❹「に」に係助詞が付いて、補助動詞を含む文節を省略。

❶ 日々旅**に**して、旅を栖《すみか》とす。（奥の細道・旅立ち）

毎日が旅**であっ**て、旅を自分の住む家としている。

❷ 罪得べきこと**に**あらず。（宇治拾遺物語・一〇四）

罪を得るはずのこと**で**はない。

❸ 異心《ことごころ》ありてかかる**に**やあらむ。（伊勢物語・二三段）

浮気心があってこのよう**で**あるのだろうか。

❹ かかる徳もありける**に**こそ（あらめ）。（徒然草・六八段）

このような功徳もあったの**で**あろう。

確認問題

一 次の傍線部の助動詞の意味と活用形を答えよ。

1 人の心も、荒れたるなりけり。（土佐日記・二月十六日）

人の心も、すさんでいるのであったよ。　［　・　］

2 四十余ばかりにて、いと白うあてに、（源氏物語・若紫）

（尼君は）四十歳余りで、たいそう色白で上品で、　［　・　］

3 さやうのことに心得たる者に候ふ。（徒然草・一八四段）

そのような仕事に熟練している者でございます。　［　・　］

4 いかなる仏にか候ひける。（徒然草・二四三段）

どのような仏でございましたのでしょうか。　［　・　］

5 御前《おまへ》なる獅子《しし》・狛犬《こまいぬ》、背きて、（徒然草・二三六段）

社殿の前にある獅子と狛犬が、背を向け合って、　［　・　］

6 清盛《きよもり》、嫡男《ちやくなん》たるによつて、その跡を継ぐ。（平家物語・鱸《すずき》）

清盛は、嫡男であることによって、父の跡を継ぐ。　［　・　］

10 自発・可能・受身・尊敬

参照 p.160 識別

る・らる

活用

基本形	未然形	連用形	終止形	連体形	已然形	命令形	活用の型
る	れ	れ	る	るる	るれ	*れよ	下二段型
らる	られ	られ	らる	らるる	らるれ	*られよ	

*自発・可能には命令形がない。

接続

る──四段・ナ変・ラ変動詞の**未然形**に接続。
らる─右以外の動詞の**未然形**に接続。

意味

1 自発（自然ニ……レル・自然ニ……ラレル・……レル・……ラレル）

①悲しくて、人知れずうち泣か(未然形)**れ**ぬ。（更級日記・門出）

②住みなれしふるさと、限りなく思ひ出で(未然形)**らる**。（更級日記・野辺の笹原）

2 可能（……コトガデキル・……レル・……ラレル）

③湯水飲ま(未然形)**れ**ず、同じ心に嘆かしがりけり。（竹取物語・嘆き）

④恐ろしくて寝《い》も寝(未然形)**られ**ず。（更級日記・門出）

3 受身（……レル・……ラレル）

⑤にぎはひ豊かなれば、人には頼ま(未然形)**るる**ぞかし。（徒然草・一四一段）

⑥ありがたきもの、舅《しうと》にほめ(未然形)**らるる**婿《むこ》。（枕草子・ありがたきもの）

4 尊敬（オ……ニナル・……レル・……ラレル）

⑦今日はまして、母の悲しが(未然形)**らるる**ことは。（土佐日記・一月十一日）

⑧いかでかくはおぼしめし仰せ(未然形)**らるる**ぞ。（大鏡・道長伝）

▼「る」「らる」の基本的意味

自発（自然にそうなる）が基本的な意味で、可能・受身・尊敬の意味が派生した。

▼「る」と「らる」の違い

「る」と「らる」には意味上の違いはない。接続する動詞の活用の種類によって使い分けられている。

▼「る」「らる」の可能の用法

平安時代までは打消や反語表現の中で用いられて不可能を表すことが多いが（⬇詳解）、鎌倉時代以降、単独で**可能**を表すようになった。

・冬はいかなる所にも住**まる**。（徒然草・五五段）
冬はどんな所にでも住む**ことができる**。

①悲しくて、人知れず**思わず泣け**てしまった。
②住み慣れたもとの家が、たいそう（懐かしく）思い出**される**。
③（使用人たちも）湯水も飲む**ことができ**ず、（翁夫婦と）同じ気持ちで嘆き合った。
④恐ろしくて眠る**こともでき**ない。
⑤（東国の人は）富み栄えて豊かなので、人には頼りに**される**のだよ。
⑥めったにないもの、舅にほめ**られる**婿。
⑦今日はまして、母親が悲しが**られる**ことといったら（格別である）。
⑧（帝は）どうしてそのようにお思いになり、また**おっしゃる**のですか。

詳解

■「る」「らる」の意味の見分け方　参照 p.76助動詞の整理

1 自発　**心情・知覚**を表す動詞に付くことが多い。
・思は**る**・嘆か**る**・見**らる**・ながめ**らる**　など

2 可能　**打消・反語表現**を伴って**不可能**を表すことが多い。
・**れ**ず・**れ**で・いかで……**るる**　など

3 受身　受身の相手が示され、「〜に…る(らる)」となる。受身の相手が示されない場合もあるが、文脈から判断する。
・敵に討た**る**・風に吹か**る**・人に捨て**らる**　など

4 尊敬　尊敬の動詞に付くことが多い。貴人・神仏が主語であることが多い。
・仰せ**らる**　など

5 尊敬以外　「る」「らる」は尊敬の補助動詞「給ふ」が下に付くときは、尊敬ではない。**受身・自発**が多い。
・**れ**給ふ・**られ**給ふ

1・心なき身にもあはれは知ら**れ**けり　（新古今集・三六二）
情趣を解さない私にもしみじみとした情趣が感じ**られる**よ。

2・つゆまどろま**れ**ず。（更級日記・宮仕へ）
少しも眠る**ことができ**ない。

3・人に笑は**れ**けり。（宇治拾遺物語・四八）
人に笑われた。

4・「こは何ぞ。」と仰せ**らるれ**ば、（大鏡・道長伝）
（帝が）「これは何だ。」と**お**尋ね**になる**と、
・能登殿は、早業や劣ら**れ**けむ、（平家物語・能登殿最期）
能登殿は早業は（判官に）劣っておら**れ**たのだろうか、

5・よよと泣か**れ**給ふ。（源氏物語・須磨）
思わずおいおいとお泣きになる。【自発】
・ただはから**れ**給へかし。（源氏物語・夕顔）
ただ（私に）だまさ**れ**てごらんなさいよ。【受身】

確認問題

一 次の傍線部の助動詞の意味と活用形を答えよ。

1 月の顔のみまもられ給ふ。（源氏物語・須磨）
月の面《おもて》ばかりを自然と見つめてしまわれる。
［　・　］

2 昔の直衣《なほし》姿こそ忘られね。（無名草子・清少納言）
昔見た直衣姿の方たちが忘れられない。
［　・　］

3 舎人《とねり》が、寝たる足を狐《きつね》に食はる。（徒然草・二一八段）
舎人が、寝ていた（ところ、）足を狐にかみつかれる。
［　・　］

4 「伝へ聞こえられよ。」と仰せられければ、（大鏡・師尹《もろまさ》伝）
「お伝え申し上げなさい。」とおっしゃったので、
1［　・　］　2［　・　］

11 使役・尊敬

す・さす・しむ

参照 p.140最高敬語　p.152識別

活用

基本形	未然形	連用形	終止形	連体形	已然形	命令形	活用の型
す	せ	せ	す	する	すれ	せよ	下二段型
さす	させ	させ	さす	さする	さすれ	させよ	下二段型
しむ	しめ	しめ	しむ	しむる	しむれ	しめよ	下二段型

接続

す――四段・ナ変・ラ変動詞の**未然形**に接続。

さす―右以外の動詞の**未然形**に接続。

しむ―用言の**未然形**に接続。

意味

1 使役（……セル・……サセル）

❶妻《め》の嫗《おうな》に預けて養は(未然形)**す**。（竹取物語・おひたち）

❷名を、三室戸斎部《みむろといんべ》の秋田を呼びてつけ(未然形)**さす**。（竹取物語・おひたち）

❸何によりてか目を喜ば(未然形)**しむる**。（方丈記・ゆく川の流れ）

2 尊敬（オ……ニナル・……レル・……ラレル）

❹君はあの松原へ入ら(未然形)**せ**給へ。（平家物語・木曽最期）

❺御身は疲れ(未然形)**させ**給ひて候ふ。（平家物語・木曽最期）

❻鐘の声を聞こしめして、作ら(未然形)**しめ**給ふ詩ぞかし。（大鏡・時平伝）

▼**「す」と「さす」の違い**

「す」と「さす」には意味上の違いはない。接続する動詞の活用の種類によって使い分けられている。

▼**「す」「さす」「しむ」の使われ方**

す
さす　**和文体**で多く用いられる。

しむ　**漢文訓読体**・**和漢混交文**で多く用いられる。

▼**受身の「す」「さす」**

軍記物語では、「討たる」「射らる」などという受身表現を嫌い、「討たす」「射さす」のように使役の形で表現することがある。口語訳は受身で訳す。

・馬の腹射**させ**て、引き退く。（平家物語・判官《はうぐわん》都落《みやこおち》）

馬の腹を射**られ**て、引き退く。

❶（かぐや姫を）妻のお婆さんに預けて育て**させる**。
❷名を、三室戸斎部の秋田を呼んでつけ**させる**。
❸何によって目を楽しま**せる**のか。
❹殿はあの松原へ**お**入り**なさい**。
❺お体は**お**疲れ**になって**います。
❻（菅原道真公が）鐘の音をお聞きになって、**お**作り**になった**漢詩ですよ。

詳解

■「す」「さす」「しむ」の意味の見分け方

参照 p.76助動詞の整理 p.140最高敬語

1 尊敬語を伴わないときは、すべて**使役**である。❶使役の対象が示されている場合と、❷使役の対象が示されていない場合とがある。

1 ❶そこなる人にみな滝の歌よま**す**。 （伊勢物語・八七段）

そこにいる人に残らず（布引《ぬのびき》の）滝の歌をよま**せる**。

❷人の（良秀に）描《か》か**する**仏もおはしけり。 （宇治拾遺物語・三八）

人が（良秀に）描か**せ**（てい）**る**仏も（家の中に）いらっしゃった。

2 下に尊敬語を伴うときは、**尊敬**が多い（**最高敬語・二重敬語**）。使役の場合もあるので、文脈から判断する。

● **せ**給ふ・**させ**給ふ・**しめ**給ふ

● **せ**おはします・**させ**おはします・**しめ**おはします

2 ●女院御庵室《にょうゐんごあんじつ》に入ら**せ**給ふ。 （平家物語・大原御幸）

女院は御庵室に**お入りになる**。 〔尊敬〕

●上も聞こしめして、興ぜ**させ**おはしましつ。 （枕草子・五月ばかり）

帝もお聞きになって、おもしろがって**いらっしゃった**。 〔尊敬〕

●声出ださせて、随身に歌は**せ**給ふ。 （堤中納言物語・貝合）

（蔵人少将は）声を出させて、随身に歌を朗詠**させ**なさる。

〔使役の対象が示されている→使役〕

●（帝ハ桐壺の更衣ヲ）まづまう上ら**せ**給ふ、 （源氏物語・桐壺）

（帝は桐壺の更衣を）まっ先に参上**させ**なさる、

〔文脈から使役の対象を補うことができる→使役〕

確認問題

一 次の傍線部の助動詞の意味と活用形を答えよ。

1 いま一かへり我に言ひて聞かせよ。 （更級日記・竹芝寺） ［ ・ ］

もう一度私に話して聞かせなさい。

2 女房にも歌よませ給ふ。 （枕草子・五月の御精進のころ） ［ ・ ］

（伊周《これちか》様が）女房にも歌をおよませになる。

3 髪上げさせ、裳《も》着す。 （竹取物語・おひたち） ［ ・ ］

大人の髪に結い上げさせ、裳を着せる。

4 帝、感に堪へさせ給はず。 （十訓抄・第一ノ三八） ［ ・ ］

帝は、感動を抑えることがおできにならない。

5 一つのわざを伝へて、習はしめたり。 （折たく柴の記・巻一） ［ ・ ］

（私に剣術の）一つの技を伝授して、習わせた。

6 おほやけも行幸せしめ給ふ。 （大鏡・時平伝） ［ ・ ］

帝も行幸なさる。

12 願望

まほし・たし

参照 p.105〜106願望の終助詞

活用

基本形	未然形	連用形	終止形	連体形	已然形	命令形	活用の型
まほし	まほしく まほしから	まほしく まほしかり	まほし	まほしき まほしかる	まほしけれ	○	形容詞型
たし	たく たから	たく たかり	たし	たき	たけれ	○	

接続

まほし——動詞・助動詞「す」「さす」「ぬ」の**未然形**に接続。

たし——動詞・助動詞「る」「らる」「す」「さす」の**連用形**に接続。

意味

1 願望（……タイ・……テホシイ）

1 **自己の願望**（……タイ）

❶紫のゆかりを見て、続きの見（未然形）**まほしく**おぼゆれど、（更級日記・物語）

❷御主《ぬし》へ返し（連用形）**たし**。（西鶴諸国ばなし・巻一ノ三）

2 **自己以外の願望**（……タイ）

❸昔の人はもの言は（未然形）**まほしく**なれば、（大鏡・序）

❹帰り（連用形）**たけれ**ば、一人つい立ちて行きけり。（徒然草・六〇段）

3 **他に対する願望**（……テホシイ）

❺世の人の、飢ゑず、寒からぬやうに、世をば行は（未然形）**まほしき**なり。（徒然草・一四二段）

❻あり（連用形）**たき**ことは、まことしき文の道、（徒然草・一段）

「あら」＋「まほし」と「あらまほし」

1「あら」＋「まほし」　ラ変動詞「あり」の未然形＋願望の助動詞「まほし」。「ありたい・あってほしい・あることが望ましい」の意。

・少しのことにも、先達《せんだち》はあら（未然形）**まほしき**ことなり。（徒然草・五二段）

ちょっとしたことにも、その道の指導者はあっ**てほしい**ものだ。

2「あらまほし」　**1**が一語化した形容詞。「理想的だ・望ましい」の意。

・人は、かたち・ありさまのすぐれたらむこそ、**あらまほしかる**べけれ。（徒然草・一段）

人は、容貌や風采がすぐれているのこそが、**望ましい**ことであろう。

❶『源氏物語』の若紫の巻を見て、続きが見**たく**思われるが、

❷持ち主へ（小判を）返し**たい**。

❸昔の人は何か言い**たく**なると、

❹（盛親僧都は）帰り**たく**なると、一人でひょいと立ち上がって帰って行った。

❺世間の人が、飢えたり、寒い思いをしたりしないように、世を治め**てほしい**ものである。

❻あっ**てほしい**ことは、本格的な学問の道、

確認問題

一 次の傍線部の助動詞の意味を答えよ。

1 いかなる人なりけむ、尋ね聞かまほし。（徒然草・四三段）
どんな人であったろうか、尋ねて聞きたい。［　　］

2 見苦しういみじきものを見るこそ、いと命短くなりなまほしけれ。（宇津保物語・国譲《くにゆづり》上）
見苦しく恐ろしいものを見るにつけても、命がとても短くなってしまってほしい。［　　］

3 みな花は盛りをのどかに見まほしく、（玉勝間・巻四）
みな花は満開をのんびりと鑑賞したく、［　　］

4 家にありたき木は、松、桜。（徒然草・一三九段）
家にあってほしい木は、松と桜。［　　］

5 悪所に落ちては死にたからず。（平家物語・老馬）
危険な所に落ちては死にたくない。［　　］

13 比況

ごとし

活用

基本形	未然形	連用形	終止形	連体形	已然形	命令形	活用の型
ごとし	ごとく	ごとく	ごとし	ごとき	○	○	形容詞型

接続 **体言**・活用語の**連体形**・格助詞「**が**」「**の**」に接続。

意味

1 比況（……ト同ジダ・……ニ似テイル・……ヨウダ）

⑦おごれる人も久しからず、ただ春の夜の夢の(助詞)**ごとし**。（平家物語・祇園精舎）

2 例示（タトエバ……ノヨウダ・タトエバ……ナドダ）

⑧和歌・管弦《くわんげん》・往生要集《わうじやうえうしふ》(体言)**ごとき**の抄物《せうもつ》を入れたり。（方丈記・方丈の庵）

「ごと」の用法

「ごとし」は、形容詞と同じように語幹の独立性が強く、「ごと」だけで連用形や終止形と同様に用いられることがある。

● 身を変へたるが**ごと**なりにたり。（竹取物語・昇天）
生まれ変わった**ように**（豊かに）なってしまっている。

⑦おごりたかぶっている人も、そのおごりの日日は長くは続かない。ただ春の夜の夢の**よう**（に、短くはかないもの）**だ**。

⑧和歌・管弦・往生要集**など**の書物の抜き書きを入れている。

やうなり

活用

基本形	未然形	連用形	終止形	連体形	已然形	命令形	活用の型
やうなり	**やうなら**	**やうなり** **やうに**	**やうなり**	**やうなる**	**やうなれ**	○	**形容動詞型**

接続　活用語の**連体形**・格助詞「**が**」「**の**」に接続。

意味

1 比況（……ヨウダ・……ミタイダ）

❶ なりは塩尻《しほじり》の（助詞）**やうに**なむありける。（伊勢物語・九段）

2 例示（タトエバ……ヨウダ）

❷ 増賀聖《そうがひじり》の言ひけむ（連体形）**やうに**、（徒然草・一段）

3 様子・状態（……様子ダ・……状態ダ・……ヨウダ）

❸ 青みたる（連体形）**やうにて**、深き山の杉の梢《こずゑ》に見えたる、（徒然草・一三七段）

4 婉曲（……ヨウダ）

❹ なにがしの押領使《あふりやうし》などいふ（連体形）**やうなる**者のありけるが、（徒然草・六八段）

▼比況の助動詞「ごとくなり」

活用

基本形	未然形	連用形	終止形	連体形	已然形	命令形	活用の型
ごとくなり	**ごとくなら**	**ごとくなり** **ごとくに**	**ごとくなり**	**ごとくなる**	**ごとくなれ**	**ごとくなれ**	**形容動詞型**

接続　活用語の**連体形**・格助詞「**が**」「**の**」に接続。

意味　**1 比況**（……ト同ジダ・……ヨウダ）

・飛ぶが**ごとくに**都へもがな（土佐日記・一月十一日）

飛ぶ**ように**都へ帰りたいよ。

❶（富士山の）形は塩尻の**ようで**あった。

❷ **たとえば**増賀聖が言ったとかいう**ように**、

❸（月が）青みがかった**様子で**、深山の杉の梢のあたりに見えているのは、

❹ 誰それという押領使などという**ような**者がいたが、

確認問題

一 次の傍線部の助動詞の意味と活用形を答えよ。

1 扇を広げたるがごとく末広になりぬ。（方丈記・安元の大火）［　・　］

扇を広げたように末広がりに延焼した。

2 楊貴妃《やうきひ》ごときは、あまりときめきすぎて、かなしきことあり。（大鏡・道長伝）［　・　］

楊貴妃のような人は、あまりにも（玄宗皇帝の）ご寵愛を受けて栄えすぎて、悲しい結末がある。

3 夢のやうにうれしと思ひけり。（堤中納言物語・はいずみ）［　・　］

夢のようにうれしいと思った。

4 軽々しきやうなりと、せめて思ひ返す。（源氏物語・薄雲）［　・　］

軽率なようだと、強いて思い返す。

3 助動詞の音便

助動詞の音便は、イ音便・ウ音便・撥音便の三種類である。

参照 p.33動詞の音便　p.41形容詞・形容動詞の音便

イ音便（イ音に変化）	べし まじ	連体形	べき ➡ べい まじき ➡ まじい
ウ音便（ウ音に変化）	べし まじ まほし たし	連用形	べく ➡ べう まじく ➡ まじう まほしく ➡ まほしう たく ➡ たう
撥音便（ン音に変化）	ず たり（完了） べし まじ なり（断定）	連体形＋助動詞（推定・伝聞）めり なり	ざるめり ➡ ざんめり たるなり ➡ たんなり べかるめり ➡ べかんめり まじかるなり ➡ まじかんなり なるめり ➡ なんめり

▼「てけり」の音変化

「てけり」（完了の助動詞「つ」の連用形「て」＋過去の助動詞「けり」）が、「**てんげり**」（「て」＋撥音「ん」＋「けり」濁音化）となることがある。語勢を強めた言い方で、中世の軍記物語や説話などに用いられた。

・つひに木曽殿の首をば取っ**てんげり**。（平家物語・木曽最期）

とうとう木曽殿の首を取っ**てしまった**。

撥音の無表記

ラ変型活用をする「ざる」「たる」「べかる」「まじかる」「なる」が撥音便化する場合、撥音「ん」は表記されないこともあるが、**読むときには「ン」音を補う**。

・ざるめり➡ざんめり➡ざめり

・たるなり➡たんなり➡たなり

参照 p.61ラ変型の活用語と「めり」「なり」の接続　p.77助動詞の整理

確認問題

一 次の傍線部の助動詞の音便の種類ともとの形を答えよ。

1 あの勢の中にしかるべい者やある。（平家物語・勝浦付大坂越）

あの敵勢の中に適当な者はいるか。　［　　・　　］

2 こと人すべうもなかりしことぞかし。（大鏡・兼通伝）

他の人にはできなかったことですよ。　［　　・　　］

3 ゆめゆめ疎略を存ずまじう候ふ。（平家物語・忠度都落）

決しておろそかにしようとは存じません。　［　　・　　］

4 言ひ使ふ者にもあらざなり。（土佐日記・十二月二十三日）

命じたり召し使ったりする人でもないそうだ。　［　　・　　］

5 今宵こそいとむつかしげなる夜なめれ。（大鏡・道長伝）

今夜はひどく不気味な感じの夜であるようだ。　［　　・　　］

6 にほひこそ、心もとなうつきためれ。（枕草子・木の花は）

色つやが、ほんのりとついているようだ。　［　　・　　］

4 上代の助動詞

ゆ

参照 p.66「る」

活用

基本形	未然形	連用形	終止形	連体形	已然形	命令形	活用の型
ゆ	え	え	ゆ	ゆる	○	○	下二段型

接続 四段・ナ変・ラ変動詞の**未然形**に接続。

意味

1 自発（自然ニ……レル・自然ニ……ラレル）

❶ 瓜《うり》食《は》めば　子ども思ほゆ　栗《くり》食めば　まして偲《しの》は**ゆ**（未然形）（万葉集・八〇二）

2 可能（……コトガデキル）

❷ 影に見えつつ忘ら**え**（未然形）ぬかも（万葉集・一四九）

3 受身（……レル・……ラレル）

❸ 汝《な》は我に欺か**え**（未然形）つ。（古事記・大国主神）

らゆ

参照 p.66「らる」

活用

基本形	未然形	連用形	終止形	連体形	已然形	命令形	活用の型
らゆ	らえ	○	○	○	○	○	下二段型

接続 「寝《ぬ》」の**未然形**のみに接続。

意味

1 可能（……コトガデキル）

❹ 妹《いも》を思ひ寝《い》の寝《ね》**らえ**（未然形）ぬに暁《あかとき》の朝霧《あさぎりごも》隠り雁《かり》がねそ鳴く（万葉集・三六六五）

▼「ゆ」「らゆ」と「る」「らる」

「ゆ」「らゆ」は、平安時代以後の「る」「らる」に相当する。

▼「ゆ」の固定化

「ゆ」は、平安時代以後も動詞や連体詞の一部として形をとどめている。

動詞　●おぼゆ・思ほゆ・聞こゆ・

連体詞　●あらゆる・いはゆる

❶ 瓜を食べるといつも、子供たちのことが自然と思い浮かんでくる。栗を食べるといっそう恋しく思わ**れる**。

❷ 面影が見えて忘れる**ことができ**ないよ。

❸ おまえは私にだまさ**れ**た。

❹ 妻を思って眠る**ことができ**ないときに、夜明け前の朝霧に隠れて雁が鳴くことだ。

❺（倭建命《やまとたけるのみこと》が）しみじみとため息をおつき**になって**、「あづまはや（わが妻よ）。」とおっしゃった。

❻ 糟湯酒をすすって**は**、**何度も**咳き込み、

❼ 三輪山をそんなにも隠すことよ。せめて雲だけでも思いやりの心があってほしい。隠し**続け**てよいものか。

す

基本形	未然形	連用形	終止形	連体形	已然形	命令形	活用の型
す	さ	し	す	す	せ	せ	四段型

活用

接続 四段・サ変動詞の**未然形**に接続。

意味 **1 尊敬**（オ……ニナル・……レル・……ラレル）

❺ ねもころに嘆か(未然形)**し**て、「あづまはや。」とのりたまひき。（古事記・景行天皇）

ふ

基本形	未然形	連用形	終止形	連体形	已然形	命令形	活用の型
ふ	は	ひ	ふ	ふ	へ	へ	四段型

活用

接続 四段動詞の**未然形**に接続。

意味 **1 反復**（繰リ返シ……スル・何度モ……スル）

❻ 糟湯酒《かすゆざけ》　うちすすろ(未然形)**ひ**て　しはぶか(未然形)**ひ**（万葉集・八九二）

2 継続（……続ケル・イツモ……スル）

❼ 三輪山《みわやま》をしかも隠すか雲だにも情《こころ》あらなも隠さ(未然形)**ふ**べしや（万葉集・一八）

▼「す」の固定化

「す」は、平安時代以後も敬語動詞や敬語名詞の一部として形をとどめている。

- **おぼす**　「思ふ」の尊敬語
- **遊ばす**　「遊ぶ」「す」の尊敬語
- **みはかし**（御佩刀）　貴人の刀の敬称
- **みとらし**（御執らし）　貴人の弓の敬称
- **みけし**（御衣）　貴人の着物の敬称

▼「ふ」の固定化

「ふ」は、平安時代以後も、次のような動詞の一部として形をとどめている。

- 語らふ　住まふ　交じらふ　呼ばふ

▼「ふ」による音韻変化

「ふ」がラ行四段動詞に接続する場合、動詞の未然形活用語尾「ら」が「ろ」に音変化することがある。

- 移らふ ➡ 移ろふ
- すすらふ ➡ すすろふ

◀ 確認問題

一 次の傍線部の助動詞の意味と活用形を答えよ。

1 我と笑《ゑ》ま[1]して人に知ら[2]ゆな（万葉集・二七六二）

私にほほえみなさって人に気づかれるな。

[1][　・　]　[2][　・　]

2 寝《い》の寝《ね》らえぬに聞けば苦しも（万葉集・一四八四）

眠れないときに（ほととぎすの声を）聞くとつらいよ。

[　・　]

3 天地《あめつち》とともに久しく住まはむ（万葉集・五七八）

天地とともに長く住み続けよう。

[　・　]

助動詞の整理

1 助動詞の意味の見分け方

1 む
参照 p.53

主語が一人称	意志	…よう
主語が二人称	適当・勧誘	…のがよい
主語が三人称	推量	…だろう
む(連体形)＋助詞	仮定	…としたら
む(連体形)＋体言	婉曲	…ような
こそ…め・なむ(や)・てむ(や)	適当・勧誘	…のがよい

2 べし
参照 p.55

主語が一人称	強い意志	…よう
主語が二人称	適当・強い勧誘・命令	…のがよい・…べきだ
主語が三人称	確信のある推量	…だろう・…にちがいない
べし＋打消	〈不〉可能	…できる
疑問・反語＋べし	可能・推量	…できる・…だろう

3 じ・まじ
参照 p.57

主語が一人称(「じ」「まじ」)	打消意志	…ないつもりだ
主語が二人称(「まじ」のみ)	禁止・不適当	…てはならない
主語が三人称(「じ」「まじ」)	打消推量	…ないだろう

4 る・らる
参照 p.67

心情・知覚を表す動詞＋る・らる 例 思はる・嘆かる・ながめらる	自発	自然に…られる
打消・反語＋る・らる 例 られず・いかで…るる	〈不〉可能	…できる
「(受け身の相手)に」＋る・らる 例 風に吹かる・人に捨てらる	受身	…られる
尊敬の動詞＋る・らる 例 仰せらる	尊敬	お…になる
る・らる＋尊敬の補助動詞「給ふ」 例 れ給ふ・られ給ふ	自発 受身	自然に…られる …られる

5 す・さす・しむ
参照 p.69

尊敬語を伴わない	すべて使役	…せる・…させる
下に尊敬語を伴う 例 せ給ふ・させ給ふ・しめ給ふ	①尊敬が多い ②使役もある(文脈から判断)	お…になる

6 けり
参照 p.47

地の文	過去が多い	…た
和歌・会話文	詠嘆が多い	…たのだなあ
なり〈断定〉＋けり	詠嘆が多い	…であったのだなあ

2 注意したい助動詞＋助動詞の訳し方

1 つ・ぬ＋推量の助動詞

参照 p.49

てむ*・なむ*	確述（強意）(未)＋	推量	きっと（必ず）…だろう
		意志	きっと（必ず）…よう
		適当	きっと（ちょうど）…のがよい
		勧誘	…たらどうだ
つべし*・ぬべし*	確述（強意）(終)＋	推量	きっと（必ず）…だろう
		意志	きっと（必ず）…よう
		当然	きっと（まさに）…はずだ
		適当	きっと（ちょうど）…のがよい
		命令	きっと（必ず）…せよ
つらむ・ぬらむ	確述（強意）(終)＋現在推量		きっと（必ず）…ているだろう
	完了(終)＋現在推量		…ただろう
てけむ・にけむ	完了(用)＋過去推量		…てしまっただろう

*「てむ・なむ・つべし・ぬべし」の「つ」「ぬ」は確述（強意）を表す。「む」「べし」の意味で訳し分ける。

2 つ・ぬ＋過去の助動詞

参照 p.49

てき・にき	完了(用)＋	過去	…てしまった
てけり・にけり	完了(用)＋	過去	…てしまった
		詠嘆	…てしまったなあ

3 助動詞〈撥音便〉＋推定の助動詞

参照 p.61 p.73

ざなり（ざんなり）	打消(体)〈撥〉＋	推定	…ないようだ
		伝聞	…ないそうだ
ざめり（ざんめり）	打消(体)〈撥〉＋	推定	…ないようだ
たなり（たんなり）	完了・存続(体)〈撥〉＋	推定	…たようだ・…ているようだ
		伝聞	…たそうだ・…ているそうだ
ためり（たんめり）	完了・存続(体)〈撥〉＋	推定	…たようだ・…ているようだ
ななり（なんなり）	断定(体)〈撥〉＋	推定	…であるようだ
		伝聞	…であるそうだ
なめり（なんめり）	断定(体)〈撥〉＋	推定	…であるようだ
べかなり（べかんなり）	推量(体)〈撥〉＋	推定	…にちがいないようだ
		伝聞	…にちがいないそうだ
べかめり（べかんめり）	推量(体)〈撥〉＋	推定	…にちがいないようだ

助動詞の総合問題

◈次の文章を読んで、後の問いに答えよ。

[1]楫《かぢ》取《と》り答へて申す、《船頭が(大納言に)答えて申し上げる、》「《(私は)》神ならね[1]ば、何わざを《どんなことを》つかうまつらむ。風吹き、波激しけれども、雷《かみ》さへ頂《いただき》に《頭上に》落ちかかるやうなるは、竜《たつ》を殺さむ[2]と求め給へばあるなり《(こんなめに)あうのです。》。疾風《はやて》も、龍《りゅう》の吹かする[3]なり。はや神に祈り給へ《早く神にお祈りなさい。》。」と言ふ。《(大納言は)》「よきことなり[4]。」とて、「楫取りの御神、聞こしめせ《航海の安全を守る神様、お聞きください。》。おほけなく《恐れ多くも、》、心をさなく《分別なく、》、竜を殺さむと思ひけり。今よりのちは、毛の末一筋をだに《(竜の)毛の先一本さえも》動かし奉らじ。」と、よごとを《祈願の言葉を》放ちて、起《た》ちゐ《立ったり座ったり、》、泣く泣くよばひ給ふこと《大声をお上げになること、》、千度《ちたび》ばかり申し給ふけにや《申し上げなさったため》あらむ[5]、やうやう雷鳴りやみぬ[6]。少し光りて、風はなほ疾《はや》く吹く。楫取りのいはく、「これは、竜のしわざにこそありけれ[7]。この吹く風は、よき方の風なり。あしき方の風にはあらず。よき方に赴きて吹くなり。」と言へども、大納言はこれを聞き入れ給はず。

[2]三、四日吹きて《(順風が)》、吹き返し寄せたり《(船を海岸に)》。浜を見れば、播磨《はりま》の明石《あかし》の浜《今の兵庫県の明石の海岸》なりけり。大納言、南海の浜に吹き[8]寄せられたるにやあらむと思ひて、息づき、伏し給へり《苦しげな息をつき、横になっていらっしゃった。》。

出典
竹取物語・竜《たつ》の頸《くび》の玉
竜の頸の玉を求めて船出した大伴《おおともの》大納言が、暴風に遭う場面。

問一 傍線部1「ね」と同じ語で、活用形が異なっているものが、以下の第[1]段落の文章中に二つある。その語を含む一文節をそれぞれ抜き出せ。 参照 p.51

［　　　］［　　　］

問二 傍線部2・5の「む」の意味として適当なものを、それぞれ次から選べ。 参照 p.52

ア 推量　**イ** 意志　**ウ** 適当
エ 仮定　**オ** 婉曲

2［　　　］　5［　　　］

問三 傍線部3「する」と同じ語・同じ意味のものを、次の傍線部から一つ選べ。 参照 p.68

ア （貞信公は）やがて、繁樹《しげき》となむ（名を）つけさせ給へりし。（大鏡・序）
イ （花山帝が）位につかせ給ふ、御年十七。十七歳（のことでした。）（大鏡・花山院）
ウ （坊主は）一人ありける小児《こちご》に（飴を）食はせずして、（沙石集・巻八ノ一一）
エ かうやうのことは《このようなことは、》、女房はせじ。伊尹《これまさ》・兼通《かねみち》・兼家《かねいへ》などが、言ひもよほして《そそのかして、》、せさするならむ。（大鏡・師輔伝）

［　　　］

問四 傍線部4「なり」と同じ語で、活用形が異なっているものが、傍線部4以下の第[1]段落の文章中に三つある。その語を、前後の一字ずつとともに、三字でそれぞれ抜き出せ。 参照 p.64

［　　　］［　　　］［　　　］

問五 傍線部6「ぬ」の説明として適当なものを、次から選べ。 参照 p.48

ア 打消の助動詞「ず」の連体形
イ 完了の助動詞「ぬ」の終止形
ウ 確述（強意）の助動詞「ぬ」の終止形
エ 並列の助動詞「ぬ」の終止形

［　　　］

問六 傍線部7の「けれ」の意味は次のどちらか。記号で答えよ。 参照 p.46

ア 間接的に知った過去のことを回想して述べる。
イ 発見や気づきに基づく感動・詠嘆を表す。

［　　　］

問七 傍線部8について、次の問いに答えよ。

1 助動詞が四つ用いられている。順に抜き出して答えよ。

［　　　］［　　　］［　　　］［　　　］

2 助動詞の意味に注意して口語訳せよ。

［　　　］

問八 第[2]段落（傍線部8を除く）には完了の助動詞が二種類用いられている。抜き出して、それぞれ基本形と活用形を答えよ。 参照 p.50

［　　＝　　・　　］［　　＝　　・　　］

5 助詞

付属語で活用がなく、他の語に付いて、関係を示したり意味を添えたりする語を、**助詞**という。

- 人〔　〕見る。　〔　〕に入る助詞によって、文意が違ってくる。
- 人〔が〕見る。　人**が**見る。　〔助詞「が」は「人」が主語であることを示す。〕
- 人〔を〕見る。　人**を**見る。　〔助詞「を」は「人」が連用修飾語であることを示す。〕
- 人〔や〕見る。　人が見る**か**。　〔助詞「や」は疑問の意を添える。〕

ポイント

■助詞学習のポイント

右の助詞「が」「を」の意味は、文語と口語とで違いがなく、そのまま口語に置き換えることができる。助詞にはこのように口語と共通の語や用法が多い。一方で、右の助詞「や」のように、口語では使われない助詞もある。助詞の学習は、次の三つの点に重点を置いて、効率的に進めることがポイントである。

1 古文特有の助詞に注意する。
口語にはない助詞➡p.81「助詞の分類」の表の＊印

2 古文特有の語法に注意する。
係り結びの法則➡p.102
同格の用法➡p.83　など

3 語形が同じで種類の異なる助詞に注意する。
➡が・に・を・して・と・は・も・ぞ・なむ・や

6 助詞の種類

助詞を働きによって分類すると、次のように分けることができる。

- 助詞
  - 関係を示す
    - 体言や連体形などに付いて、資格を示す……**1 格助詞** 81
    - 活用語に付いて、接続を示す……**2 接続助詞** 89
  - 意味を添える
    - 種々の語に付いて
      - 副詞のように下の言葉にかかる……**3 副助詞** 96
      - 文末に一定の言い方を要求する……**4 係《けい》助詞** 99
    - 文末に付く……**5 終助詞** 105
    - 文中・文末に付く……**6 間投助詞** 109

（数字はページ）

1 格助詞

主に体言または活用語の連体形に付いて、その語が文の成分としてどのような働きをするかを示すとともに、その語が下の語に対してどのような資格に立つかを示す助詞を、**格助詞**という。格助詞には次の種類がある。

1 主格　主語の資格であることを示す……**が　の**

2 連体修飾格　体言を修飾する資格であることを示す……**が　の**

3 連用修飾格　用言を修飾する資格であることを示す……**へ　を　に　と　にて　して　より　から**

4 同格　対等の資格であることを示す……**が　の**

▼助詞の分類

格助詞	接続助詞	副助詞	係助詞	終助詞	間投助詞
が　の　へ　を　に　と　にて　して　より　から	ば　と　とも　ど　ども　ものを　ものの　ものから*　ものゆゑ*　て　して　が　に　を*　で　つつ　ながら	だに　すら　さへ　のみ　ばかり　まで　など　し*　しも*	は　も　ぞ　なむ*　こそ　や*(やは)　か(かは)	な　そ*　ばや*　なむ*　しが*　てしが*　てしがな*　にしが*　にしがな*　もがな*　がな*　な　か　かな*　は*　よ　かし*　ぞ	や　を*

*口語にはない助詞。

＊助詞の意味・用法については、p.176の「用語解説」参照。

が・の

接続		意味	
体言	**が**	1 主格	…ガ・…ノ
連体形	**の**	2 連体修飾格	…ノ・…ノヨウナ
		3 体言の代用（準体格）	…ノ・…ノモノ・…ノコト
		4 同格	…デ
		5 比喩（連用修飾格）	…ノヨウニ
			◆「の」のみの用法

参照 p.93詳解　p.150識別

1 ❶夜半《よは》にや君（体言）**が**ひとり越ゆらむ　（伊勢物語・二三段）

❷女子《をんなご》（体言）**の**なきのみぞ、悲しび恋ふる。　（土佐日記・十二月二十七日）

2 ❸木曽殿をば、それがし（体言）**が**郎等《らうだう》の討ちたてまつたる。　（平家物語・木曽最期）

❹屋（体言）**の**内は暗き所なく光り満ちたり。　（竹取物語・おひたち）

3 ❺この歌は、ある人のいはく、大友黒主《おほとものくろぬし》（体言）**が**なり。　（古今集・八九九左注）

❻博士《はかせ》どもの書けるものも、古《いにしへ》（体言）**の**は、あはれなること多かり。　（徒然草・一三段）

4 ❼短き（連体形）**が**袖《そで》がちなる着てありくも、みなうつくし。　（枕草子・うつくしきもの）

❽蓮《はちす》の浮き葉（体言）**の**、いと小さきを、池より取り上げたる。　（枕草子・うつくしきもの）

5 ❾見し人の松（体言）**の**千年《ちとせ》に見ましかば遠く悲しき別れせましや　（土佐日記・二月十六日）

へ

接続		意味	
体言	**へ**	1 方向	…ヘ

1 ❿船に乗るべき所（体言）**へ**わたる。　（土佐日記・十二月二十一日）

参照 p.93詳解　p.161識別

を

主格「が」「の」の結び

主格を示す「が」「の」を受ける述部は、そこで文が終止する場合も**連体形**となる。会話や和歌に多く、**余情を含んだ表現**となる。

・「雀の子を、犬君《いぬき》**が**逃がしつる。」　（源氏物語・若紫）

「雀の子を、犬君が逃がしてしまったの。」

❶夜中にあなた**が**一人で今ごろは越えているだろうか。

❷女の子**が**いないことばかりを、悲しみ恋い慕っている。

❸木曽殿を、誰それ**の**郎等がお討ち申し上げた。

❹建物**の**中は暗い所もないほど光り満ちていた。

❺この歌は、ある人が言うことには、大友黒主**のもの**である。

❻学者たちが書いたものも、昔**のもの**は、趣の深いことが多い。

❼丈の短い着物**で**袖ばかりが目立つ着物を、着て歩き回るのも、みなかわいらしい。

❽蓮の浮き葉**で**、とても小さい浮き葉を、池から取り上げたの（は、とてもかわいらしい）。

❾亡き女児が、松**のように**千年の齢《よわい》を保っていたら、遠い土佐で、悲しい別れをしただろうか、いや、そんなことはなかったろうに。

❿船に乗る予定の場所**へ**行く。

接続

接続		意味	訳
体言 連体形	を	1 対象	…ヲ
		2 起点	…ヲ・…カラ
		3 通過する場所	…ヲ・…ヲ通ッテ
		4 継続する期間	…ヲ・…ノ間ヲ

1 ⑪これ（体言）を見て、親どもも「何事ぞ。」と問ひさわぐ。（竹取物語・嘆き）

2 ⑫境（体言）を出でて、下総《しもつさ》の国のいかたといふ所に泊まりぬ。（更級日記・門出）

3 ⑬芥川《あくたがは》といふ河（体言）を率《ゐ》て行きければ、（伊勢物語・六段）

4 ⑭立ち遅れたる人々待つとて、そこに日（体言）を暮らしつ。（更級日記・門出）

⑪これを見て、親（である翁）たちも「どうしたのですか。」と尋ねて騒ぐ。

⑫国境を出て、下総の国のいかたという所に泊まった。

⑬芥川という河のほとりを（女を）連れて行ったところ、

⑭出発し遅れた人々を待つというわけで、そこで一日を送った。

詳解

■同格のパターンと訳し方

（連体修飾部） 体言 ＋ の ＋ ……連体形 □ （＋格助詞「が」「に」「を」）

↑上と同じ体言が省略されている。

連体形の下に格助詞「が」「に」「を」が接続することが多い。

● 大きなる（連体修飾部） 柑子《かうじ》の木（体言） ＋ の ＋ 枝もたわわになりたる（連体形） （柑子の木） が、（徒然草・一一段）

大きなみかんの木で、枝も曲がるほどに実っているみかんの木が、

（大きなみかんの木で、枝も曲がるほどに実っているのが、）↑体言の代用の「の」で口語訳してもよい。

連体形 □ ＋ が ＋ …連体形 □

↑上文から類推できる同じ体言が省略されている。

● 継母《ままはは》なりし人は、宮仕へせし（連体形） （人） ＋ が ＋ 下《くだ》りし（連体形） （人）なれば、（更級日記・梅の立ち枝）

継母だった人は、宮仕えをしていた人で、（父とともに上総《かずさ》へ）下った人なので、

右のように、「の」「が」で結ばれる上下の文節（連文節）が、一文の中で対等な資格として並置される関係を、**同格**という。

口語訳するときは、「の」「が」を「……デ」と訳し、連体形の下の省略に同じ体言を補うとよい。

接続	
体言 連体形	に

1 **時間・場所** ……ニ・…時ニ・…デ
2 **帰着点** ……ニ
3 **対象** ……ニ
4 **目的** ◆動詞連用形に接続。 ……ニ・…ノタメニ
5 **原因・理由** ……ノタメニ・…ニヨッテ
6 **手段・方法** ……デ・…ニヨッテ
7 **変化の結果** ……ニ・…ト
8 **受身・使役の対象** ……ニ
9 **比較の基準** ……ト比べテ・…ヨリ
10 **添加** ……ニ・…ノ上ニ・…ニ加エテ
11 **内容** ……ト・…トシテ・…デアル
12 **資格・状態** ……トシテ・…デ

参照 p.93詳解　p.156識別

1 ❶戌《いぬ》の時(体言)**に**、門出す。（土佐日記・十二月二十一日）
2 ❷行き行きて駿河国《するがのくに》(体言)**に**至りぬ。（伊勢物語・九段）
3 ❸「かれは何ぞ。」となむ男(体言)**に**問ひける。（伊勢物語・六段）
4 ❹講師《かうじ》、馬のはなむけし(連用形)**に**出でませり。（土佐日記・十二月二十四日）
5 ❺神鳴るさわぎ(体言)**に**、え聞かざりけり。（伊勢物語・六段）
6 ❻火(体言)**に**焼かむに、焼けずはこそ、まことならめ。（竹取物語・火鼠の皮衣）
7 ❼勢ひ猛の者(体言)**に**なりにけり。（竹取物語・おひたち）

「に」「と」の強調の用法

格助詞「に」「と」は、同じ動詞を重ねた間に用いて、**その動作を強調する**用法がある。このとき上の動詞は**連用形**である。

- ただ食ひ**に**食ふ音のしければ、（宇治拾遺物語・一二）
  ただ**ひたすら**食べる音がしたので、
- 聞き**と**聞く人々に言ひそしられける。（今昔物語集・巻二九ノ二〇）
  聞く人々**すべて**に非難された。

「に」の尊敬の用法

「に」には、身分の高い人を主語とすることを避け、その人のいる場所を示すことによって**間接的な尊敬**の意味を示す用法がある。

- 上の御前《おまへ》**には**、史記といふ文をなむ書かせ給へる。（枕草子・跋）
  帝**におかれて**は、（この紙に）『史記』という書物をお書きです。

❶午後八時ごろ**に**、出発する。
❷どんどん進んで駿河の国**に**着いた。
❸（女は）「あれは何なの。」と男**に**尋ねた。
❹国分寺の僧侶が、餞別《せんべつ》をし**に**お出ましになった。
❺雷の鳴る騒がしい音**のために**（悲鳴がかき消されて）、聞くことができなかった。
❻火**で**焼いてみたらそのときに、もし焼けなかったなら、本物だろう。
❼勢力のある富豪**に**なった。

8 ⑧下部《しもべ》に酒飲ますることは心すべきことなり。（徒然草・八七段）
9 ⑨ある人に誘はれ奉りて、（徒然草・三二段）
9 ⑩子を恋ふる思ひにまさる思ひなきかな（土佐日記・一月十一日）
10 ⑪赤地《あかぢ》の錦《にしき》の直垂《ひたたれ》に、唐綾縅《からあやをどし》の鎧《よろひ》着て、（平家物語・木曽最期）
11 ⑫その男、身をえうなきものに思ひなして、（伊勢物語・九段）
12 ⑬都のつとに語らむ。（徒然草・二三六段）

と

参照 p.154識別

接続		
体言 と	1 動作をともにする相手	…ト
	2 変化の結果	…ト・…ニ
	3 比較の基準	…ト・…ニ比ベテ
	4 引用・内容◆引用句に接続。	…ト・…ト言ッテ・…ト思ッテ
	5 並列	…ト・…ト
	6 比喩	…ノヨウニ

1 ⑭なんぢと一所《いつしよ》で死なむと思ふためなり。（平家物語・木曽最期）
2 ⑮大家《おほいへ》滅びて小家《こいへ》となる。（方丈記・ゆく川の流れ）
3 ⑯軒《のき》と等しき人のあるやうに見え給ひければ、（大鏡・道長伝）
4 ⑰「いざ、かいもちひせむ。」と言ひけるを、（宇治拾遺物語・一二）
⑱「この戸開け給へ。」と、たたきけれど、（伊勢物語・二四段）
5 ⑲世の中にある人とすみかと、またかくのごとし。（方丈記・ゆく川の流れ）
6 ⑳ふるさとは雪とのみこそ花は散るらめ（古今集・一一一）

---

⑧下層階級の者に酒を飲ませることは注意しなければならない。
⑨ある人に誘われ申し上げて、
⑩（亡き）子を恋しく思う（親の）思いにまさる（悲しい）思いはないよ。
⑪赤地の錦の直垂の上に、唐綾縅の鎧を着て、
⑫その男は、わが身を何の役にも立たないものだと思い込んで、
⑬都へのみやげ話として話そう。
⑭おまえと一つ所で死のうと思うためなのだ。
⑮大きい家がなくなって小さい家となる。
⑯軒と同じくらいの高さの巨人がいるようにお見えになったので、
⑰「さあ、ぼたもちを作ろう。」と言ったのを、
⑱「この戸をお開けください。」と言って、（戸を）たたいたが、
⑲世の中に住んでいる人と住居とは、またこのよう（に、生滅を続けているの）である。
⑳旧都は今ごろはただもう雪のように花が散っているだろう。

▼格助詞「とて」

格助詞「と」に接続助詞「て」が付いて一語化した語。**引用・内容**を表す用法（…ト言ッテ・…ト思ッテ）や、**理由**を表す用法（…トイウワケデ・…トシテモ）がある。

● 男もすなる日記《にき》といふものを、女もしてみむとて、するなり。（土佐日記・十二月二十一日）

男性も書くという日記というものを、女性である私も書いてみようと思って、書くのだ。

にて

参照 p.158識別

接続

体言
連体形 → **にて**

1 場所・年齢 …デ
2 手段・方法・材料 …デ・…ニヨッテ
3 原因・理由 …デ・…ニヨッテ
4 資格・状態 …トシテ・…デ

1 ❶潮海《しほうみ》のほとり(体言)**にて**あざれ合へり。（土佐日記・十二月二十二日）
2 ❷月・花をば、さのみ目(体言)**にて**見るものかは。（徒然草・一三七段）
3 ❸朝ごと夕ごとに見る竹の中におはする(連体形)**にて**、知りぬ。（竹取物語・おひたち）
4 ❹太政大臣(体言)**にて**二年、世をしらせ給ふ。（大鏡・兼家伝）
5 ❺寝たるよし(体言)**にて**、出で来るを待ちけるに、（宇治拾遺物語・一二）

して

参照 p.152識別

接続

体言
連体形 → **して**

1 手段・方法・材料 …デ・…ニヨッテ・…ヲ使ッテ
2 ともに動作を行う人数・範囲 …デ・…ト・…トトモニ
3 使役の対象 …ニ・…ヲ使ッテ

1 ❻そこなりける岩に、指《およひ》の血(体言)**して**書きつけける。（伊勢物語・二四段）
2 ❼もとより友とする人、ひとりふたり(体言)**して**行きけり。（伊勢物語・九段）
3 ❽蔵人《くらうど》(体言)**して**、削りくづをつがはしてみよ。（大鏡・道長伝）

より

1 起点 …カラ
2 通過する場所 …ヲ通ッテ・…カラ

▼**「にて」から「で」への変化**

「にて」は中世以降音変化を起こし、「で」の形で現在に至っている。
・いま一文《いちもん》で、盛りなるときは、大きなるがあり。（日本永代蔵・巻二ノ二）
もう一文で、出盛りのときは、大きな茄子《なす》がある。

識別チェック にて

1 体言・連体形に接続している
①場所・手段・原因・資格などの意味
➡**格助詞「にて」**
・目にて見る。　目で見る。
②「……で……であって」の意味
➡**断定の助動詞「なり」の連用形「に」＋接続助詞「て」**
・目にてあり。　目である。
2 体言・連体形に接続していない
➡**形容動詞連用形活用語尾「に」＋接続助詞「て」**
・目清らにて、　目が清らかで、

❶海のほとりで、ふざけ合った。
❷月や花を、そういうふうに目だけで見るものだろうか、いや、そうではない。
❸毎朝毎晩見る竹の中にいらっしゃることによって、わかった。

接続	
体言 連体形　**より**	**3手段・方法**　…デ・…ニヨッテ　◆「徒歩《かち》より」（徒歩《とほ》デ）が多い。
	4比較の基準　…ヨリ
	5限定　…ヨリ・…以外　◆「より＋ほか＋打消」が多い。
	6即時　…ヤイナヤ・…トスグニ　◆動詞に付く。

1 ⑨ 大津（体言）**より**浦戸をさして漕ぎ出づ。（土佐日記・十二月二十七日）

2 ⑩ 有明《ありあけ》の月の、板間（体言）**より**屋《や》の内にさし入りたりけるに、（今昔物語集・巻二八ノ四二）

3 ⑪ ただひとり、徒歩（体言）**より**詣でけり。（徒然草・五二段）

4 ⑫ 聞きし（連体形）**より**もまして、言ふかひなくぞこほれ破れたる。（土佐日記・二月十六日）

5 ⑬ 夜昼、笛を吹く（連体形）**より**ほかのことなし。（発心集・巻六ノ七）

6 ⑭ 名を聞く（連体形）**より**、やがて面影は推し量らるる心地するを、（徒然草・七一段）

から

接続	
体言 連体形　**から**	**1起点**　…カラ
	2通過する場所　…ヲ通ッテ・…カラ
	3手段・方法　…デ・…ニヨッテ　◆「徒歩《かち》から」（徒歩《とほ》デ）が多い。
	4原因・理由　…ニヨッテ・…次第デ

1 ⑮ 去年《こぞ》（体言）**から**山籠《やまごも》りして侍るなり。（蜻蛉日記・天禄三年二月）

2 ⑯ ほととぎす鳴きて過ぎにし岡び（体言）**から**秋風吹きぬ（万葉集・三九四六）

3 ⑰ 徒歩（体言）**から**まかりて、言ひ慰め侍らむ。（落窪物語・巻一）

4 ⑱ 何心なき空のけしきも、ただ見る人（体言）**から**、艶《えん》にもすごくも見ゆるなりけり。（源氏物語・帚木《ははきぎ》）

---

④太政大臣**として**二年、天下をお治めになる。
⑤寝ているふり**で**、（ぼたもちが）できあがるのを待ったところ、
⑥そこにあった岩に、指の血**で**書きつけた（歌）。
⑦前から友としている人、一人二人**とともに**行った。
⑧蔵人**を使って**、削りくずを（柱に）あてがわせてみよ。
⑨大津**から**浦戸をめざして漕ぎ出す。
⑩有明の月が、板の間**を通って**家の中に差し込んでいたので、
⑪ただ一人、徒歩**で**参詣した。
⑫聞いていた**より**もまさって、話にならないほど壊れ傷んでいる。
⑬夜昼、笛を吹く**以外**のことをしない。
⑭名前を聞く**やいなや**、すぐさま（その人の）顔かたちが推し量られる気持ちがするのに、
⑮去年**から**山籠りをしております。
⑯ほととぎすが鳴いて通り過ぎた岡辺**を通って**秋風が吹いてきた。
⑰徒歩**で**参って、話をして慰めましょう。
⑱何ということもない空の様子も、ただ見る人**次第で**、優美にも不気味にも見えるのだなあ。

▼「より」と「から」

「より」のほうが「から」よりも意味の範囲が広く、平安時代には「より」が多く用いられていた。「から」は口語的で、鎌倉時代以降は「から」が動作・作用の起点を表す場合に用いられるようになった。

一 次の傍線部の助詞「が」「の」の意味を後から選べ。

1 君が[1]行く越《こし》の[2]白山　（古今集・三九一）　1［　］　2［　］

あなたが行く越の国の白山。

2 これは隆家《たかいへ》が言《こと》にしてむ。　（枕草子・中納言参り給ひて）　［　］

これは隆家の言葉にしてしまおう。

3 白き鳥の[1]、嘴《はし》と脚《あし》と赤き、鴫《しぎ》の[2]大きさなる、水の[3]上に遊びつつ、魚《いを》を食ふ。　（伊勢物語・九段）　1［　］　2［　］　3［　］

白い鳥で、くちばしと脚とが赤い、鴫くらいの大きさの鳥が、水の上で遊泳しては、魚を食べる。

4 大きなる童盗人《わらはぬすびと》の[1]、髪おぼとれたるが[2]、もの取らむとて入り立てるぞ。　（今昔物語集・巻二八ノ四二）　1［　］　2［　］

大きな童姿の盗人で、髪をぼさぼさにした盗人が、ものを取ろうとして入って来て立っているぞ。

ア 主格　イ 連体修飾格　ウ 体言の代用
エ 同格　オ 比喩

二 次の傍線部の助詞「に」「と」の意味を後から選べ。

1 たびたびの炎上に滅びたる家、またいくそばくぞ。　（方丈記・閑居の気味）　［　］

たびたびの火災によって滅んだ家は、またどれくらいか。

2 人には木の端《はし》のやうに思はるるよ。　（徒然草・一段）　［　］

（法師は）人には木の端のように思われるよ。

3 院の御前にも少し涙ぐみおはしましけり。　（大鏡・雑々物語）　［　］

（円融）院におかれても少し涙ぐんでいらっしゃった。

4 生きとし生けるもの、いづれか歌をよまざりける。　（古今集・仮名序）　［　］

生きているすべてのもので、歌をよまなかったものがあったろうか、いや、ない。

ア 時間・場所　イ 目的　ウ 原因・理由
エ 帰着点　オ 受身・使役の対象　カ 間接的な尊敬
キ 引用　ク 比喩　ケ 強調

三 次の傍線部の助詞「にて」「して」「より」「から」の意味を後から選べ。

1 深き川を舟にて渡る。　（更級日記・門出）　［　］

深い川を舟で渡る。

2 御弟子にて候はむと契りて、　（大鏡・花山院）　［　］

お弟子としてお仕えしましょうと約束して、

3 宮の御《おほん》をば、女別当《にょべたう》して書かせ給へり。　（源氏物語・賢木）　［　］

斎宮のお歌は、女別当にお書かせになっている。

4 花よりほかに知る人もなし　（金葉集・五二一）　［　］

桜の花以外知る人はない。

5 門《かど》引き入るるより、けはひあはれなり。　（源氏物語・桐壺）　［　］

（車を）門内に引き入れるやいなや、もの悲しい雰囲気である。

6 心から常世《とこよ》を捨てて鳴く雁《かり》を雲のよそにも思ひけるかな　（源氏物語・須磨）　［　］

自分の意志によって常世の国を捨てて鳴く雁を、雲の彼方のよそごとと聞いていたことだよ。

ア 手段・方法・材料　イ 原因・理由　ウ 資格・状態
エ 限定　オ 即時　カ 使役の対象

2 接続助詞

文中にあって、活用語に付き、接続詞のように上の文節（連文節）を下の文節（連文節）に続ける助詞を、**接続助詞**という。

接続助詞は、前後の続き方によって次の二種類に分けることができる。

単純接続　上の文節と下の文節とを単につなげるだけの接続。

条件接続　上の文節が下の文節に対する何らかの条件となる接続。

→ **条件接続は、前後の続き方によって次の二種類に分けることができる。**

順接　上の条件と順当な関係で下に続く。〔Aだ**から**Bとなる〕

逆接　上の条件とは逆の関係で下に続く。〔Aだ**けれども**Bとなる〕

→ **順接と逆接は、条件の内容によって次の二種類に分けることができる。**

仮定条件　まだ実現していないことを仮定して述べる。〔**もし**A**なら**Bとなる〕

確定条件　すでに実現していることを前提にして述べる。〔Aな**ので**Bとなる〕

以上を整理すると、接続助詞は次の種類に分けられる。複数の働きをする助詞には注意が必要である。

条件接続
- 順接
  - 仮定条件 …… **ば**
  - 確定条件 …… **ば　て　して　に　を**
- 逆接
  - 仮定条件 …… **と　とも**
  - 確定条件 …… **ど　ども　ものを　ものの　ものから　ものゆゑ　て　して　が　に　を　ながら**

単純接続 …… **て　して　が　に　を　で　つつ　ながら**

▼**接続助詞の働きによる分類**

助詞＼働き	順接	逆接	単純接続
ば			
と			
とも			
ど			
ども			
ものを			
ものの			
ものから			
ものゆゑ			
て			
して			
が			
に			
を			
で			
つつ			
ながら			

ば

接続		意味	訳
未然形	ば	1 順接の仮定条件	モシ…タラ・モシ…ナラ
已然形		2 順接の確定条件〈原因・理由〉	…カラ・…ノデ
		3 順接の確定条件〈偶然条件〉	…ト・…トコロ
		4 順接の確定条件〈恒時《こうじ》(恒常)条件〉	…トイツモ

参照 p.160 識別

1 ❶月の都の人まうで来《こ》(未然形)**ば**、捕らへさせむ。(竹取物語・昇天)

2 ❷京には見えぬ鳥なれ(已然形)**ば**、みな人見知らず。(伊勢物語・九段)

3 ❸「たれたれか。」と問へ(已然形)**ば**、「それそれ。」と言ふ。(枕草子・二月つごもりごろに)

4 ❹命長けれ(已然形)**ば**、恥多し。(徒然草・七段)

と・とも

接続		意味	訳
終止形 形容詞・助動詞「ず」の連用形	と とも	1 逆接の仮定条件	タトエ…テモ ◆「と」の用例は少ない。

1 ❺千の歌なり(終止形)**と**、これより出でまうで来《こ》まし。(枕草子・五月の御精進のほど)

❻唐《から》のものは、薬のほかは、なく(連用形)**とも**こと欠くまじ。(徒然草・一二〇段)

ど・ども

接続		意味	訳
已然形	ど ども	1 逆接の確定条件	…ノニ・…ケレドモ・…ガ
		2 逆接の恒時(恒常)条件	…テモイツモ・…タトコロデ

1 ❼いとはつらく見ゆれ(已然形)**ど**、こころざしはせむとす。(土佐日記・二月十六日)

❽足ずりをして泣け(已然形)**ども**、かひなし。(伊勢物語・六段)

2 ❾その子・孫《うまご》までは、はふれにたれ(已然形)**ど**、なほなまめかし。(徒然草・一段)

偶然条件・恒時(恒常)条件

偶然条件	ある条件のもとでたまたまある事柄が起こる場合を示す。
恒時条件	ある条件のもとで決まって一定の事柄が起こる場合を示す。

清音の「は」

形容詞と形容詞型活用語の未然形「く・しく」、および打消の助動詞「ず」の未然形「ず」に、「ば」が付いて仮定条件を表す場合、「は」と表記され、「ワ」と発音する。

・切りぬべき人なく**は**、給《た》べ。(徒然草・二三一段)

もし切ろうとする人がいない**なら**、ください。

この「は」を係助詞と見て、連用形接続とする説もある。

参照 p.36 形容詞の未然形に付く「は」
p.51「ず」の未然形に付く「は」

❶**もし**月の都の人がやって来る**なら**、捕らえさせよう。

❷京には見かけない鳥な**ので**、一行の人はみな見てもわからない。

❸「どなた方(がいらっしゃるの)か。」と尋ねる**と**、「あの方、この方。」と答える。

❹長生きをする**と決まって**、恥をかくことが多いものだ。

❺**たとえ**千首の歌であっ**ても**、私のほうからよみ出しましょう。

⑩遠く見れ(已然形)ども近く見れ(已然形)ども、いとおもしろし。（土佐日記・一月十八日）

ものを・ものの・ものから・ものゆゑ

接続		
連体形	**ものを** **ものの** **ものから** **ものゆゑ**	**1逆接の確定条件** ……ノニ・……ケレドモ・……ガ

1 ⑪「翁丸《おきなまろ》か。」とだに言へば、喜びてまうで来る(連体形)**ものを**、呼べど寄り来ず。（枕草子・上に候ふ御猫は）

⑫頼まぬ(連体形)**ものの**恋ひつつぞ経《ふ》る（伊勢物語・二三段）

⑬いたましうする(連体形)**ものから**、下戸《げこ》ならぬこそ男はよけれ。（徒然草・一段）

⑭誰《た》が秋にあらぬ(連体形)**ものゆゑ**をみなへしなぞ色に出でてまだきうつろふ（古今集・二三二）

---

⑥中国のものは、薬のほかは、**たとえ**なく**ても**不自由しないだろう。
⑦なんとも薄情だとは見て思う**けれども**、お礼はしようと思う。
⑧じだんだ踏んで悔しがって泣く**けれども**、今さらどうにもならない。
⑨その子・孫までは、おちぶれてしまってい**ても**、やはり優雅である。
⑩遠くから見**ても**近くから見**ても**、たいそう景色がよい。
⑪「翁丸か。」と名を呼びさえすると、喜んでやって参る**のに**、（この犬は）呼んでも絶対に寄って来ない。
⑫あてにはしません**けれども**、（それでもあなたを）恋しく思い続け、日を過ごしています。
⑬迷惑そうにする**けれども**、下戸ではないのが男としてはよい。
⑭誰の秋というのでもなく、飽きられたわけでもない**のに**、女郎花よ、どうして色に出て早くも色あせていくのか。

詳解

■「ものを」「ものから」「ものゆゑ」の注意すべき用法

1「ものを」は詠嘆の意味合いが強く、文末にあって「……ノニナア」の意味を表すときは、**終助詞**である。

●伏籠《ふせご》の内にこめたりつる**ものを**。（源氏物語・若紫）
（雀を）伏籠の中に入れておいた**のになあ**。

2「ものから」「ものゆゑ」には、**順接の確定条件**の用法（……ノデ・……カラ）が見られる。

●月は有明《ありあけ》にて光をさまれる**ものから**、富士の峰かすかに見えて、（奥の細道・旅立ち）
月は有明の月であって光が薄れてしまっている**ので**、富士山がやっとかすかに見えて、

●ことゆかぬ**ものゆゑ**、大納言をそしり合ひたり。（竹取物語・竜の頸の玉）
納得できない**から**、（家来たちは）大納言の悪口を言い合った。

て・して

接続 連用形　て／して

1単純接続　…テ〈デ〉・…ノ様子デ・…ノ状態デ
2順接の確定条件　…カラ・…ノデ
3逆接の確定条件　…ノニ・…ケレドモ・…ガ

参照 p.152・153識別

◆「して」は形容詞・形容動詞型活用語・助動詞「ず」の連用形に接続。

1 ❶手にうち入れ（連用形）**て**、家へ持ち（連用形）**て**来ぬ。（竹取物語・おひたち）
❷聖《ひじり》の後ろに、寝《い》ねもせず（連用形）**して**起きゐたり。（宇治拾遺物語・一〇四）
2 ❸十日、さはることあり（連用形）**て**、のぼらず。（土佐日記・二月十日）
❹悲しきに堪へず（連用形）**して**、ひそかに心知れる人と言へりける歌、（土佐日記・二月十六日）
3 ❺なんぢ、姿は聖人《ひじり》に（連用形）**て**、心は濁《にご》りに染《し》めり。（方丈記・自己批判）
❻格子《かうし》どもも、人はなく（連用形）**して**開きぬ。（竹取物語・昇天）

が・に・を

接続 連体形　が／に／を

1逆接の確定条件　…ノニ・…ケレドモ・…ガ
2順接の確定条件　…カラ・…ノデ　◆「を」「に」のみの用法。
3単純接続　…ガ・…ト・…トコロ

参照 p.150・156・161識別

1 ❼昔より多くの白拍子《しらびやうし》ありし（連体形）**が**、かかる舞はいまだ見ず。（平家物語・祇王《ぎわう》）
❽京へ帰る（連体形）**に**、女子《をんなご》のなきのみぞ、悲しび恋ふる。（土佐日記・十二月二十七日）
❾八重桜《やへざくら》は奈良の都にのみありける（連体形）**を**、このごろぞ世に多くなり侍るなる。（徒然草・一三九段）
2 ❿入相《いりあひ》ばかりのことなる（連体形）**に**、薄氷は張つたりけり、（平家物語・木曽最期）

音便＋「て」の音変化

特定の音便に「て」が続くとき、音変化を起こして「**で**」と濁音になる。

・をめき叫んで攻め戦ふ。（平家物語・能登殿最期）

わめき叫んで攻め戦う。

参照 p.33音便に続く語の音変化

❶手のひらに包みこん**で**、家へ持っ**て**来た。
❷聖の後ろで、寝もしない**で**起きていた。
❸十日、差し障りがある**ので**、（川を）上らない。
❹悲しくてたまらない**ので**、そっと心がわかりあっている人とよみかわした歌、
❺おまえは、姿は聖人である**のに**、心は濁りに染まっている。
❻格子もみな、人はいない**のに**開いてしまった。
❼昔から多くの白拍子がいた**が**、このような舞はまだ見たことがない。
❽都へ帰るという**のに**、女の子がいないことばかりを、悲しみ恋い慕っている。
❾八重桜は奈良の都にだけあった**のに**、最近は世間に多くなっているそうです。
❿夕刻のことな**ので**、薄氷が張っていた、
⓫明日は身を清めて慎む日な**ので**、門をしっかり閉ざせ。
⓬右兵衛府の舎人である者が、東の七条に住んでいた**が**、役所に参って、
⓭不思議に思って近寄って見る**と**、竹筒の中が光っている。
⓮「ほととぎすの声を尋ねに行きたい。」と言う**と**、私も私もと言って出かける。

⑪ 明日は物忌《ものい》みなる（連体形）**を**、門《かど》強く鎖させよ。（蜻蛉日記・天禄元年八月）

3 ⑫ 右兵衛舎人《うひやうゑのとねり》なる者、東の七条に住みける（連体形）**が**、司《つかさ》に参りて、（宇治拾遺物語・一一四）

⑬ あやしがりて寄りて見る（連体形）**に**、筒の中光りたり。（竹取物語・おひたち）

⑭「ほととぎすの声尋ねに行かばや。」と言ふ（連体形）**を**、我も我もと出で立つ。（枕草子・五月の御精進のほど）

詳解

■ 単純接続の接続助詞

接続助詞「て」「して」「に」「を」自体が、順接と逆接という相反する意味を持つわけではない。接続助詞の前後の内容から判断して、順接あるいは逆接の関係で続けているとみなされるのであり、本来の意味は単純接続である。単純接続と逆接の確定条件の用法のある「が」も同様である。

■「が」「に」「を」の格助詞と接続助詞の見分け方

参照 p.82〜84　p.150・156・161 識別

1 体言に接続 ➡**格助詞**

2 連体形に接続し、連体形の下に「こと」「もの」などの体言や体言の代用の「の」を補うことができる ➡**格助詞**

3 連体形に接続し、連体形の下に「こと」「もの」などの体言や体言の代用の「の」を補うことができない ➡**接続助詞**

4 平安時代中期ごろまでの作品に現れる「が」 ➡**格助詞**

＊接続助詞「が」は、平安時代末期に格助詞から派生した。

識別チェック　に

1 連用形＋「に」
➡完了の助動詞「ぬ」の連用形

2 連体形＋「に」→連体形の下に
① 体言が補える➡格助詞
② 体言が補えない➡接続助詞

1 炎（体言）**を**地（体言）**に**吹きつけたり。（方丈記・安元の大火）

炎を地に吹きつけていた。

2 雁などの連ねたる（連体形）**が**、いと小さく見ゆるは、いとをかし。（枕草子・春は、あけぼの）

雁などで連なっているの**が**、たいへん小さく見えるのは、とてもおもしろい。

3 そのものともなき声どもの聞こゆる（連体形）**に**、ずちなくて帰り給ふ。（大鏡・道長伝）

何ともわからない声々が聞こえる**ので**、どうしようもなくてお帰りになる。

4 いとやむごとなききはにはあらぬ（連体形）**が**、すぐれて時めき給ふありけり。（源氏物語・桐壺）

それほど高貴な身分ではない方**で**、きわだって帝のご寵愛を受けていらっしゃる方がいた。

＊『源氏物語』は平安時代中期の作品。

で

接続		
未然形	**で**	**1 打消接続** …ナイデ・…ズニ

1 ❶親のあはすれども、聞か（未然形）**で**なむありける。（伊勢物語・二三段）

つつ

接続		
連用形	**つつ**	**1 反復・継続** …テハ・…続ケテ
		2 並行 …ナガラ・…ツツ

1 ❷野山にまじりて竹を取り（連用形）**つつ**、よろづのことに使ひけり。（竹取物語・おひたち）
2 ❸顔をうちまもり（連用形）**つつ**、なごう鳴くも、（更級日記・大納言殿の姫君）

ながら

接続		
動詞・助動詞「ず」の**連用形** 形容詞・形容動詞の**語幹**	**ながら**	**1 存続** …ママデ
		2 並行 …ナガラ・…ツツ
		3 逆接の確定条件 …ノニ・…ケレドモ・…ガ

1 ❹馬に乗り給ひて、乗り（連用形）**ながら**北の陣までおはして、（宇治拾遺物語・一一四）
2 ❺食ひ（連用形）**ながら**、文《ふみ》をも読みけり。（徒然草・六〇段）
3 ❻限りなく思ひ（連用形）**ながら**、妻《め》をまうけてけり。（大和物語・一四九段）

詳解

■和歌の「つつ止め」の用法

和歌の最後に「つつ」を用いることを「**つつ止め**」という。反復・継続の意味に**余情**が加えられる。

●秋の田のかりほの庵《いほ》の苫《とま》をあらみわが衣手《ころもで》は露《つゆ》にぬれ**つつ**（後撰集・三〇二）

秋の田の（稲を納める）仮小屋の（屋根にふいている）苫の目が粗いので、（張り番をしている）私の袖は露に**しきりに**濡れる**ことだよ**。

▼体言・副詞に付く「ながら」

「ながら」は、**体言**や**副詞**に付いて、「……ノママデ・……スベテ」という意味を表すことがある。この「ながら」は、**接尾語**である。（接続助詞・副助詞とする説もある。）

●旅の御姿**ながら**おはしましたり。（竹取物語・蓬萊の玉の枝）

旅装のお姿**のままで**いらっしゃった。

●六つ**ながら**夫妻に給《た》びけり。（沙石集・巻九ノ三）

（銀貨）六枚**すべて**を夫婦にお与えになった。

❶親が結婚させようとするけれども、耳を貸さ**ないで**いた。
❷山野に分け入って竹を取って**は**、（その竹を）いろいろな物（を作るの）に使っていた。
❸（猫が私の）顔をじっと見つめ**ながら**、のどやかに鳴くのも、
❹馬にお乗りになって、乗った**ままで**北の陣までおいでになって、
❺ものを食べ**ながら**、経文をも読んだ。
❻（もとの妻を）このうえなくいとしく思う**けれども**、（ほかに）妻を作ってしまった。

確認問題

一 次の傍線部の条件接続の助詞の意味を、後からそれぞれ二つ選んで組み合わせよ。

1 そしられたらば聞かじ。（枕草子・二月つごもりごろに）

もしけなされているなら（評判を）聞きたくない。

2 いとをさなければ、籠《こ》に入れて養ふ。（竹取物語・おひたち）

とても小さいので、籠《かご》に入れて育てる。

3 瓜《うり》食《は》めば子ども思ほゆ（万葉集・八〇二）

瓜を食べるといつも、子供たちのことが自然と思い浮かんでくる。

4 木のさまにくげなれど、楝《あふち》の花、いとをかし。（枕草子・木の花は）

木の格好はみっともないが、楝の花は、たいそう趣深い。

5 いづくなりともまかりなむ。（大鏡・道長伝）

たとえどこであっても必ず参ろう。

ア 順接　イ 逆接　ウ 仮定条件　エ 確定条件〈原因・理由〉　オ 確定条件〈偶然条件〉　カ 確定条件〈恒時条件〉

二 次の傍線部の助詞「が」「に」「を」の種類を後から選べ。

1 めでたくは描《か》きて候ふが、難少々候ふ。（古今著聞集・三九八）

（この絵は）うまく描いてはありますが、欠点が少々あります。

2 すかし申し給ひけむが恐ろしさよ。（大鏡・花山院）

だまし申し上げなさったようなことの恐ろしさよ。

3 命あるものを見るに、人ばかり久しきはなし。（徒然草・七段）

命があるものを見ると、人ほど長いものはない。

4 この君、いとあてなるに添へて愛敬《あいぎやう》づき、（源氏物語・柏木）

薫君は、とても上品なのに加えて愛くるしく、

5 鶯《うぐひす》はしば鳴きにしを雪は降りつつ（万葉集・四二八六）

鶯がしきりに鳴いたのに、（今日は）雪が降ることよ。

6 家の焼くるを見て、うちうなづきて、（宇治拾遺物語・三八）

家が焼けるのを見て、うなずいて、

ア 格助詞　イ 接続助詞

三 次の傍線部の接続助詞の意味を後から選べ。

1 なく声も聞こえぬもののかなしきは忍びに燃ゆる蛍なりけり（詞花集・七三）

鳴く（泣く）声も聞こえないけれども悲しいのは、忍ぶ思いの火をともしている蛍であるよ。

2 久しからずして、亡じにし者どもなり。（平家物語・祇園精舎）

長く栄華を保つことなしに、滅亡してしまった者たちである。

3 扇のにはあらで、海月《くらげ》のなり。（枕草子・中納言参り給ひて）

扇の骨ではなくて、きっと海月の骨なのでしょう。

4 あられぬ世を念じ過ぐしつつ、心を悩ませること、三十余年なり。（方丈記・方丈の庵）

住みにくいこの世を耐え忍んで暮らし続けて、心を悩ませていたことは、三十年余りである。

5 身はいやしながら、母なむ宮なりける。（伊勢物語・八四段）

（男は、）身分は低いが、母は皇族であった。

ア 打消接続　イ 反復・継続　ウ 存続　エ 並行
オ 単純接続　カ 逆接の確定条件　キ 順接の確定条件

3 副助詞

体言・活用語の連体形・一部の副詞・助詞など、種々の語に付いて、副詞のようにある意味を添えることで下の用言を修飾する働きを持つ助詞を、**副助詞**という。

だに

接続		意味	訳
種々の語	だに	1 程度の軽いものを示して、より程度の重いものを類推させる	…サエ
		2 最小限の限定	セメテ…ダケデモ

1 ❶かく人がちなる（連体形）だに、けしきおぼゆ。まして、もの離れたる所など、いかならむ。（大鏡・道長伝）

❷光やあると見るに、蛍《ほたる》ばかりの光（体言）だになし。（竹取物語・仏の御石の鉢）

2 ❸それを見て（助詞）だに帰りなむ。（竹取物語・帝の求婚）

すら

接続		意味	訳
種々の語	すら	1 一つのものを示して、それ以外のものを類推させる	…サエ

1 ❹言問《こと》はぬ木（体言）すら妹《いも》と兄《せ》ありといふをただ独《ひと》り子にあるが苦しさ（万葉集・一〇〇七）

さへ

接続		意味	訳
種々の語	さへ	1 添加	…マデモ

1 ❺雨降りぬ。風（体言）さへ出で来たり。（土佐日記・一月十日）

のみ

接続		意味	訳
種々の語	のみ	1 限定	…ダケ
		2 強意	ヒドク…・トクニ…

▼「だに」の最小限の限定の用法

「だに」の最小限の限定の用法は、**意志・願望・命令・仮定**などの表現の中で用いられる。

・昇らむをだに見送り給へ。（竹取物語・昇天）

せめて（天に）昇るの**だけでも**お見送りなさってください。

▼「だに」「すら」「さへ」の意味の変遷

奈良時代までは「だに」「すら」「さへ」は使い分けられていたが、平安時代には「すら」の類推の用法を「だに」が持つようになった。さらに時代が進むと、「さへ」が「だに」の類推の用法を吸収し、現在に至っている。

❶このように人が大勢いる所**さえ**、不気味な感じがする。まして、遠く離れた（人気のない）所などは、どんな具合だろう。
❷光はあるかと思って見るが、蛍くらいの光**さえ**ない。
❸**せめて**それ**だけでも**見て帰ろう。
❹ものを言わない木**さえ**兄妹があるというのに、私が全くの一人っ子であるというのは本当につらいことだよ。
❺雨が降った。風**までも**出てきた。
❻ただ白い波**だけ**が見える。
❼風の音や虫の音につけても、（帝は）**ただもう**悲しくお思いになるのに、
❽思いも寄らない方面のこと**だけ**がかなってしまう。
❾また新しい一隊の武士が、五十騎**ほど**出て来

1 ⑥ただ白き波（体言）**のみ**ぞ見ゆる。（土佐日記・一月七日）

2 ⑦風の音、虫の音《ね》につけても、もの（接頭語）**のみ**悲しうおぼさるるに、（源氏物語・桐壺）

ばかり

接続		
種々の語 **ばかり**	**1 限定**	…ダケ・…バカリ
	2 およその程度	…クライ・…ホド

1 ⑧思ひ寄らぬ道（体言）**ばかり**はかなひぬ。（徒然草・一八九段）

2 ⑨また新手《あらて》の武者、五十騎（体言）**ばかり**出で来たり。（平家物語・木曽最期）

まで

接続		
種々の語 **まで**	**1 限界**	…マデ
	2 程度	…マデ・…ホド

1 ⑩鳴く声、雲居（体言）**まで**聞こゆる、いとめでたし。（枕草子・鳥は）

2 ⑪あさぼらけ有明《ありあけ》の月と見る（連体形）**まで**に吉野《よしの》の里に降れる白雪（古今集・三三二）

など

接続		
種々の語 **など**	**1 例示**	…ナド
	2 引用	…ナドト
	3 婉曲	…ナド

1 ⑫風の音《おと》、虫の音《ね》（体言）**など**、はた言ふべきにあらず。（枕草子・春は、あけぼの）

2 ⑬「今は見どころなし。」（引用句）**など**は言ふめる。（徒然草・一三七段）

3 ⑭雨（体言）**など**降るも、をかし。（枕草子・春は、あけぼの）

た。

⑩（鶴の）鳴く声が、天**まで**聞こえるのは、本当にすばらしい。

⑪夜がほのぼの明けるころ、有明の月（が照らしているのか）と見まちがえる**ほど**に、吉野の里に降り積もった白雪よ。

⑫風の音、虫の音**など**は、これもまたなんとも言いようがない（情趣である）。

⑬「今は見どころがない。」**などと**は言うようだ。

⑭雨**など**が降るのも、風情がある。

▼「のみ」と「ばかり」の限定の違い

のみ	一つの物事を強く限定し、それ以外のものは認めない。
ばかり	一つの物事を示して、ある程度の許容範囲を持って限定する。

▼「ばかり」の接続と意味

「ばかり」は種々の語に付くが、活用語に付く場合は、次のようになることが多い。

1 連体形＋「ばかり」⬇限定

- 名にめでて折れる**ばかり**ぞをみなへし（古今集・二二六）

その名に感じて折ってしまった**だけ**だよ、女郎花よ。

2 終止形＋「ばかり」⬇およその程度

- 太刀をも落としつ**ばかり**こそ震ひつれ。（今昔物語集・巻二八ノ四二）

太刀を落としてしまいそうな**ほど**震えていたぞ。

し・しも

接続	種々の語	
し	1 強意	
しも	2（下に打消を伴い）部分否定	必ズシモ…〈デハナイ〉

参照 p.150 識別

◆2は「しも」のみの用法。

1 ❶今（体言）し、羽根といふ所に来ぬ。（土佐日記・一月十一日）

❷今日（体言）しも、端におはしましける（連用形）かな。（源氏物語・若紫）

2 ❸京に思ふ人なきにしもあらず。（伊勢物語・九段）

▼「し」「しも」の分類

「しも」は、「し」に係助詞「も」が付いたもので、「し」の意味を強めたものである。（この「しも」を一語の副助詞ととらずに連語とする説や、「し」を間投助詞とする説もある。）

❶ちょうど今、羽根という所にさしかかった。

❷今日はとくに、端近くにいらっしゃいましたね。

❸必ずしも京に恋しい人がいないわけでもない。

確認問題

一 次の傍線部の副助詞の意味を答えよ。

1 男《をのこ》だに、才《ざえ》がりぬる人は、いかにぞや。（紫式部日記・初出仕）
男でさえ、学問をひけらかす人は、どうだろうか。［　］

2 見てけりとだに知られむ。（蜻蛉日記・天暦九年九月）
せめて確かに見たよとだけでも知られよう。［　］

3 玉の男皇子《をのこみこ》さへ生まれ給ひぬ。（源氏物語・桐壺）
玉のような皇子までもお生まれになった。［　］

4 ことうけのみよくて、まことなし。（徒然草・一四一段）
請け合うことだけは調子がよくて、誠意がない。［　］

5 月・花はさらなり、風のみこそ、人に心はつくめれ。（徒然草・二一段）
月や花は言うまでもないが、風は特に、人に風流心を与えるようだ。［　］

6 物は破れたるところばかりを修理《しゅり》して用ゐることぞ。（徒然草・一八四段）
ものは破損しているところだけを繕って使うものだよ。［　］

7 枕浮くばかりになりにけり。（源氏物語・須磨）
（涙で）枕が浮くほどになってしまった。［　］

8 明くるより暮るるまで、東の山ぎはをながめて過ぐす。（更級日記・子忍びの森）
明けてから暮れるまで、東の山際をぼんやり見て過ごす。［　］

9 かしかましきまでぞ鳴く。（枕草子・鳥は）
（鶯が）やかましいほど鳴く。［　］

10 名にし負はばいざこと問はむ都鳥（伊勢物語・九段）
都という言葉を名として持っているのなら、さあ尋ねよう、都鳥よ。［　］

4 係助詞

種々の語に付いて、強意・疑問・反語などの意味を添え、文の結び方に一定の活用形を要求する助詞を、**係助詞**という。

は

接続		
種々の語	**は**	**1 提示** …ハ **2 対比** …ハ **3 強調** …ハ

1 ❶かやうのこと（体言）**は**、ただ朝夕の心づかひによるべし。（徒然草・三二段）

2 ❷あそこで（助詞）**は**四、五百騎、ここで（助詞）**は**二、三百騎、（平家物語・木曽最期）

3 ❸いと（副詞）**は**つらく見ゆれど、こころざしはせむとす。（土佐日記・二月十六日）

も

接続		
種々の語	**も**	**1 同趣の事柄の並列** …モ…モ **2 同趣の事柄の添加** …モ・…モマタ **3 類推** …デモ・…ダッテ **4 最小限の希望** セメテ…ダケデモ・…デモ **5 強意** …モ

参照 p.100詳解「もぞ」「もこそ」

1 ❹男（体言）**も**女（体言）**も**恥ぢかはしてありけれど、（伊勢物語・二三段）

2 ❺聖海上人《しやうかいしやうにん》、そのほか（体言）**も**、人あまた誘ひて、（徒然草・二三六段）

3 ❻后《きさき》の位（体言）**も**何にかはせむ。（更級日記・物語）

4 ❼あしひきの山ほととぎす一声（体言）**も**鳴け（万葉集・四二〇三）

5 ❽帳の内より（助詞）**も**出ださず、いつき養ふ。（竹取物語・おひたち）

▼**「は」の濁音化**

格助詞「を」に係助詞「は」が接続すると、「をば」となる。

・名をば、さかきの造《みやつこ》となむいひける。（竹取物語・おひたち）

名を、さかきの造といった。

▼**「は」「も」が格助詞でない理由**

1 格助詞は他の助詞に付かないが、「は」「も」は他の助詞に付くことができる。

・京にはあらじ、（伊勢物語・九段）

京にはいないことにしよう、

2 格助詞は主部とすぐ下の述部を直結するが、「は」「も」は離れた述部にもかかる。

・河原院**は**、融《とほる》左大臣の造りて住み給ひける家なり。（今昔物語集・巻二七ノ二）

河原院**は**、左大臣源融が造って住んでいらっしゃった家である。

❶このようなふるまい**は**、ただ平素の心がけによるのだろう。
❷あそこで**は**四、五百騎、ここで**は**二、三百騎、
❸なんとも薄情だと**は**思われるけれども、お礼はしようと思う。
❹男**も**女**も**互いに恥ずかしがっていたけれども、
❺聖海上人や、そのほか**も**、人を大勢誘って、
❻后の位**だって**何になろうか、いや、何にもならない。
❼山ほととぎすよ、**せめて**一声**でも**鳴いておくれ。
❽帳台の中から**も**出さず、大切に育てる。

接続		
種々の語	ぞ なむ こそ	1 強意

参照 p.102係り結びの法則 p.155識別

1 ❶よろづの遊びを（助詞）**ぞ**しける。（竹取物語・おひたち）

❷この国にはあまたの年を経ぬるに（連用形）**なむ**ありける。（竹取物語・嘆き）

❸よろづのことも、初め終はり（体言）**こそ**をかしけれ。（徒然草・一三七段）

▼強意の口語訳

強意の係助詞は、取り除いても文意は大きく変わらない。口語訳しづらい場合には無理に訳さなくてもよい。

▼「ぞ」「なむ」「こそ」の違い

「ぞ」「こそ」は散文・和歌ともに多く用いられたが、「なむ」は和歌ではあまり用いられず、会話文や手紙文などで多く用いられた。

強意の度合いが最も強いのは「こそ」で、次が「ぞ」であり、「なむ」が最も弱い。

❶ありとあらゆる音楽を演奏した。

❷この国では多くの年を経てしまったのでしたよ。

❸どんなことも、最初と最後**こそ**がおもしろい。

詳解

■「もぞ」「もこそ」

係助詞「も」に係助詞「ぞ」または「こそ」の付いた「**もぞ**」「**もこそ**」は、「**……たら困る・……たら大変だ**」という、**不安・危惧**の気持ちを表す。

●ありつる男**もぞ**来る。（宇治拾遺物語・九六）

さっきの男が戻って来**たら困る**。

●烏など**もこそ**見つくれ。（源氏物語・若紫）

（逃げた雀を）烏などが見つけ**たら大変だ**。

■「ぞ」「こそ」の紛らわしい用法

参照 p.107

1 文末にあって**念を押す**意味を示す「ぞ」は、**終助詞**である。

●これは、人の食ひつれば死ぬるもの**ぞ**。（沙石集・巻八ノ一一）

これは、人が食べると必ず死ぬものだ**よ**。

2 人の名前などの名詞に付いて敬意・親しみをこめた**呼びかけ**を示す「こそ」は、**接尾語**である。

●北殿**こそ**、聞き給ふや。（源氏物語・夕顔）

北隣**さん**、お聞きになっていますか。

や〈やは〉・か〈かは〉

参照 p.102 係り結びの法則

接続

種々の語	や〈やは〉 か〈かは〉	1 疑問 …カ 2 反語 …ダロウカ、イヤ、…デハナイ

◆「やは」「かは」は反語が多い。

1
④羽根といふ所は、鳥の羽のやうに（連用形）やある。（土佐日記・一月十一日）
⑤いにしへもかく（副詞）やは人の惑ひけむ（源氏物語・夕顔）
⑥何を（助詞）か奉らむ。（更級日記・物語）
⑦何（体言）かは露を玉とあざむく（古今集・一六五）

2
⑧近き火などに逃ぐる人は、しばしと（助詞）や言ふ。（徒然草・五九段）
⑨をかしなど世の常に言ふべく（連用形）やはある。（枕草子・木の花は）
⑩あとまで見る人ありとは、いかで（副詞）か知らむ。（徒然草・三二段）
⑪何につけて（助詞）かは深き罪も侍らむ。（発心集・巻六ノ七）

④羽根という所は、鳥の羽のような形をしているのか。
⑤昔の人もこのように迷っただろうか。
⑥何を差し上げようか。
⑦どうして露を玉とみせかけてだますのか。
⑧近くの火事などのために逃げる人は、「少し待て。」と言うだろうか、いや、言わない。
⑨おもしろいなどと世間並みに評価することができようか、いや、できない。
⑩あとまで（自分を）見ている人がいるとは、どうして知ろうか、いや、知るはずはない。
⑪何について深い罪がありましょうか、いや、あるはずがございません。

詳解

■「や〈やは〉」「か〈かは〉」の文末用法　参照 p.106・p.109

「や〈やは〉」「か〈かは〉」が文末にあって**疑問**・**反語**を表す場合は、**係助詞**である。（これを終助詞とする説もある。）

・さあらむ所に一人いなむ**や**。（大鏡・道長伝）
そんな所に一人で行けるだろう**か**。〔疑問〕

・月はくまなきをのみ見るもの**かは**。（徒然草・一三七段）
月は曇りなく照りわたっているさまだけを鑑賞するもの**だろうか**、**いや**、そう**ではない**。〔反語〕

■「や」「か」の紛らわしい用法　参照 p.106・p.109

1 文末や句末にあって**詠嘆**を表す「や」は、**間投助詞**である。

・あなめでた**や**。（徒然草・二三六段）
ああすばらしいことよ。

2 文末や句末にあって**詠嘆**を表す「か」は、**終助詞**である。

・静けくも岸には波は寄せける**か**（万葉集・一二三七）
＊係助詞「も」と呼応することが多い。
静かに岸に波が寄せていたことだ**なあ**。

▼係り結びの法則

参照 p.100「ぞ・なむ・こそ」 p.101「や・か」

文は普通、活用語の終止形で言い切るのが原則である。しかし、文中に係助詞があって、強調したり、疑問・反語の意を持たせたりしている場合は、文末に終止形以外の活用形を要求する。

・橋を八つ渡せるによりて、八橋といひけり。〔終止形で言い切る〕

↓

❶橋を八つ渡せるによりて**なむ**、八橋といひ**ける**。〔連体形で言い切る〕（伊勢物語・九段）

文中に係助詞「ぞ」「なむ」「や（やは）」「か（かは）」が用いられている場合は、文末を**連体形**で結び、係助詞「こそ」が用いられている場合は、文末を**已然形**で結ぶ。この呼応のきまりを**係り結びの法則**という。このとき上の係助詞を**係り**といい、呼応する語を**結び**という。

意味	係り	結び	例 夜明く。 夜が明ける。
強意	**ぞ**	**連体形**	夜ぞ明くる。 夜が明ける。
	なむ		夜なむ明くる。 夜が明ける。
疑問 反語	**や（やは）**		夜や明くる。 疑問 夜が明けるか。 反語 夜が明けるだろうか、いや、明けない。
	か（かは）		夜か明くる。 疑問 夜が明けるか。 反語 夜が明けるだろうか、いや、明けない。
強意	**こそ**	**已然形**	夜こそ明くれ。 夜が明ける。

▼疑問・反語を表す副詞の結び

係助詞がなくても、**疑問・反語を表す副詞**（「**など**」「**いかで**」「**いかが**」など）が文中にあるときは、**連体形**で文を結ぶ。

・**など**歌はよまで、むげに離れゐ**たる**。（枕草子・五月の御精進のほど）

どうして歌をよまないで、むやみに離れて座っているのか。 参照 p.118呼応の副詞の種類

▼会話文中の係り結び

1会話文や引用文・挿入句中に係助詞がある場合、**係り結びはその中で成立**。

・「かかる道は、いかで**か**いまする（連体形）。」と言ふを見れば、見し人なりけり（終止形）。（伊勢物語・九段）

「このような（さびしい）道を、どうしていらっしゃるの**か**。」と言う人を見ると、（京で）見知った人であったよ。

2会話文にも地の文にも係助詞がある場合、**係り結びはそれぞれにおいて成立**。

・「露**こそ**あはれなれ（已然形）。」と争ひし**こそ**、をかしけれ（已然形）。（徒然草・二一段）

「露が**いちばん**趣深い。」と言い合ったのは、**たいへん**おもしろかった。

❶橋を八つ渡してあるのにちなんで、八橋といった。

❷並々の人ではなかったと（世間の人は）**言ったそうだ**。

▼係り結びの留意点

1 結びの省略

係助詞「ぞ」「なむ」「や」「か」「こそ」が文中にあっても、文脈から判断して類推できる言葉が結びになる場合は、結びの語（語句）を省略することがある。これを**結びの省略**という。省略された語（語句）は次のパターンで補うことができる。

参照 p.32 補助動詞の見分け方
p.65「なり」「たり」の連用形

1 引用の格助詞「と」＋係助詞 ➡「言ふ」「聞く」「思ふ」など

❷ ただ人にはあらざりけるとぞ。〔言ひける〕（徒然草・一八四段）

2 断定の助動詞「なり」の連用形「に」＋係助詞 ➡ 補助動詞「あり」「侍り」など

❸ 我ばかりかく思ふにや。〔あらむ〕（徒然草・七一段）

2 結びの流れ

係助詞「ぞ」「なむ」「や」「か」「こそ」が文中にあっても、結びとなるべき語に接続助詞が付くなどして文が続き、文末にならない場合、係り結びの法則は成立しない。これを**結びの流れ**または**結びの消滅**という。

❹ たとひ耳鼻**こそ**切れ失《う》すとも、命ばかりはなどか生きざらむ。（徒然草・五三段）

「こそ」を受けて結びが「切れ失すれ。」になるはずが、終止形接続の接続助詞「とも」が付いて下に続いたため、係り結びが流れて「切れ失すとも」となった。

3「こそ」―已然形の逆接用法

「こそ」―已然形で文が終わらず、さらに下に続くときは、**逆接**の意味（……ケレドモ）になる。この用法を**逆接強調**ということもある。

❺ 中垣**こそ**あれ、一つ家のやうなれば、望みて預かれるなり。（土佐日記・二月十六日）

❸ 私だけがこのように思うの**だろうか**、いや、**そんなことはない**。

❹ たとえ耳や鼻は切れてなくなっても、命だけはどうして助からないことがあるだろうか、いや、命は助かるだろう。

❺ 中隔ての垣根はある**けれども**、一つ屋敷みたいなものだから、（先方が）望んで（この家を）預かったのだ。

▼省略された結びの語の補い方

	文末	省略された語（語句）の例
パターン1	とぞ となむ とや とか	**言ふ 聞く 思ふ** 言はむ 言ひける など **連体形**
	とこそ	**言へ 聞け 思へ** 言はめ 言ひけれ など **已然形**
パターン2	にぞ になむ にや にか	**ある 侍る 候ふ** あらむ ありける など **連体形**
	にこそ	**あれ 侍れ 候へ** あらめ ありけれ など **已然形**

＊文脈から判断し、助動詞を伴った形で補うことも多い。

確認問題

一 次の傍線部の意味を後から選べ。

1 我も我もとつかうまつり給ふ。（源氏物語・澪標）［　］
我も我もとお供し申し上げなさる。

2 「これなむ都鳥。」と言ふを聞きて、（伊勢物語・九段）［　］
「これが（有名な）都鳥だ。」と言うのを聞いて、

3 もののつき給へるか。（宇治拾遺物語・三八）［　］
怪しげな霊がとりつきなさったか。

4 遅れて来る人もぞある。（宇治拾遺物語・九六）［　］
遅れて来る人がいるといけない。

ア 並列　イ 強意　ウ 疑問　エ 反語　オ 不安

二 次の傍線部の係助詞の結びの語を抜き出し、活用形を答えよ。

1 はるばるきぬる旅をしぞ思ふ（伊勢物語・九段）［　・　］
はるばるやって来た旅をしみじみと思うことだよ。

2 折に合ひたることなむ、言ひがたき。（枕草子・村上の先帝の御時に）［　・　］
その場その時にぴったり合っている言葉は、容易に言えないものだ。

3 この鏡には、文《ふみ》や添ひたりし。（更級日記・鏡のかげ）［　・　］
この鏡には、願文が添えてあったか。

4 鳶《とび》のゐたらむは、何かは苦しかるべき。（徒然草・一〇段）［　・　］
鳶がとまっているようなのは、何の不都合があろうか、いや、ない。

5 かうこそ燃えけれと、心得つるなり。（宇治拾遺物語・三八）［　・　］
このようにこそ燃えるものだったのだなあと、悟ったのだ。

三 次の〔　〕内の語を、適当な活用形に改めよ。

1 恋ひつつぞ〔経《ふ》〕（伊勢物語・九段）［　］
恋しく思い続けて日を過ごしています。

2 歌をなむよみて出だしたり〔けり〕。（伊勢物語・二四段）［　］
歌をよんで（男に）差し出してしまった。

3 とみにやは宣旨《せんじ》下させ給ひ〔き〕。（大鏡・道長伝）［　］
すぐに（関白の）宣旨をお下しになっただろうか、いいえ、お下しにならなかった。

4 いとこそ〔めでたし〕。（十訓抄・第一）［　］
全くもってすばらしい。

四 次の傍線部の係助詞の結びについて、消滅している場合は「消滅」と答え、省略されている場合には省略された語（語句）を補え。

1 火もとは、樋口富小路《ひぐちとみのこうぢ》とかや。（方丈記・安元の大火）［　］
火元は、樋口富小路とかいうことだよ。

2 さこそ貧しけれど、おちぶれたる振る舞ひなどはせざりければ、さすがに人いやしむべきことなし。（発心集・巻六ノ七）［　］
そんなにも貧しいけれども、おちぶれた振る舞いなどはしなかったので、貧しいと言ってもやはり人々が（永秀を）軽蔑するはずはない。

3 ひとりありかむ身は、必ず心すべきことにこそ。（徒然草・八九段）［　］
一人で歩きまわるような者は、用心しなければならないことである。

5 終助詞

文末にあって、種々の語に付き、禁止・願望・詠嘆・念押しなどの意味を添える助詞を、**終助詞**という。

な

接続		意味	訳
動詞型活用語の**終止形**〈ラ変は**連体形**〉	な	1 禁止	…ナ

参照 p.154識別

1 ❶あやまちす（終止形）**な**。心して降りよ。（徒然草・一〇九段）

❷我まつ椿《つばき》吹かざる（連体形）**な**（万葉集・七三）

そ

接続		意味	訳
動詞の**連用形**〈カ変・サ変は**未然形**〉	そ	1 禁止	…ナ・…ナイデクレ

参照 p.119呼応の副詞の種類

◆副詞「な」を受けて、「な―そ」の形で用いられる。

1 ❸もの知らぬこと、なのたまひ（四段・連用形）**そ**。（竹取物語・昇天）

❹孝の子ならずは、な出で来《こ》（カ変・未然形）**そ**。（宇津保物語・俊蔭）

❺便《びん》なきこと。かくなせ（サ変・未然形）**そ**。（大鏡・道長伝）

ばや

接続		意味	訳
未然形	ばや	1 自己の願望	…タイ

参照 p.160識別

1 ❻世の中に物語といふもののあんなるを、いかで見（未然形）**ばや**と思ひつつ、（更級日記・門出）

なむ

接続		意味	訳
動詞・助動詞の**未然形**	なむ	1 他に対する願望	…テホシイ

参照 p.155識別

1 ❼「惟光《これみつ》、とく参ら（未然形）**なむ**。」とおぼす。（源氏物語・夕顔）

---

❶あやまちをする**な**。注意して降りよ。
❷私を待つ松や椿を吹き忘れる**な**。
❸もののわからないことを、おっしゃる**な**。
❹（私が）親孝行の子でないなら、出て来**ないでくれ**。
❺不都合なことだ。こんなことをし**ないでくれ**。
❻世の中に物語というものがあるそうだが、それをなんとかして見**たい**と思い続け、
❼「惟光が、早く参上して**ほしい**。」とお思いになる。

▼**終助詞の分類**

禁止	な　（な）―そ
願望	ばや　なむ　しが（しか）　もがな・がな　てしが・てしがな（てしか・てしかな）　にしが・にしがな（にしか・にしかな）
詠嘆	な　か・かな　は　よ
念押し	かし　ぞ

▼**禁止の「な」と「な―そ」の違い**

な	他に命令する禁止「……テハイケナイ」
な―そ	他に依頼する禁止「……テクレルナ」

しが・てしが・てしがな・にしが・にしがな

参照 p.151識別

接続			
連用形	しが てしが・てしがな にしが・にしがな	1 自己の願望	…タイモノダ

1 ❶甲斐《かひ》が嶺《ね》をさやにも見（連用形）しが　（古今集・一〇九七）

❷いかでこのかぐや姫を得（連用形）てしがな、見（連用形）てしがなと、　（竹取物語・おひたち）

❸伊勢《いせ》の海に遊ぶ海人《あま》ともなり（連用形）にしが　（後撰集・八九二）

もがな・がな

参照 p.110「もが・もがも」

接続			
種々の語	もがな がな	1 願望	…ガアレバナア・…トイイノニナア ◆実現を期待する意。

1 ❹いかでとく京へ（助詞）もがな。　（土佐日記・一月十一日）

❺あつぱれ、よからうかたき（体言）がな。　（平家物語・木曽最期）

な

参照 p.154識別

接続			
文末	な	1 詠嘆	…ナア・…ヨ・…コトヨ

1 ❻まろが丈《たけ》過ぎにけらし（終止形）な　（伊勢物語・二三段）

か・かな

参照 p.101詳解

接続			
体言 連体形	か かな	1 詠嘆	…ナア ◆係助詞「も」と呼応することが多い。

1 ❼苦しくも降りくる雨（体言）か　（万葉集・二六五）

❽限りなく遠くも来にける（連体形）かな。　（伊勢物語・九段）

▼「てしがな・にしがな・もがな」の成り立ち

- てしがな➡て＋しが＋な
- にしがな➡に＋しが＋な
- もがな　➡もが＋な

「て」は完了の助動詞「つ」の連用形
「に」は完了の助動詞「ぬ」の連用形
「もが」は上代の終助詞（➡p.111）
「な」は詠嘆の終助詞

▼「しか・てしか・てしかな・にしか・にしかな」

「しが・てしが・てしがな・にしが・にしがな」は、古くは「しか・てしか・てしかな・にしか・にしかな」と清音であった。

❶甲斐の山をはっきりと見**たいものだ**。
❷なんとかしてこのかぐや姫を手に入れ**たいものだ**、妻にし**たいものだ**と、
❸伊勢の海で遊ぶ海人にもなり**たいものだ**。
❹なんとかして早く都へ着く**といいのになあ**。
❺ああ、適当な敵**がいればなあ**。
❻私の背丈はもう井筒の高さを越えてしまったにちがいない**よ**。
❼苦しくも降ってくる雨だ**なあ**。
❽限りなく遠くまでやって来たものだ**なあ**。

は

接続		意味	訳
体言・連体形	は	1 詠嘆	…ヨ・…コトヨ・…ナア

1 ⑨ いとことわりなりつる(連体形)は。 (蜻蛉日記・天暦九年九月)

よ

接続		意味	訳
体言・文末	よ	1 詠嘆	…ヨ・…ナア
		2 呼びかけ	…ヨ

1 ⑩ 者はいみじき臆病《おくびやう》の者(体言)よ。 (今昔物語集・巻二八ノ四二)

2 ⑪ 少納言(体言)よ、香炉峰《かうろほう》の雪いかならむ。 (枕草子・雪のいと高う降りたるを)

かし

接続		意味	訳
文末	かし	1 念押し	…ヨ・…ゾ

1 ⑫ いま一度起こせ(命令形)かし。 (宇治拾遺物語・一一二)

参照 p.100

ぞ

接続		意味	訳
体言・連体形	ぞ	1 念押し	…ヨ・…ゾ

1 ⑬ ただいま名のるは大将軍(体言)ぞ。 (平家物語・木曽最期)

詳解

■「ぞ」+「かし」

終助詞「ぞ」に終助詞「かし」が付いて「**ぞかし**」という形になると、**より強く念を押す意**を表す。

● いみじうものは思ひ知り給へりし**ぞかし**。 (源氏物語・若紫)

(姫君は)たいそう物事を理解していらっしゃいました**のよ**。

---

⑨ (あなたが言うことは)しごくもっともです**よ**。
⑩ そいつはひどい臆病者だった**よ**。
⑪ 少納言**よ**、香炉峰の雪はどうだろう。
⑫ もう一度起こしてくれ**よ**。
⑬ ただ今名のるのは大将軍(木曽殿)だ**ぞ**。

▼ **「よ」「ぞ」の分類**

終助詞「よ」を間投助詞に、「ぞ」を係助詞に分類する説もある。

▼ **詠嘆の終助詞「ものを」**

詠嘆の終助詞に「ものを」がある。文末にあって連体形に接続する。 参照 p.91詳解

▼ **強い詠嘆を表す「はや」**

終助詞「は」は間投助詞「や」と結び付いた「**はや**」という形で**強い詠嘆**を表す。

● ねもころに嘆かして、「あづま**はや**。」とのり給ひき。 (古事記・景行天皇)

しみじみとため息をおつきになって、「わが妻**よ**。」とおっしゃった。

確認問題

一 次の傍線部の終助詞の意味を後から選べ。

1 この箱をかたみに見給へ。あなかしこ、あけ給ふな。（俊頼髄脳・水の江の）
この箱を形見として御覧なさい。決して、お開けになるな。〔　〕

2 あはれに悲しきことなりな。（大鏡・花山院）
しみじみと心痛む悲しいことですね。〔　〕

3 月な見給ひそ。（竹取物語・嘆き）
月を御覧になるな。〔　〕

4 今井が行方を聞かばや。（平家物語・木曽最期）
今井の行方を聞きたい。〔　〕

5 とく立ち給はなむ。（枕草子・宮に初めて参りたるころ）
早く（伊周様に席を）お立ちになってほしい。〔　〕

6 さても候ひてしがな。（伊勢物語・八三段）
このままおそばにお仕えしたい。〔　〕

7 あさましきことかな。（宇治拾遺物語・三八）
驚きあきれたことだなあ。〔　〕

8 これこそせうとくよ。（宇治拾遺物語・三八）
これこそもうけものよ。〔　〕

9 ぬしの御年は、おのれにはこよなくまさり給へらむかし。（大鏡・序）
あなたのお年は、私よりずっと上でいらっしゃるでしょうよ。〔　〕

10 互ひによいかたきぞ。（平家物語・木曽最期）
互いに不足ない敵だぞ。〔　〕

ア 禁止　イ 自己の願望　ウ 他に対する願望
エ 詠嘆　オ 呼びかけ　カ 念押し

二 次の傍線部を口語訳せよ。

1 これを見るは、うれしな。（更級日記・鏡のかげ）
これを見るのは、〔　〕。

2 あなかま、人に聞かすな。（更級日記・大納言殿の姫君）
ああ静かに、〔　〕。

3 何か射る。な射そ、な射そ。（大鏡・道長伝）
どうして射るのか。〔　〕。

4 あはれ、食はばや、食はばや。（沙石集・巻八ノ一一）
ああ、〔　〕。

5 いつしか梅咲かなむ。（更級日記・梅の立ち枝）
早く〔　〕。

6 ほととぎす無かる国にも行きてしか（万葉集・一四六七）
ほととぎすがいない国にも〔　〕。

7 心に任せてもありにしがな。（栄花物語・巻一）
思うがままに〔　〕。

8 紅葉を焚《た》かむ人もがな。（徒然草・五四段）
紅葉を焚いてくれるような〔　〕。

9 めづらしくうれしき目を見つるかな。（源氏物語・野分）
めったになく〔　〕。

10 かの花は失せにけるは。（枕草子・関白殿二月二十一日に）
あの花は散り〔　〕。

11 ありがたかりし人の御心ばへなりかし。（源氏物語・御法）
めったにない紫の上の（すぐれた）〔　〕。

12 これは、人の食ひつれば死ぬるものぞ。（沙石集・巻八ノ一一）
これは、人が食べると必ず〔　〕。

6 間投助詞

文中、または文末にあって、語調を整えたり、詠嘆・呼びかけなどの意味を添えたりする助詞を、**間投助詞**という。

や

接続			
文中 文末	や	1 詠嘆・整調 2 呼びかけ	…ヨ

参照 p.101詳解

1 ❶ほととぎす鳴く**や**五月《さつき》のあやめぐさあやめも知らぬ恋もするかな　（古今集・四六九）

2 ❷あが君**や**、いづ方にかおはしましぬる。　（源氏物語・蜻蛉《かげろふ》）

参照 p.161識別

を

接続			
文中 文末	を	1 詠嘆・整調	

1 ❸春の野にすみれ摘《つ》みにと来《こ》し我ぞ野**を**なつかしみ一夜《ひとよ》寝にける　（万葉集・一四二八）

❹ただこなたにて**を**召せ。　（大鏡・師輔伝）

❶ほととぎすが（来て）鳴く五月の（節句に飾る）菖蒲《あやめぐさ》、そのあやめという言葉のように、物事のあやめ――筋道もわからなくなるような（無我夢中の）恋もすることだなあ。
❷わが君**よ**、どこへ行っておしまいになったのか。
❸春の野にすみれを摘みにと来た私は、野に心引かれるので一晩寝てしまったことだ。
❹すぐにここでお呼び戻しなさってください。

▼**切れ字の「や」**

俳諧に用いられる切れ字の「や」は、**間投助詞**である。

・閑《しづ》かさ**や**岩にしみ入る蟬の声　（奥の細道・立石寺）

夕暮れの立石寺の静かさ**よ**。蟬の声までも岩にしみ入っていくように思われる。

確認問題

一 次の傍線部の間投助詞の意味を後から選べ。

1 いで、あなをさなや。　（源氏物語・若紫）［　］
なんとまあ、子供っぽいことよ。

2 吾妹子《わぎもこ》や吾《あ》を忘らすな　（万葉集・三〇三二）［　］
いとしい人よ、私をお忘れにならないでください。

3 いかでなほ少しひがこと見つけてをやまむ　（枕草子・清涼殿の丑寅《うしとら》の隅の）［　］
どうにかしてやはり少しでも誤りを見つけて終わりにしよう。

ア 詠嘆・整調　**イ** 呼びかけ

7 上代の助詞

1 格助詞

つ

接続			
体言	つ	1 連体修飾格	…ノ

1 ❶か青く生ふる　玉藻《たまも》沖(体言)**つ**藻　（万葉集・一三一）

ゆ・よ

接続			
体言	ゆ	1 時間・場所の起点	…カラ
連体形	よ	2 経由する場所	…ヲ通ッテ

参照 p.86「より」

1 ❷み吉野《よしの》の真木《まき》立つ山(体言)**ゆ**見下ろせば　（万葉集・九一三）

❸はしけやし　吾家《わぎへ》の方(体言)**よ**　雲居《くもゐ》立ち来《く》も　（古事記・景行天皇）

2 ❹田子《たご》の浦《うら》(体言)**ゆ**うち出《い》でて見れば真白にそ富士《ふじ》の高嶺《たかね》に雪は降りける　（万葉集・三一八）

❺下野《しもつけの》安蘇《あそ》の河原(体言)**よ**石踏まず空ゆと来《き》ぬよ汝《な》が心告《の》れ　（万葉集・三四二五）

2 終助詞

な

接続			
未然形	な	1 意志・願望・勧誘	…ウ・…タイ・…テホシイ

1 ❻熟田津《にきたつ》に船乗りせむと月待てば潮《しほ》もかなひぬ今は漕ぎ出で(未然形)**な**　（万葉集・八）

参照 p.106「もがな」

もが・もがも

▼**上代の係助詞「そ」「なも」**

1 係助詞「ぞ」は上代では清音の「**そ**」であった。

・流るる涙止め**そ**かねつる　（万葉集・一七八）

流れる涙を止めることができないよ。

2 係助詞「なむ」は「**なも**」という形であった。

・その国の造《みやつこ》、その野に火を**なも**つけたりける。　（古事記・景行天皇）

その国の造は、その野に火をつけたのだった。

参照 p.100「ぞ」「なむ」

❶青々と生えた美しい藻、沖**の**藻。

❷み吉野の真木の立つ山**から**見下ろすと、

❸懐かしいことよ、わが家の方角**から**雲が立ちのぼってくるよ。

❹田子の浦**を通って**出て見ると、真っ白に富士の高嶺に雪が降り積もっていることだ。

❺下野の阿蘇の河原**を通って**、石をも踏まず、空を飛んで来たのだよ。（だから）あなたの本心を言ってください。

❻熟田津で船出をしようと月の出を待っていると、月も出て潮も満ちた。さあ漕ぎ出**そう**。

接続			
体言・助詞 形容詞の**連用形**	**もが** **もがも**	**1願望**	…ガアレバナア・…トイイノニナア

1 ⑦わが妻も絵に描《か》き取らむ暇《いつま》(体言)**もが**旅行く我《あれ》は見つつ偲《しの》はむ （万葉集・四三二七）

⑧君が行く道の長手を繰《く》り畳ね焼き滅ぼさむ天《あめ》の火(体言)**もがも** （万葉集・三七二四）

なも

接続			
未然形	**なも**	**1他に対する願望**	…テホシイ

参照 p.105「なむ」

1 ⑨三輪山《みわやま》をしかも隠すか雲だにも情《こころ》(未然形)あら**なも**隠さふべしや （万葉集・一八）

ね

接続			
未然形 **「な―そ」の下**	**ね**	**1他に対する願望**	…テホシイ

1 ⑩この丘《をか》に　菜摘《つ》ます児《こ》　家聞かな　名告《の》ら(未然形)さ**ね** （万葉集・一）

⑪高円《たかまと》の野辺の秋萩な散りそ(助詞)**ね** （万葉集・二三三）

参照 p.106「かな」

かも

接続			
体言・連体形	**かも**	**1詠嘆**	…ナア・…ヨ

1 ⑫み吉野《よしの》の象山《きさやま》のまの木末《こぬれ》にはここだも騒く鳥の声(体言)**かも** （万葉集・九二四）

も

接続			
文末	**も**	**1詠嘆**	…ナア・…ヨ

1 ⑬夕月夜《ゆふづくよ》心もしのに白露の置くこの庭に蟋蟀《こほろぎ》鳴く(終止形)**も** （万葉集・一五五二）

---

⑦私の妻を絵に描き取る暇が**あればなあ**。(防人として)旅行く私は(その絵を)見ては(妻を)恋い偲ぼう。

⑧あなたが(流されて)行く長い道のりを手操りよせて重ねて焼き滅ぼすような天の火が**あればなあ**。

⑨三輪山をそんなにも隠すことよ。せめて雲だけでも思いやりの心があって**ほしい**。隠し続けてよいものか。

⑩この丘で菜を摘んでいらっしゃる娘さん、家はどこか聞きたい。名前をおっしゃって**ほしい**。

⑪高円の野の秋萩よ、散らないで**ほしい**。

⑫吉野の象山のあたりの木々の梢には、こんなにも鳴き騒ぐ鳥の声だ**なあ**。

⑬夕月の出ている夜に、心もうちしおれるほどに、白露が置くこの庭で、こおろぎが鳴くことだ**よ**。

▼願望の終助詞「か」

上代の願望の終助詞に「か」があり、打消の助動詞「ず」の連体形「ぬ」に付き、「**ぬか**」の形で**他に対する願望**を表す。文中の係助詞「も」と呼応することが多い。

● 二上《ふたかみ》の山にこもれるほととぎす今も鳴か**ぬか**君に聞かせむ （万葉集・四〇六七）

二上山に隠れているほととぎすよ、今すぐ鳴か**ないかなあ**、あなたに聞かせよう。

助詞の総合問題

◆次の文章を読んで、後の問いに答えよ。

心なし《思慮がない》と[a]見ゆる者も[b]、よき一言言ふものなり。ある荒夷《あらえびす》《荒々しい田舎武者》の[1]恐ろしげなるが[2]、かたへに《そばの人に向かって、》会ひて[c]、「御子《おこ》は[d]おはすや《いらっしゃいますか。》。」と問ひしに、「一人も持ち侍《はべ》らず《持っておりません。》。」と答へしかば、「さては《それでは、》、もののあはれは知り給《たま》はじ《人間の情愛はおわかりにならないでしょう。》。情《情味》けなき御心にぞ[3]ものし給ふらむと《のないお心でいらっしゃるだろうと思うと、》、いと恐ろし。子ゆゑにこそ[4]、よろづのあはれは思ひ知らるれ《自然に思い知られる（のです）。》。」と言ひたりし、さもありぬべきことなり《そうであるにちがいないことである。》。恩愛の道ならでは[5]、かかる者の心に慈悲ありなむや[6]。孝養《親孝行》の心なき者も、子持ちてこそ[7]、親の志は思ひ知るなれ。

世を捨てたる人の[8]、よろづにするすみ《無一物である》なるが[9]、なべてほだし多かる《一般に係累の多い》人の、よろづにへつらひ、望み深きを見て、むげに思ひくたすは《むやみに軽蔑するのは、》、ひがことなり《間違いである。》。その人の心になりて思へば[10]、まことに、かなし《いとしい》からむ親のため、妻子のためには、恥をも忘れ、盗みもしつべきことなり。されば、盗人《ぬすびと》を縛《いまし》め、ひがこと《悪事》をのみ[11]罪《罰》せむ《する》よりは[12]、世の人の、飢ゑず、寒からぬやうに、世をば行はまほしきなり《世を治めてほしいものである。》。

出典
徒然草・一四二段

問一 二重傍線部a～dの助詞の種類として適当なものを、次から選べ。 参照 p.81～109

ア格助詞　**イ**接続助詞　**ウ**副助詞
エ係助詞　**オ**終助詞　**カ**間投助詞

a［　］ b［　］ c［　］ d［　］

問二 傍線部1「の」、2「が」の意味を次から選べ。 参照 p.82

ア主格　**イ**連体修飾格　**ウ**同格
エ比喩

1［　］ 2［　］

問三 傍線部3「ぞ」、4「こそ」、7「こそ」について、係り結びの結びの語を抜き出し、その終止形を答えよ。 参照 p.100・102

3［　・　］ 4［　・　］
7［　・　］

問四 傍線部5「では」を、例にならって文法的に説明せよ。 参照 p.94・99

例 と＝引用の格助詞

［　］

問五 傍線部6「かかる者の心に慈悲ありなむや。」から助詞をすべて抜き出し、順に答えよ。 参照 p.82・84・101

［　］

問六 傍線部8「の」、9「が」の意味を、**問二**の選択肢から選べ。 参照 p.82

8［　］ 9［　］

問七 傍線部10「ば」と同じ意味のものを、次の傍線部から選べ。 参照 p.90

ア つれづれ《(源氏は)》なれば、夕暮れのいたう霞みたるに《ひどく霞がかっているのに》まぎれて、かの小柴垣のもとに立ち出で給ふ《お出かけになる。》。（源氏物語・若紫）

イ おどろきて《はっとして》見れば、いみじうをかしげなる《とてもかわいらしい感じの》猫あり。（更級日記・大納言殿の姫君）

ウ 心はなどか《どうして》、賢きより賢きにも移さば移らざらむ《移らないことがあろうか、いや、移すことができる。》。（徒然草・一段）

エ 家にあれば　笥《け》に盛る飯《いひ》を《食器に盛る飯を、》　草枕《くさまくら》　旅にしあれば《旅にいるので》　椎《しひ》の《椎の葉》　葉に盛る《に盛ることだよ。》（万葉集・一四二）

［　］

問八 傍線部11「のみ」の助詞の種類と意味を答えよ。 参照 p.96

［　・　］

問九 傍線部12「より」の意味として適当なものを、次から選べ。 参照 p.86

ア起点　**イ**通過する場所　**ウ**手段・方法
エ比較の基準　**オ**限定　**カ**即時

［　］

第四章 活用のない自立語

1 名詞

参照 p.9体言と用言

自立語で活用がなく、単独で主語となることができる語を、**名詞**という。名詞は**体言**とも呼ばれ、事物の名前を表す働きをする。

1 名詞の種類

名詞は、次の五種類に分けることができる。

1 普通名詞	同じ種類の事物に共通する名称を表す。 〔例語〕雨　空　山　馬　夢　恋　右　上　など
2 固有名詞	地名・人名・書名など、特定のものを表す。 〔例語〕京　江戸　紀貫之《きのつらゆき》　松尾芭蕉《まつをばせう》　源氏物語《げんじ》　など
3 数詞	事物の数量や順序などを表す。 〔例語〕二丈　三つ　四日　五十人　など
4 代名詞	人や事物を直接に指し示し、その名の代わりに用いる。 〔例語〕われ　なんぢ　それ　など
5 形式名詞	具体的な意味を失って、形式的な意味を表す。単独では意味が抽象的なので、上に連体修飾語を必要とする。 〔例語〕こと　もの　ため　とき　まま　ところ　など

▼**名詞への転成**

名詞には、他の品詞から転成してできた語もある。

1 動詞	遊び　教へ　霞《かすみ》　光《ひかり》
2 形容詞	多く　近く
3 感動詞	あはれ

▼**本数詞と助数詞**

数詞は数を表す部分と数量や単位を表す部分とに分けることができる。このうち、「二」「三」など数を表す部分を本数詞、「丈」「つ」「日」「人」など数量や単位を表す部分を助数詞ということがある。助数詞は数える対象物によってさまざまな種類があり、日本語の特色の一つともなっている。

2 代名詞の種類

代名詞は、次の三種類に分けることができる。

1 人代名詞（人称代名詞）

自称（一人称）	対称（二人称）	他称（三人称）近称	他称（三人称）中称	他称（三人称）遠称	不定称
あ　あれ わ　われ おのれ それがし	な　なれ　ぬし なんぢ　きんぢ 御身　おのれ いまし　みまし	こ これ	そ それ	か　かれ あ　あれ	た　たれ なにがし それがし

2 指示代名詞

	近称	中称	遠称	不定称
事物	こ　これ	そ　それ	か　かれ　あ　あれ	いづれ　なに
場所	ここ	そこ	あそこ　かしこ	いづこ　いづく　いづら
方向	こち　こなた	そち　そなた	あち　あなた　かなた	いづち　いづかた　いづら

3 反照代名詞

人称に関係なく、その人自身やそのもの自体を指し示す。

❶**おのれ**を知るを、もの知れる人と言ふべし。（徒然草・一三四段）

〔例語〕　おのれ　おの　みづから　身　など

文語の代名詞

「この」「その」などは口語では一語の連体詞であるが、文語では指示代名詞「**こ**」「**そ**」に格助詞「**の**」が付いた二語として扱う。ただし、口語訳するときは「この」「その」と訳してよい。

● **こ**は、なでふことのたまふぞ。（竹取物語・嘆き）

これは、なんということをおっしゃるのか。

● **こ**のほど三日、うちあげ遊ぶ。（竹取物語・おひたち）

このとき三日間、盛大に歌舞の宴を開く。

❶**自分自身**を知る人を、ものの道理をわかっている人と言うべきである。

2 連体詞

自立語で活用がなく、単独で連体修飾語となって、すぐ下にある体言を修飾する働きだけを持つ語を、**連体詞**という。

〔例語〕 あらゆる（あらゆる）　ありける（以前の・あの）　ありし（昔の・あの）
ありつる（さっきの）　ある（ある）　いはゆる（いわゆる）
いんじ（去る）　来たる（来たる）　させる（さほどの）
さる（去る）　さんぬる（去る）　なでふ（何という）

連体詞「ある」は、動詞「あり」の連体形から転じて、連体修飾語としての用法のみを持つようになった語である。このように、連体詞はすべて他の品詞から転成したものである。

❶九月《ながつき》二十日のころ、**ある**人に誘はれ奉りて、（徒然草・三二段）

▼連体詞への転成

連体詞は、すべて他の品詞から転成してできた。

1 動詞＋助動詞
- いはゆる（「いふ」の未然形＋「ゆ」の連体形）
- いんじ〈いにし〉（「いぬ」の連用形＋「き」の連体形）

2 動詞
- ある（「あり」の連体形）
- さる（「さり」の連体形）

❶九月二十日のころ、（私は）**ある**人にお誘いをいただいて、

確認問題

一 次の文から名詞をすべて抜き出せ。

1 おのれ、かまへて、このことをとどめ侍らむ。（大鏡・時平伝）
私めが、うまく工夫して、このことを止めましょう。　〔　　　〕

2 そのほかは思ひ捨てて、一事を励むべし。（徒然草・一八八段）
そのほかのことは断念して、一つのことに励むべきである。　〔　　　〕

二 次の文から連体詞を抜き出せ。

1 ありける女童《をんなわらは》なむ、この歌をよめる。（土佐日記・一月十一日）
あのいつかの女の子が、この歌をよんだ。　〔　　　〕

2 ありし雀《すずめ》の来るにやあらむ。（宇治拾遺物語・一〇四）
あのいつかの雀が来たのだろうか。　〔　　　〕

3 いんじ安元三年四月二十八日かとよ。（方丈記・安元の大火）
去る安元三年四月二十八日であったろうか。　〔　　　〕

4 いはゆる折り琴・継《つ》ぎ琵琶《びは》これなり。（方丈記・方丈の庵）
いわゆる折り琴・継ぎ琵琶というのがこれである。　〔　　　〕

③ 副詞

自立語で活用がなく、単独で連用修飾語となって、下にくる用言（動詞・形容詞・形容動詞）の意味を詳しく説明したり、限定したりする語を、**副詞**という。

1 副詞の種類

副詞は、次の三種類に分けることができる。

1状態の副詞（様態の副詞・情態の副詞）	動作・作用の状態・ありさまが**どのようか**、詳しく説明する。 ❶**ゆらりと**飛び乗り給ひぬ。（平家物語・能登殿最期） （例語） うらうら（と・に）（うららかに） かく（このように） さ（そのように） しか（そのように） しばし（しばらく） たちまち（に）（突然に） つと（じっと） ふと（さっと）
2程度の副詞	性質・状態・動作の程度が**どれくらいか**、詳しく説明する。 ❷この獅子の立ちやう、**いと**めづらし。（徒然草・二三六段） （例語） あまた（たくさん） いささか（少し） いと（たいへん） いとど（ますます） げに（本当に） ここら（たくさん） すべて（すべて） ちと（ちょっと） よに（実に）
3呼応の副詞（陳述の副詞・叙述の副詞）	打消・仮定・禁止などを表す語句と呼応して、叙述のしかたを限定する。 ❸日**いまだ**暮《く》れず。（奥の細道・立石寺） （例語） ⬇次ページ参照。

▼指示の副詞

状態の副詞のうち、「かく」「かばかり」「さ」「さばかり」「しか」などは、前の言葉をさすことが多いので、**指示の副詞**ということがある。

▼副詞が用言以外を修飾する例

1他の副詞を修飾する。
・**なほ** しばし試みよ。（源氏物語・桐壺）
もうしばらく様子をみよ。

2名詞（体言）を修飾する。
・飴《あめ》を治《ぢ》して、**ただ**一人食ひけり。（沙石集・巻八ノ一一）
飴を作って、ただ一人食べていた。

▼「に」で終わる副詞

「に」の識別のために、語彙を増やしておくとよい。

いかに　うらうらに　げに　さらに
すでに　ただちに　たちまちに　つひに
ひとへに　まさに　もろともに　よに

参照 p.156識別

❶（舟に）**ひらりと**飛び乗りなさった。
❷この獅子の立ち方は、**たいへん**珍しい。
❸日は**まだ**暮れない。

2 呼応の副詞の種類

種類	例語	呼応する語句	口語訳	例文
1 打消	あへて　おほかた　さらに	ず　で なし じ　まじ	全く…ない	❶ほととぎすは、なほさらに言ふべき方なし。（枕草子・鳥は） ❷え答へずなり侍りつ。（徒然草・二四三段）
	たえて　つゆ　よに			
	をさをさ		ほとんど…ない	
	いまだ		まだ…ない	
	あへて		進んでは…ない	
	必ず		必ずしも…ない	
	え	ず　で　じ　まじ	…できない	
	よも	じ　まじ	まさか…ないだろう	
	いさ	知らず	さあ知らない	
2 疑問	いかが　いかで　いかに　なぞ	や　か む　べき　らむ　けむ 連体形	どうして…か	❸などか久しく見えざりつる。（和泉式部日記・四月） ❹いかが問答すべき。（大鏡・伊尹《これまさ》伝）
	など　などか　なに　なんぞ			
	いかが　いかに		どのように…か	
3 反語	あに　いかが　いかで いづくんぞ　なぞ　など などか　なに　なんぞ	や　か む　べき　らむ　けむ 連体形	どうして…か、いや、…ない	❺多くの中には、誤りもなどかなからむ。（玉勝間・四六段）

▼副詞への転成

副詞には、他の品詞から転成してできた語が多い。

1 名詞	いま　つねづね　ときどき
2 動詞＋助詞	かさねて　たえて　かねて　あへて
3 助詞	やは

▼名詞の副詞的用法

時や数量を表す名詞が用言を修飾することもある。これを名詞の副詞的用法という。

・昔、男ありけり。（伊勢物語・九段）
昔、男がいた。

▼疑問・反語を表す副詞と呼応する語

疑問・反語を表す副詞は活用する語の**連体形**と呼応する。したがって、用例❸「つる」、❹「べき」、❺「む」は連体形である。

参照 p.102 疑問・反語を表す副詞の結び

種類	例文	副詞	呼応する語	訳
4 禁止	❻な起こし奉りそ。（宇治拾遺物語・一二） ❼かかること、ゆめ人に言ふな。（和泉式部日記・四月）	な	そ（➡p.105）	…な
		ゆめ ゆめゆめ	な べからず	決して…な
5 仮定	❽もし命ありて帰り上りたらば、そのとき返し得させ給へ。（宇治拾遺物語・九六）	もし	ば	もし…たら
		たとひ	と とも	たとえ…ても
		よし		仮に…ても
6 推量	❾さだめてならひあることに侍らむ。（徒然草・二三六段）	いかばかり	む べし らむ けむ じ まじ	どれほど…だろう
		さだめて		きっと…だろう
		むべ		なるほど…のだろう
7 願望	❿いかでこのかぐや姫を得てしがな、見てしがなと、（竹取物語・おひたち）	いかで なにとぞ	む じ まじ ばや てしがな にしがな もがな がな 命令形	なんとかして…たい・てほしい
		願はくは		願うことには…たい・てほしい
		いつしか		早く…たい・てほしい
8 比況	⓫今はさながら天人も、羽なき鳥のごとくにて、（謡曲・羽衣）	あたかも さながら	ごとし ごとくなり やうなり	まるで…ようだ
9 当然	⓬なんぢ、まさに知るべし。（今昔物語集・巻三ノ六）	すべからく まさに	べし	当然…はずだ

❶ほととぎすは、やはり全く言いようもない（ほどすぐれている）。
❷答えることができなくなってしまいました。
❸どうして長い間姿を見せなかったのですか。
❹どのように問答するのがよいか。
❺多くの説の中には、誤りもどうしてないことがあろうか、いや、あるにちがいない。
❻お起こし申し上げるな。
❼こんなことは、決して人に言うな。
❽もし寿命があって京に帰り上ったなら、そのときお返しください。
❾きっといわれのあることでございましょう。
❿なんとかしてこのかぐや姫を手に入れたいものだ、妻にしたいものだと、
⓫今はまるで天人も、羽のない鳥のようであって、
⓬おまえは、当然知っているはずだ。

4 接続詞

自立語で活用がなく、単独で接続語となって、前の文章や文・文節・語の内容を受けて後につなぐ働きを持つ語を、**接続詞**という。

接続詞は、次のように分けることができる。

1 条件接続〔主に文頭に置く〕	**1 順接**	①よごとに黄金《こがね》ある竹を見つくること重なりぬ。**かくて**、翁やうやう豊かになりゆく。（竹取物語・おひたち） ②我を知らずしてほかを知るといふ理《ことわり》あるべからず。**されば**、おのれを知るを、もの知れる人と言ふべし。（徒然草・一三四段） 〔例語〕かかれば（こうだから）　かくて・かくして（こうして）　さらば（それならば）　されば（そうだから）　しかして（そうして）　しからば（もしそうなら）
	2 逆接	③船出ださずなりぬ。**しかれども**、ひねもすに波風立たず。（土佐日記・二月四日） 〔例語〕かかれども・さりながら・されど・されども・さるを・しかるに・しかれども（しかし）
	1 並列・添加	④ゆく川の流れは絶えずして、**しかも**、もとの水にあらず。（方丈記・ゆく川の流れ）

▼**接続詞への転成**

接続詞は、他の品詞から転成してできたものが多い。

1 副詞	かつ　また　すなはち　さて　なほ　はた
2 動詞＋助詞	ならびに　したがつて
3 副詞＋助詞	かくて
4 名詞＋助詞	ゆゑに　ために

①節の一つ一つに黄金が入った竹を見つけることがたび重なった。**こうして**、翁は次第に裕福になっていく。

②自分を知らないで他人のことがわかるという道理があるはずがない。**だから**、自分自身を知る人を、ものの道理をわかっている人と言うべきである。

③（その日は）船を出さずじまいになった。**それなのに**、一日中波風が立たない。

④流れてゆく川の流れは絶えることがないが、**それでいて**、もとの水ではない。

分類	細分	例文・例語
2 対等接続〔主に文中に置く〕		〔例語〕 および（および）　ならびに（ならびに） また（また）　かつ（かつ）　しかも（それでいて）
	2 選択・対比	❺つれづれなる夕暮れ、**もしは、**ものあはれなるあけぼののなどやうに、（源氏物語・明石） ❻枝の長さ七尺、**あるいは**六尺。（徒然草・二〇二段） 〔例語〕 あるいは・あるは（あるいは）　または（または） もしは・もしくは（もしくは）
	3 同格・言い換え	❼狂人のまねとて大路《おほち》を走らば、**すなはち**狂人なり。（徒然草・八五段） 〔例語〕 すなはち（つまり）　たとへば（たとえば）
3 その他の接続〔主に文頭に置く〕	**1 補足**	❽十月、諸社《しよしや》の行幸《ぎやうかう》、その例も多し。**ただし、**多くは不吉の例なり。（徒然草・二〇二段） 〔例語〕 ただし（ただし）　また（また）
	2 話題転換	❾いとはつらく見ゆれど、こころざしはせむとす。**さて、**池めいてくぼまり、水つける所あり。（土佐日記・二月十六日） 〔例語〕 さて（さて）　そも・そもそも（それにしても）

❺しんみりとしてものさびしい夕暮れ、**もしくは、**しみじみとした夜明けなどのように、
❻枝の長さは七尺、**あるいは**六尺。
❼狂人のまねだといって大通りを走ったなら、**とりもなおさず**狂人なのである。
❽十月、各地の神社への行幸は、その先例も多い。**ただし、**多くは不吉な例である。
❾なんとも薄情だとは思われるけれども、お礼はしようと思う。**さて、**池みたいにくぼんで、水のたまっている所がある。

識別チェック　また

1 位置を移動できる ➡ 副詞
- 今日　また　山を　越え行く。
- また　今日　山を　越え行く。

2 位置を移動できない ➡ 接続詞
- 山　また　山を　越え行く。

5 感動詞

自立語で活用がなく、単独で独立語となって、感動や呼びかけ・応答などの意を表す語を、**感動詞**という。

感動詞は、次の三種類に分けることができる。

1 感動	❶みな荒れにたれば、「**あはれ。**」とぞ人々言ふ。（土佐日記・二月十六日） ❷**いで**、**あな**をさなや。（源氏物語・若紫） 〔例語〕ああ・あつぱれ・あな・あなや・あはれ・あはれや・あはや・あら・はれ（ああ）　いで・いでや（いやまあ）　すは・すはや・や（あっ）
2 呼びかけ	❸**いかに**、殿ばら、殊勝のことは御覧じとがめずや。（徒然草・二三六段） ❹**や**、な起こし奉りそ。（宇治拾遺物語・一二） 〔例語〕いかに・これ・なう・や（もし・もしもし・これ・これこれ）　いざ・いざや・いで（いざ・さあ）
3 応答	❺無期《むご》ののちに、「**えい。**」といらへたりければ、（宇治拾遺物語・一二） ❻**しかしか**、さ侍りしことなり。（大鏡・序） 〔例語〕いさ（さあ）　いさや（さあねえ）　いな・いなや・いや（いや・いいえ）　えい・おう（はい）　しかしか（そうそう・そのとおり）

---

❶みな荒れてしまっているので、「**ああ（ひどい）。**」と人々が言う。
❷**なんと**、**まあ**子供っぽいこと。
❸**もしもし**、みなさん、すばらしいこととは見てお気づきになりませんか。
❹**これ**、お起こし申し上げるな。
❺ずっとあとになって、「**はい。**」と返事をしてしまったので、
❻**そうそう**、そういうことでした。

一 次の傍線部の副詞の種類を、後から選べ。

1 すべていみじう侍り。（枕草子・中納言参り給ひて）
（この扇は）すべてすばらしゅうございます。［　］

2 かねて耳驚かしたる二堂開帳す。（奥の細道・平泉）
以前から評判を聞いて驚いていた二堂が開かれている。［　］

3 いつしか梅咲かなむ。（更級日記・梅の立ち枝）
早く梅が咲いてほしい。［　］

4 この児さめざめと泣く。（沙石集・巻八ノ一二）
この児はさめざめと涙を流して泣く。［　］

ア 状態の副詞　**イ** 程度の副詞　**ウ** 呼応の副詞

二 次の傍線部の副詞と呼応している語（語句）を抜き出せ。

1 つゆたがはざりけり。（大鏡・道長伝）
少しも違わなかった。［　］

2 若き者どもは、え見知らじ。（大鏡・雑々物語）
若い者たちは、（木のよしあしを）弁別できまい。［　］

3 さらにこと欠くまじ。（発心集・巻四）
決して事欠くまい。［　］

4 いかに思ふらむと、わびし。（枕草子・二月つごもりごろに）
今ごろはどのように評価しているだろうかと思うと、つらい。［　］

5 そらにいかでかおぼえ語らむ。（更級日記・門出）
暗記して話すことがどうしてできようか、いや、できはしない。［　］

6 ゆめゆめ人に語るべからず。（宇治拾遺物語・九二）
決して他人に語ってはならない。［　］

7 願はくは花のもとにて春死なむ（山家集・七七）
願うことには、桜の花の下で春に死のう。［　］

三 次の傍線部の接続詞の意味を、後から選べ。

1 いと興あることなり。さらば、行け。（大鏡・道長伝）
たいへんおもしろいことだ。それでは、行け。［　］

2 川中へ落ち入りぬ。されどもちつとも水におぼれず、（平家物語・咸陽宮）
川の中へ落ち込んでしまった。しかし少しも水におぼれることもなく、［　］

3 金銀珠玉等の宝、ならびに一国等を給《た》ぶべし。（宇治拾遺物語・九二）
金銀珠玉などの宝、ならびに一国などを、（褒美として）お与えになろうぞ。［　］

ア 順接　**イ** 逆接　**ウ** 並列・添加　**エ** 選択・対比
オ 同格・言い換え　**カ** 補足　**キ** 話題転換

四 次の傍線部の感動詞の種類を、後から選べ。

1 あはれ、しつるせうとくかな。（宇治拾遺物語・三八）
ああ、たいへんなもうけもの（をしたこと）よ。［　］

2 あつぱれ、よからうかたきがな。（平家物語・木曽最期）
ああ、適当な敵がいればなあ。［　］

3 初めよりいなと言ひてやみぬ。（徒然草・一四一段）
初めからいやだと言ってすんでしまう。［　］

4 人の起きぬさきに、いざ給へ。（堤中納言物語・貝合）
人が起きないうちに、さあいらっしゃい。［　］

ア 感動　**イ** 呼びかけ　**ウ** 応答

第五章 敬語

❶ 敬語表現法

話し手（書き手）が、話題の中の人物や聞き手（読み手）に対して、敬う気持ち（**敬意**）を表すために用いる、特別な表現がある。この表現を**敬語表現**といい、用いられる語を**敬語**という。

❶私が彼に**言う**。　　対等な存在である「彼」に「私」が「言う」
❷先生が彼に**おっしゃる**。　目上の存在である「先生」が「彼」に「言う」
❸私が先生に**申し上げる**。　目上の存在である「先生」に「私」が「言う」

「言う」という動作を表す場合に、誰が誰に「言う」のか、つまり、「言う」動作をする人と「言う」動作を受ける人との関係によって、①「言う」、②「おっしゃる」、③「申し上げる」と、表現のしかたを変えている。②は「言う」動作をする「先生」に対する敬意を表して「おっしゃる」と表現し、③は「言う」動作を受ける「先生」に対する敬意を表して「申し上げる」と表現している。

❹私が彼に言い**ます**。

④は「ます」を用いて丁寧な言い方をしている。❺「先生が彼におっしゃい**ます**。」、❻「私が先生に申し上げ**ます**。」と言うこともでき、話題の内容とは関係がない。

このような表現のしかたは、口語だけでなく、文語にも存在する。古文の舞台は身分社会なので、敬語は非常に発達していたが、考え方は口語と同じである。

▼**「話し手」「書き手」「読み手」**

敬語は、言葉を使う人の敬意の表れであるから、会話文の中で敬語が使われていれば、それは「**話し手**」からの敬意ということになる。会話以外の**地の文**であれば、「**書き手**」からの敬意を表す。「**書き手**」とは作者であり、「**読み手**」とは「**読者**」である。

▼**敬語と場面把握**

主語や目的語が省略されていても、敬語によって場面把握が可能になる場合がある。

❼かぐや姫は、（天人に）「ちょっと待って。」と**言う**。
❽（源氏が夕顔に）「経験はおありか。」と**おっしゃる**。
❾「もっともなこと。」と、（お供の）人はみな（源氏に）**申し上げる**。
❿（式部丞が一座の人に）「（女が私に）もっともらしく言い**ます**。」

▼**「謙譲」の捉え方**

本書では、敬語表現を尊敬・謙譲・丁寧に三分類する立場をとっている。謙譲はへり下るという意味なので、「話題の中の動作をする人を低めることによって、動作を受ける人を敬う」と定義することもできるが、古文ではこれにあてはまらない例も多いため、話し手が誰を敬うかに着目して、「話題の中の動作を受ける人を敬う」とした。

❼かぐや姫、(天人ニ)「しばし待て。」と**言ふ**。 (竹取物語・昇天)

❽(源氏ガ夕顔ニ)「ならひ給へりや。」と**のたまふ**。 (源氏物語・夕顔)

❾「さもあること。」と、みな人(源氏ニ)**申す**。 (源氏物語・若紫)

❿(式部丞《しきぶのじょう》ガ一座ノ人ニ)「(女ガ私ニ)むべむべしく言ひ**侍り**。」 (源氏物語・帚木)

⑦が「言ふ」を用いた普通の表現であり、⑧⑨⑩が敬語を用いた表現である。

⑧は「言ふ」という動作をする源氏に対する敬意を表して「のたまふ」(オッシャル)と表現している。⑨は「言ふ」という動作を受ける源氏に敬意を表して「申す」(申シ上ゲル)と表現している。⑩は話題の内容とは関係なく、話し手から聞き手に対する敬意を表して、「侍り」(……マス)を用いて丁寧な言い方をしている。

❷ 敬語表現の種類

敬語表現は、次の三種類に分けることができる。

1 尊敬表現	話し手(書き手)が、話題の中の人物のうち**動作をする人を敬う**表現であり、そのために用いる語を**尊敬語**という。為手《して》尊敬ともいう。
2 謙譲表現	話し手(書き手)が、話題の中の人物のうち**動作を受ける人を敬う**表現であり、そのために用いる語を**謙譲語**という。受け手尊敬ともいう。
3 丁寧表現	話し手(書き手)が、**聞き手(読み手)に対して敬意を表す**表現であり、そのために用いる語を**丁寧語**という。聞き手尊敬ともいう。

▼**敬語表現の図解**

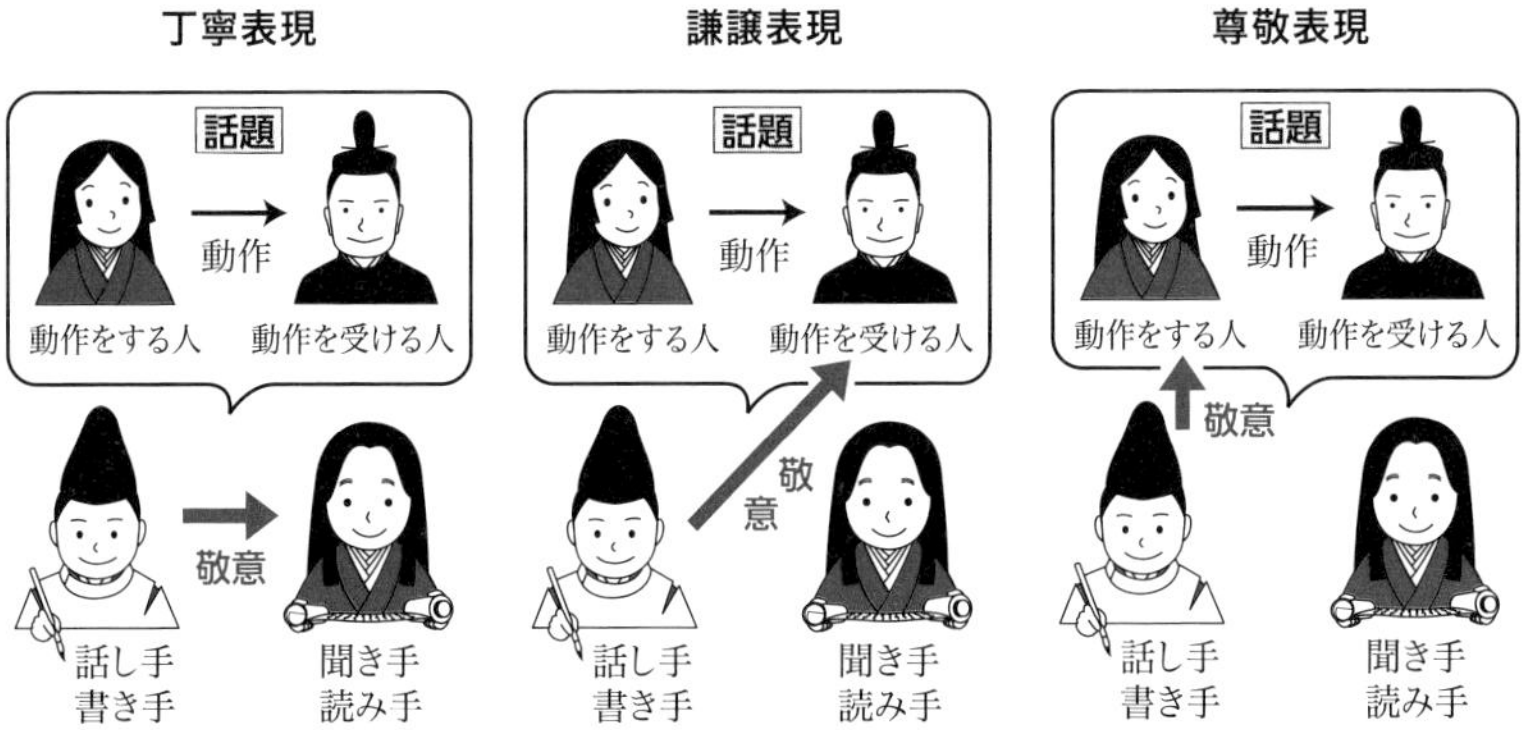

話題の内容に関係なく、話し手の聞き手に対する敬意を表す。

話題の中の動作を受ける人に対する敬意を表す。

話題の中の動作をする人に対する敬意を表す。

3 主要敬語一覧

品詞	基本の語	尊敬語	訳語	謙譲語	訳語	丁寧語	訳語
動詞	あり をり	おはす おはします います ます まします いますかり いでます	いらっしゃる おいでになる	侍り 候ふ	おそばにお控えする	侍り 候ふ	あります おります ございます
動詞	仕《つか》ふ			つかうまつる つかまつる 侍り 候ふ	お仕えする		
動詞	聞く	聞こす 聞こしめす	お聞きになる	承《うけたまは》る	お聞きする		
動詞	言ふ	のたまふ のたまはす 仰《おほ》す	おっしゃる	奏す 啓す 聞こえさす 申す 聞こゆ	申し上げる		
動詞	見る	ごらんず みそなはす	御覧になる				
動詞	思ふ	おぼす おぼしめす おもほす おもほしめす	お思いになる	存ず	存じ上げる		
動詞	来《く》 行く	おはす おはします います ます いでます	いらっしゃる おいでになる	参る まうづ まかづ まかる	伺う 参る 参上する		
動詞	出《い》づ			まかづ まかる	退出する		
動詞	与ふ	給《たま》(賜)ふ(四段) 給(賜)はす 給《た》(賜)ぶ くださる	お与えになる	参る 参らす 奉る 奉らす まつる	差し上げる 献上する		
動詞	受《う》く			給《たま》(賜)はる 給《たま》(賜)ふ(下二段) 承る	いただく		

着る	召《め》す 奉る 食《を》す	お召しになる				
食ふ 飲む	きこしめす 召す 参る 奉る 食《を》す	召し上がる	給ふ(下二段)	いただく		
乗る	召す 奉る	お乗りになる				
治む	しろしめす しらしめす をす	お治めになる				
呼ぶ	召す	お呼びになる				
知る	しろしめす	お知りになる	存ず	存じ上げる		
寝《ぬ》 寝《い》ぬ	大殿籠《おほとのごも》る	お休みになる				
す	あそばす 参る	なさる	つかうまつる つかまつる 参る	してさしあげる いたす		
補助動詞	おはす おはします います ます まします 給ふ(四段)	…ていらっしゃる …でいらっしゃる お…になる …なさる	聞こゆ 聞こえさす 参らす つかうまつる 申す 奉る 給ふ(下二段)	お…申し上げる …てさしあげる …させていただく	侍り 候ふ	…です …ます …でございます
助動詞	る らる す さす しむ	お…になる				
名詞	殿 上 君 御身《おんみ》 宮 行幸		それがし なにがし			
接頭語	御- 大《おほ》- 高《たか》- 貴- 尊- 芳-		拙- 愚- 拝- しや-			
接尾語	-君 -殿 -上 -達		-め -ら -ども			

4 尊敬表現

❶「中村先生が、彼に、そんなことを**おっしゃる**はずがないよ。」

①は、話し手が、聞き手に、「中村先生が、彼に、そんなことを言うはずがないよ。」ということを伝える一文である。「おっしゃる」は「言う」の尊敬語で、会話文に用いられているので、話し手が、話題の中の「言う」という動作をする人〈中村先生〉を敬った表現である。

このように、話し手（書き手）が、話題の中の動作をする人を敬う表現を**尊敬表現**といい、そのために用いられる語を**尊敬語**という。一般に、地の文では書き手〈作者〉が、また、会話文ではその会話の話し手が、それぞれの話題の中の動作をする人を敬っている。

❷かぐや姫、（中納言ノコトヲ）少しあはれと**おぼし**けり。（竹取物語・燕の子安貝）

②は、石上《いそのかみ》の中納言が死んでしまったという話を聞いて、かぐや姫が心を動かしたことを述べた一文である。「おぼし」は「思ふ」の尊敬語で、地の文に用いられているので、書き手〈作者〉が、話題の中の「思ふ」という動作をする人〈かぐや姫〉を敬った表現である。

❸かぐや姫いといたく泣き**給ふ**。（竹取物語・嘆き）

③は、いよいよ昇天しなくてはならない時が近づき、かぐや姫がひどく泣く場面である。「給ふ」は「泣き」という動詞の下に付いた尊敬の補助動詞で、地の文に用いられているので、書き手〈作者〉が、話題の中の「泣く」という動作をする人〈かぐや姫〉を敬った表現である。

▼❶「おっしゃる」の図解

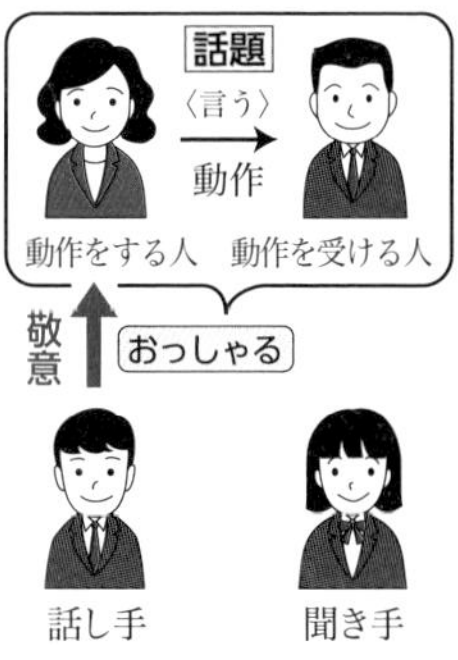

▼❷「おぼし」の図解

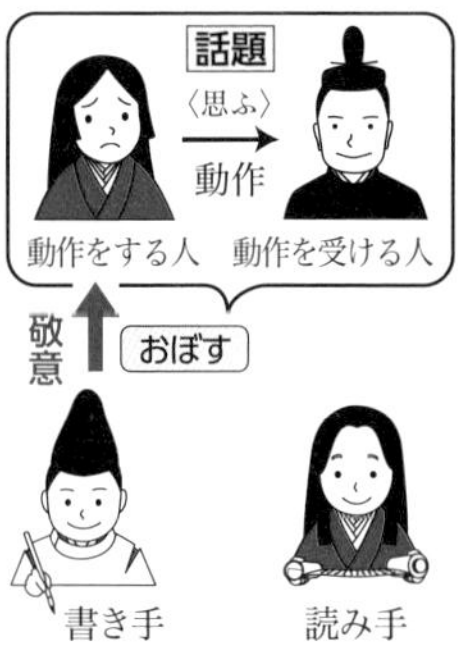

▼❸「給ふ」の図解

5 主な尊敬語

＊ ↓ は誰から誰への敬意かを示す。

おはす
います
おはします

1「あり」「をり」の尊敬語（イラッシャル）
2「来」「行く」の尊敬語（オ出カケニナル・イラッシャル）
3 尊敬の補助動詞（…テイラッシャル）

1 ❹（翁ガかぐや姫ニ）「朝ごと夕ごとに見る竹の中に**おはする**にて、知りぬ。」〔翁↓かぐや姫〕（竹取物語・おひたち）

❺「（右大臣ハ）ここにや**います**。」〔話し手↓右大臣〕（竹取物語・火鼠の皮衣）

❻（僧都ガ尼君タチニ）「今日しも、端に**おはしまし**けるかな。」〔僧都↓尼君たち〕（源氏物語・若紫）

2 ❼ 大将はうち見るままに、立ちて鬼の間の方《かた》に**おはし**ぬ。〔語り手↓大将〕（大鏡・兼通伝）

❽（修行者ガ一行ニ）「かかる道は、いかでか**います**る。」〔修行者↓一行〕（伊勢物語・九段）

❾ 法皇御覧じに**おはしまし**たり。〔作者↓法皇〕（古今集・九二〇詞書）

3 ❿ 左兵衛督《さひやうゑのかみ》の、中将に**おはせ**し、語り給ひし。〔作者↓左兵衛督〕（枕草子・二月つごもりごろに）

⓫（明石の入道ハ）鼻すすりうちして、行ひ**いまし**たり。〔作者↓明石の入道〕（源氏物語・松風）

⓬（帝ハ）ともし火をかかげ尽くして、起き**おはします**。〔作者↓帝〕（源氏物語・桐壺）

のたまふ　**のたまはす**
おほす(仰す)

1「言ふ」の尊敬語（オッシャル）

1 ⓭（翁ガかぐや姫ニ）「こは、なでふことの**たまふ**ぞ。」〔翁↓かぐや姫〕（竹取物語・嘆き）

⓮（頼清ガ永秀ニ）「たよりあらむことは、憚らず**のたまはせ**よ。」〔頼清↓永秀〕（発心集・巻六ノ七）

⓯「影をば踏まで、面をや踏まぬ。」と（道長殿ハ）こそ**仰せ**られけれ。〔語り手↓道長〕（大鏡・道長伝）

ごらんず(御覧ず)

1「見る」の尊敬語（御覧ニナル）

1 ⓰（源氏ハ）ここかしこのありさまなど**御覧ず**。〔作者↓源氏〕（源氏物語・明石）

---

❷ かぐや姫は、（中納言のことを）少し気の毒に**お思いになっ**た。
❸ かぐや姫はとてもひどく**お泣きになる**。
❹（翁がかぐや姫に）「毎朝毎晩見る竹の中に**いらっしゃる**ので、わかった。」
❺「（右大臣は）ここに**いらっしゃる**か。」
❻（僧都が尼君たちに）「今日は、とくに端近くに**いらっしゃっ**たことですね。」
❼ 大将は（兼通殿を）ちらりと見て、そのまま立って鬼の間のほうへ**行っておしまいになっ**た。
❽（修行者が一行に）「こんな（寂しい）道を、どうして**いらっしゃる**のか。」
❾ 法皇が（親王邸に管弦の遊びを）御覧になりに**いらっしゃっ**た。
❿ 左兵衛督で、（当時）中将で**いらっしゃっ**た方が、お話しになった。
⓫（明石の入道は）鼻をすすりすすり、勤行して**いらっしゃる**。

⓬（帝は）灯火をかきたて燃え尽きてしまうまで、起きて**いらっしゃる**。

⓭（翁がかぐや姫に）「これは、なんということを**おっしゃる**のだ。」

⓮（頼清が永秀に）「（私を）頼りにできるようなことがあったら、遠慮なく**おっしゃい**。」

⓯「影など踏まないで、顔を踏まずにおくものか。」と（道長殿は）**おっしゃっ**た。

⓰（源氏は明石の君の住まいの）あちらこちらの様子を**御覧になる**。

きこしめす（聞こし召す）

1「聞く」の尊敬語（オ聞キニナル）
2「食ふ」「飲む」の尊敬語（召シ上ガル）

1 ❶（顕宗ガ）「さは、帝の聞こしめしけるよ。」［顕宗→帝］（十訓抄・第一）

2 ❷（後鳥羽院ハ）御かはらけ、たびたび聞こしめす。［語り手→後鳥羽院］（増鏡・おどろの下）

おぼす（思す）　おぼしめす（思し召す）

1「思ふ」の尊敬語（オ思イニナル）

1 ❸祖父殿《おほぢどの》もうれしとおぼしたりけり。［語り手→祖父殿］（大鏡・道兼伝）

❹（兼平ガ木曽殿ニ）「兼平一人《かねひらいちにん》候ふとも、余の武者千騎《せんぎ》とおぼしめせ。」［兼平→木曽殿］（平家物語・木曽最期）

しろしめす（知ろしめす）　しらしめす（知らしめす）

1「知る」の尊敬語（オ知リニナル）　◆「しろしめす」のみの用法。
2「治む」の尊敬語（オ治メニナル）

1 ❺（兼平ガ敵ニ）「さる者ありとは、鎌倉殿までもしろしめされたるらむぞ。」［兼平→鎌倉殿］（平家物語・木曽最期）

2 ❻今、天皇《すべらぎ》の天《あめ》の下《した》しろしめすこと、四つのとき、九《ここ》のかへりになむなりぬる。［作者→天皇］（古今集・仮名序）

❼樛《つが》の木の　（歴代天皇ガ）いやつぎつぎに　天の下　しらしめししを［作者→歴代天皇］（万葉集・二九）

〔四段〕
たまふ（給ふ・賜ふ）　たぶ（給ぶ・賜ぶ）

1「与ふ」の尊敬語（オ与エニナル・クダサル）
2 尊敬の補助動詞（…ナサル・オ…ニナル）

参照 p.137

1 ❽（親王ガ右馬頭ニ）大御酒給ひ、禄《ろく》給はむとて、つかはさざりけり。［作者→親王］［作者→親王］（伊勢物語・八三段）

❾（道長ガ帝ニ）「『昭慶門まで送れ。』と仰せごと給べ。」［道長→帝］（大鏡・道長伝）

2 ❿天人、「遅し。」と心もとながり給ふ。［作者→天人］（竹取物語・昇天）

⓫（船頭ガ乗客ニ）「（神ガ）うれしと思ひ給ぶべきもの奉《たいまつ》り給べ。」［船頭→神］［船頭→乗客］（土佐日記・二月五日）

▼尊敬表現の敬意の度合い

尊敬表現は、敬意の度合いによって次のような順で用いられる。

1
- **最高敬語の動詞**　例 おはします　おぼしめす　のたまはす
- **動詞＋尊敬の助動詞（す・さす・しむ）＋給ふ**

＞

2
- **尊敬の動詞**　例 おはす　おぼす　のたまふ
- **動詞＋給ふ**

＞

3 **動詞＋尊敬の助動詞（る・らる）**

❶（顕宗が）「さては、帝が**お聞きになって**いたのだよ。」
❷（後鳥羽院は）お杯《さかずき》（のお酒）を、何杯も**召し上がる**。
❸祖父殿もうれしく**お思いになって**いた。
❹（兼平が木曽殿に）「兼平は（ただ）一人おりましても、他の武者千騎（と同じ）と**お思いなさい**。」
❺（兼平が敵に）「このような者がいるとは、頼朝殿までも**ご存じで**いらっしゃるであろうよ。」
❻今、天皇が天下を**お治めになって**から、四季のめぐることは、九度になった。
❼（歴代天皇が）次々に天下を**お治めになった**が、
❽（親王が右馬頭に）お酒を**お与えになり**、褒美を**くださろ**うとして、お帰しにならなかった。

おほとのごもる(大殿籠る)

1「寝《ぬ》」「寝《い》ぬ」の尊敬語（オ休ミニナル）

1 ⑫ 上のおはしまして**大殿籠り**たり。［作者↓上］（枕草子・二月つごもりごろに）

めす(召す)

1「呼ぶ」の尊敬語（オ呼ビニナル）
2「食ふ」「飲む」の尊敬語（召シ上ガル）
3「乗る」の尊敬語（オ乗リニナル）
4「着る」の尊敬語（オ召シニナル）

1 ⑬ （中将ハ）今日も、例の、人々多く**召して**、［作者↓中将］文《ふみ》など作らせ給ふ。（源氏物語・賢木《さかき》）

2 ⑭ 「（アナタガ）朝な朝な**召し**つる土大根《つちおほね》らに候ふ。」［土大根↓聞き手］（徒然草・六八段）

3 ⑮ （上皇ハ）それより御輿《みこし》に**召して**、［作者↓上皇］福原へ入らせおはします。（平家物語・還御）

4 ⑯ （女院ハ）青色の御唐衣《からぎぬ》、蝶をいろいろに織りたりし、**召し**たりし。［作者↓女院］（建礼門院右京大夫集・三詞書）

まゐる(参る)

1「食ふ」「飲む」の尊敬語（召シ上ガル）

参照 p.137

1 ⑰ （内大臣ハ源氏ニ）御かはらけなど勧め、（ゴ自分モ）［作者↓内大臣］**参り**給ふ。（源氏物語・行幸）

たてまつる(奉る)

1「食ふ」「飲む」の尊敬語（召シ上ガル）
2「乗る」の尊敬語（オ乗リニナル）
3「着る」の尊敬語（オ召シニナル）

参照 p.137

1 ⑱ （天人ガかぐや姫ニ）「壺なる御薬**奉れ**。」［天人↓かぐや姫］（竹取物語・昇天）

2 ⑲ 御輦車《てぐるま》に四ところ**奉り**たりしぞかし。［語り手↓四ところ］（大鏡・藤原氏物語）

3 ⑳ （源氏ハ）白き綾《あや》のなよよかなる、紫苑《しをん》色など**奉りて**、［作者↓源氏］（源氏物語・須磨）

あそばす(遊ばす)

1「す」の尊敬語（ナサル）

1 ㉑ 帥殿《そちどの》の、南の院にて、人々集めて弓**遊ばし**しに、［語り手↓帥殿］（大鏡・道長伝）

---

⑨（道長が帝に）「『昭慶門まで送れ。』とご命令を**お与えください**。」
⑩天人は、「遅い。」とじれったがり**なさる**。
⑪（船頭が乗客に）「（神が）うれしいと**お思いになる**はずのものを差し上げ**なさい**。」
⑫帝がいらっしゃって**お休みになって**いる。
⑬（中将は）今日も、いつものように、人々をたくさん**お呼びになって**、漢詩などを作らせなさる。
⑭「（あなたが）毎朝**召し上がって**いた大根らでございます。」
⑮（上皇は）そこから御輿に**お乗りになって**、福原へお入りになる。
⑯（女院は）青色の御唐衣に、蝶を色とりどりに織ってあるのを、**お召しになって**いた。
⑰（内大臣は源氏に）お杯などを勧め、（ご自分も）**召し上がり**なさる。
⑱（天人がかぐや姫に）「壺に入っている御薬を**召し上がれ**。」
⑲御輦車に四人**お乗りになって**いたのだったよ。
⑳（源氏は）白い綾織りで柔らかな下着に、紫苑色の指貫などを**お召しになって**、
㉑帥殿が、南院で、人々を集めて弓の競技を**なさった**ときに、

▼「大殿籠る」の意味

「大殿」は宮殿、邸宅、寝殿の意味であり、その奥に「籠る」ことで、貴人が「寝る」ことを暗示する。身分の高い人の行為を直接表現することなく敬意を表した尊敬語である。

6 謙譲表現

❶「私が、中村先生に、そんなことを**申し上げる**はずがないよ。」

①は、話し手が、聞き手に、「自分が、中村先生に、そんなことを言うはずがないよ。」ということを伝える一文である。「申し上げる」は「言う」の謙譲語で、会話文に用いられているので、話し手が、話題の中の「言う」という動作を受ける人〈中村先生〉を敬った表現である。

このように、話し手（書き手）が、話題の中の動作を受ける人を敬う表現を**謙譲表現**といい、そのために用いられる語を**謙譲語**という。一般に、地の文では書き手〈作者〉が、また、会話文ではその会話の話し手が、それぞれの話題の中の動作を受ける人を敬っている。

❷惟喬《これたか》の親王《みこ》、例の狩りしにおはします供《とも》に、右馬頭《うまのかみ》なる翁**つかうまつれ**り。（伊勢物語・八三段）

②は、惟喬親王が水無瀬に狩りに行くときのことを述べた一文である。「つかうまつれ」は「仕ふ」の謙譲語で、地の文に用いられているので、書き手〈作者〉が、話題の中の「仕ふ」という動作を受ける人〈惟喬の親王〉を敬った表現である。

7 主な謙譲語

まうす（申す）　**1**「言ふ」の謙譲語（申シ上ゲル）　**2**謙譲の補助動詞（オ…申シ上ゲル）

参照 p.133下段

1 ❸（世継ガ繁樹ニ）「まめやかに世継が（アナタニ）**申さ**むと思ふことは、ことごとかは。」（大鏡・序）　世継→繁樹

▼❶「申し上げる」の図解

▼❷「つかうまつれ」の図解

❷惟喬親王が、いつもの狩りにおいでになるお供として、右馬頭である翁が**お仕えし**た。

❸（世継が繁樹に）「真剣に（私）世継が（あなたに）**申し上げ**ようと思うことは、ほかでもありません。」

❹（世継が繁樹に）「本当にまあうれしくも（あなたに）**お会い申し上げ**たことですねえ。」

❺（尼君が少女に）「罪作りなことですよと、いつも**申し上げ**ているのに、情けないこと。」

❻（源氏が葵の上に）「少しおそば近くで**申し上げ**たい。」

2 ❹（世継ガ繁樹ニ）「あはれにうれしくも会ひ（アナタニ）**申し**たるかな。」世継↓繁樹 （大鏡・序）

きこゆ（聞こゆ）
きこえさす（聞こえさす）

1「言ふ」の謙譲語（申シ上ゲル）
2 謙譲の補助動詞（オ…申シ上ゲル）

1 ❺（尼君ガ少女ニ）「罪得ることぞと、常に**聞こゆる**を、心憂《う》く。」尼君↓少女 （源氏物語・若紫）

❻（源氏ガ葵の上ニ）「少し近きほどにて**聞こえさせ**ばや。」源氏↓葵の上 （源氏物語・葵）

2 ❼（明石の君ハ）「（自分ガ紫の上ト）立ち並び**聞こゆる**契り、おろかなりやは。」と思ふ 明石の君↓紫の上 （源氏物語・藤裏葉）

❽（女御ハ帝ノ試験ニ）「つひに負け**聞こえさせ**給はずなりにけり。」話し手↓帝 （枕草子・清涼殿の丑寅の隅の）

そうす（奏す）

1 天皇・上皇に「言ふ」の謙譲語（申シ上ゲル・奏上スル）

1 ❾かぐや姫をえ戦ひ止めずなりぬること、（頭中将ガ帝ニ）こまごまと**奏す**。作者↓帝 （竹取物語・ふじの山）

けいす（啓す）

1 皇后・皇太子などに「言ふ」の謙譲語（申シ上ゲル）

1 ❿（女房ハ）わづらはしうて、宮には、さなむと**啓せ**ず。作者↓宮 （源氏物語・賢木）

まゐる（参る）

1「来」「行く」の謙譲語（伺ウ・参上スル）
2「与ふ」の謙譲語（差シ上ゲル）
3「す」の謙譲語（シテサシアゲル）

参照 p.133下段
参照 p.137

1 ⓫（永秀ガ頼清ニ）「すみやかに**参り**て申し侍るべし。」永秀↓頼清 （発心集・巻六ノ七）

2 ⓬親王《みこ》に、右馬頭《うまのかみ》、大御酒《おほみき》**参る**。作者↓親王 （伊勢物語・八二段）

3 ⓭（聖ガ源氏ニ）加持《かぢ》など**参る**ほど、日高くさし上がりぬ。作者↓源氏 （源氏物語・若紫）

まうづ（詣づ）

1「行く」「来」の謙譲語（伺ウ・参上スル）

1 ⓮強ひて（右馬頭ガ親王ノ）御室《みむろ》に**まうで**て拝み奉るに、作者↓親王 （伊勢物語・八三段）

---

❼（明石の君は）「（自分が紫の上と）肩をお並べ**申し上げる**という宿縁は、並々のことではないのだ。」と思う

❽「（女御は帝の試験に）最後まで**お負け申し上げ**なさらずじまいでした。」

❾（天人と）戦ってかぐや姫をとどめることができなくなってしまったことを、（頭中将が帝に）こまごまと**申し上げる**。

❿（女房は）厄介なので、宮（弘徽殿の大后）には、これこれで（ございます）と**申し上げ**ない。

⓫（永秀が頼清に）「すぐに**参上し**て申し上げるつもりです。」

⓬親王に、右馬頭が、お酒を**差し上げる**。

⓭（聖が源氏に）加持など**してさしあげる**うちに、日が高く上った。

⓮無理に（右馬頭が親王の）ご庵室に**参上し**てお姿を拝み申し上げると、

▼「申す」の特別な用法

口語で「私は中村と申します。」というときの「申す」は、聞き手に敬意を払った表現である。これと同じように、古語の「申す」にも動作を受ける対象ではなく、聞き手に敬意を払った丁寧の用法がある。「参る」「まかる」「つか(う)まつる」などにも同様の用法がある。

- （随身ガ源氏ニ）「かの白く咲けるをなむ夕顔と**申し**侍る。」 （源氏物語・夕顔）
（随身が源氏に）「あの白く咲いている花を夕顔と**申し**ます。」

まかる(罷る)
まかづ(罷づ)

1「出づ」の謙譲語(退出スル)
2「行く」の謙譲語(参ル)

参照 p.133下段

1 ❶憶良《おくら》らは今は**まからむ** (宴席ヲ) 憶良→宴席の人々 (万葉集・三三七)

❷(内親王家ニ)三日候ひて**まかで**ぬ。 作者→内親王 (更級日記・宮仕へ)

2 ❸(かぐや姫ガ翁ニ)「文を置きて**まから**む。」 かぐや姫→翁 (竹取物語・昇天)

❹(僧都ガ源氏ニ)「わづらふこと侍るにより、かく京にも**まかで**ねば、」 僧都→源氏 (源氏物語・若紫)

まゐらす(参らす)

1「与ふ」の謙譲語(差シ上ゲル)
2 謙譲の補助動詞(オ…申シ上ゲル)

1 ❺(中将ガ帝ニ)薬の壺に御文《ふみ》添へて、**参らす**。 作者→帝 (竹取物語・ふじの山)

2 ❻(女院ガ法皇ニ)「かかる御ありさまを見え**参らせ**むずらむ恥づかしさよ。」 女院→法皇 (平家物語・大原御幸)

たてまつる(奉る)
たてまつらす(奉らす)

1「与ふ」の謙譲語(差シ上ゲル)
2 謙譲の補助動詞(オ…申シ上ゲル)

参照 p.137

◆「奉る」のみの用法。

1 ❼(女房ガ)簾《すだれ》少し上げて、花**奉る**めり。 作者→仏 (源氏物語・若紫)

❽中納言参り給ひて、(中宮ニ)御扇**奉らせ**給ふに、 作者→中宮 (枕草子・中納言参り給ひて)

2 ❾(僧ガ別ノ僧ニ)「(児ヲ)な起こし**奉り**そ。」 僧→児 (宇治拾遺物語・一二)

〔下二段〕

たまふ(給ふ・賜ふ)

1「受く」の謙譲語(イタダク)
2 謙譲の補助動詞(…テイタダク・…テオリマス)

参照 p.137

1 ❿(アナタノ)魂は朝夕に**給ふれ**どわが胸痛し恋のしげきに 作者→あなた(相手) (万葉集・三七六七)

2 ⓫(俊成ガ俊恵ニ)「これをなむ、身にとりてはおもて歌と思ひ**給ふる**。」 俊成→俊恵 (無名抄・俊成自賛歌事)

---

❶(私)憶良めは今はもう**退出し**ましょう。
❷(内親王家に)三日間お仕えして**退出した**。
❸(かぐや姫が翁に)「手紙を置いて**参り**ましょう。」
❹(僧都が源氏に)「(私が)病みわずらうことがありますため、このとおり京にも**参り**ませんので、」
❺(中将が帝に)薬の壺にお手紙を添えて、**差し上げる**。
❻(女院が法皇に)「このようなありさまを(法皇に)お見せ**申し上げる**にちがいないということの恥ずかしさよ。」
❼(女房が)簾を少し上げて、(仏に)花を**差し上げている**ようだ。
❽中納言が参上なさって、(中宮に)御扇を**差し上げ**なさるときに、
❾(僧が別の僧に)「(児を)お起こし**申し上げる**な。」
❿(あなたの)お気持ちはいつも**いただいて**いますが、私の胸は痛いのです。恋の思いが絶えないので。
⓫(俊成が俊恵に)「この歌をこそ、自分にとっては代表歌と思って**おります**。」

▼「たまふ」の活用

意味	未然形	連用形	終止形	連体形	已然形	命令形	活用の種類
尊敬	は	ひ	ふ	ふ	へ	へ	四段
謙譲	へ	へ	(ふ)	ふる	ふれ	○	下二段

たまはる（給はる・賜る）

1「受く」の謙譲語（イタダク）

1 ⑫内侍《ないし》の尼《あま》参りつつ、（女院カラ）花がたみをば**給はり**【作者↓女院】けり。（平家物語・大原御幸）

うけたまはる（承る）

1「受く」の謙譲語（イタダク）
2「聞く」の謙譲語（オ聞キスル・伺ウ）

1 ⑬（帝カラ）【作者↓帝】宣旨**承り**てぞ、大臣《おとど》は帰り給ひける。（宇治拾遺物語・一一四）

2 ⑭（聖海上人ガ神官ニ）【聖海上人↓神官】「ちと**承ら**ばや。」（徒然草・二三六段）

つかまつる（仕まつる）
つかうまつる（仕うまつる）

1「仕ふ」の謙譲語（オ仕エスル）
2「す」の謙譲語（イタス・シテサシアゲル）
3謙譲の補助動詞（オ…申シ上ゲル）◆「つかうまつる」のみ。参照 p.133

1 ⑮宮司《みやづかさ》などだにも、（東宮御所へ）【語り手↓東宮】参り**つかまつる**こともかたくなりゆけば、（大鏡・師尹伝）

⑯昔、二条の后に【作者↓二条の后】**つかうまつる**男ありけり。（伊勢物語・九五段）

2 ⑰（兼平ガ木曽殿ニ）【兼平↓木曽殿】「しばらく防き矢**つかまつら**む。」（平家物語・木曽最期）

⑱「千枝《ちえだ》、常則《つねのり》などを召して、（源氏ノ絵ニ）【話し手↓源氏】作り絵**つかうまつらせ**ばや。」（源氏物語・須磨）

3 ⑲（源氏ガ女房タチニ）（斎宮ニ関シテ）心にまかせたること、引き出だし【源氏↓斎宮】**つかうまつる**な。」（源氏物語・澪標）

はべり（侍り）
さぶらふ・さうらふ（候ふ）

1「あり」「をり」の謙譲語（オソバニオ控エスル）
2「仕ふ」の謙譲語（オ仕エスル）参照 p.137

1 ⑳（役人ガ）「たれたれか**侍る**。【役人↓帝】」と問ふこそをかしけれ。（枕草子・殿上の名対面《なだいめん》こそ）

㉑入道殿は（女院ノ）上《うへ》の御局《みつぼね》に【語り手↓女院】**候はせ**給ふ。（大鏡・道長伝）

2 ㉒（かぐや姫ガ翁夫婦ニ）「この国に生まれぬるとならば、嘆かせ奉らぬほどまで**侍ら**【かぐや姫↓翁夫婦】む。」（竹取物語・昇天）

㉓女御・更衣あまた（帝ニ）【作者↓帝】**候ひ**給ひける中に、（源氏物語・桐壺）

---

⑫内侍の尼が参って、（女院から）花籠を**お受けした**。
⑬宣旨を（帝から）**いただい**て、大臣はお帰りになった。
⑭（聖海上人が神官に）「少々**お伺いした**い。」
⑮東宮坊の役人などさえも、（東宮御所へ）参上して**お仕えする**ことも困難になっていくので、
⑯昔、二条の后に**お仕えする**男がいた。
⑰（兼平が木曽殿に）「しばらく防ぎ矢を**いたし**ましょう。」
⑱「千枝、常則などをお呼びよせになって、（源氏の絵に）彩色させ**申し上げ**たいものだ。」
⑲（源氏が女房たちに）「（斎宮に関して）自分勝手なことを、**お引き起こし申し上げる**な。」
⑳（役人が）「誰々が**おそばにお控えし**ているか。」と尋ねるのもおもしろい。
㉑入道殿は（女院の）上の御局に**お控えし**ていらっしゃる。
㉒（かぐや姫が翁夫婦に）「もしも（私が）この国に生まれたというのでしたら、お嘆かせ申し上げないときまで**お仕えし**ましょう。」
㉓女御や更衣が大勢（帝に）**お仕えし**ていらっしゃった中に、

▼「たまはる」の尊敬の用法

中世以降、「与ふ」の尊敬語（クダサル）の用法と、尊敬の補助動詞（…テクダサル）の用法が生まれた。

▼「候ふ」の読み

「候ふ」は、平安時代には「さぶらふ」であったが、鎌倉時代以降は「さうらふ」となった。

8 丁寧表現

❶「私が、彼に、そのことを言います。」

①は、話し手が、聞き手に、「自分が、彼に、そのことを言う。」ということを伝える一文である。「ます」は丁寧の補助動詞で、会話文に用いられているので、話し手が、話題の内容とは関係なく、聞き手を敬った表現である。

このように、話し手（書き手）が聞き手（読み手）を敬う表現を**丁寧表現**といい、そのために用いられる語を**丁寧語**という。

❷「いかなる所にか、この木は**候《さぶら》ひけむ**。」（竹取物語・蓬莱《ほうらい》の玉《たま》の枝《え》）

②は、くらもちの皇子《みこ》が、かぐや姫の課した「蓬莱《ほうらい》の玉《たま》の枝《え》」を持ってきた場面である。「候ひ」は「あり」の丁寧語で、会話文に用いられているので、話し手が聞き手（この場合、翁がくらもちの皇子）を敬った表現である。

丁寧語は、「侍り」と「候ふ」の二語だけである。どちらも会話文や手紙文に用いられることが多いが、鎌倉時代以降の擬古文では、地の文にも用いられる。

9 丁寧語

はべり（侍り）
さぶらふ・さうらふ（候ふ）

1「あり」「をり」の丁寧語（アリマス・オリマス）
2丁寧の補助動詞（…デス…マス…デゴザイマス）

1 ❸左衛門《さいもん》の内侍《ないし》といふ人**侍り**。 作者↓読者 （紫式部日記・日本紀《にほんぎ》の御局《みつぼね》）

❹（作者ガ仏ニ）「物語の多く**候《さぶら》ふ**なる、ある限り見せ給へ。」 作者↓仏 （更級日記・門出）

2 ❺（僧都ガ尼君ニ）「ただ今なむ聞きつけ**侍る**。」 僧都↓尼君 （源氏物語・若紫）

❻（兼平ガ木曽殿ニ）「御馬も弱り**候《さうら》はず**。」 兼平↓木曽殿 （平家物語・木曽最期）

▼❶「ます」の図解

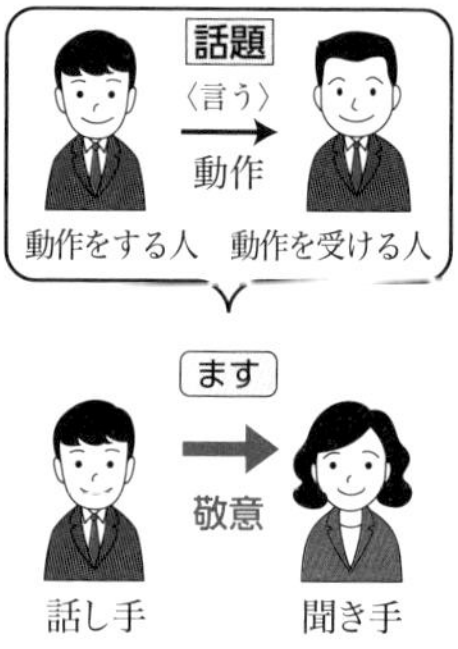

▼❷「候ひ」の図解

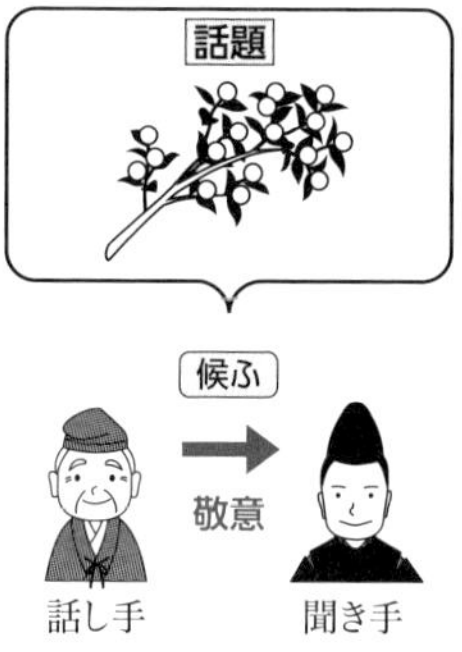

❷「どんな所に、この木は**ございました**のでしょうか。」

❸左衛門の内侍という人が**います**。

❹（作者が仏に）「物語がたくさん**ある**そう**です**が、ある限りすべてお見せください。」

❺（僧都が尼君に）「たった今聞きつけ**ました**。」

❻（兼平が木曽殿に）「御馬も弱ってい**ません**。」

詳解

■二種類の用法を持つ敬語の見分け方

給ふ（補助動詞）

1 四段活用は、**尊敬語**。

2 下二段活用は、**謙譲語**。

①「思ふ」「見る」「聞く」「知る」などの知覚動詞に付くことが多い。

②会話文・手紙文の中で使われる。

③話し手（書き手）自身の動作に付き、聞き手（読み手）を敬う。

④「思ひ出づ」＋「給ふ」➡「思ひ**給へ**出づ」のように、複合動詞の間に入る。

⑤命令形はなく、終止形の用例もほとんどない。

参照 p.130・134

1「をさなき人は、寝入り**給ひ**にけり。」（宇治拾遺物語・一二）

「幼い人は、寝込んでしまわ**れ**たよ。」

2「思ひ**給へ**おきて候ふ。」（源氏物語・乙女）

「計画を**いたし**ております。」

参る

1 身分の高い人が周囲から「差し上げる」ものを「食ふ・飲む」の意味は、**尊敬語**。

2 **1**以外の意味の動詞はすべて、**謙譲語**。

参照 p.131・133

1（大い君ハ）ものもつゆばかり**参ら**ず。（源氏物語・総角《あげまき》）

（大い君は）食べ物をわずかばかりも**召し上がら**ない。

2「かくと案内《あない》申して、必ず**参り**侍らむ。」（大鏡・花山院）

「こういう事情とご報告申し上げて、必ずここへ**参り**ましょう。」

奉る

1 身分の高い人が周囲から「差し上げる」ものを「食ふ・飲む・着る・乗る」の意味は、**尊敬語**。

2 **1**以外の意味の動詞と、すべての補助動詞は、**謙譲語**。

参照 p.131・134

1 宮は、白き御衣《おんぞ》どもに、紅《くれなゐ》の唐綾《からあや》をぞ上に**奉り**たる。（枕草子・宮に初めて参りたるころ）

中宮様は、白い御衣を重ねた上に、紅の唐綾の表着《うわぎ》を**お召しになっ**ている。

2「上には我見せ**奉らむ**。」（源氏物語・初音）

「紫の上には私（源氏）が（鏡餅を）お見せ**申し上げ**よう。」

侍り 候ふ

1 動詞で、身分の高い人に「お仕えする・おそばに控える」の意味は、**謙譲語**。

2 動詞で、「あります・おります・ございます」の意味は、**丁寧語**。

3 補助動詞はすべて、**丁寧語**。

参照 p.135・136

1 故宮《こみや》に**候ひ**し小舎人童《こどねりわらは》なり。（和泉式部日記・四月）

（誰かと思えば、）亡くなった親王に**お仕えし**ていた小舎人童である。

2 いみじき御賭物《かけもの》どもこそ**侍り**けれ。（大鏡・道隆伝）

すばらしい（双六の勝負の）賭け物が**ありました**。

3「年ごろ思ひつること、果たし**侍り**ぬ。」（徒然草・五二段）

「長年念願していたことを、成し遂げ**まし**た。」

一 次の口語動詞を、例にならって、①尊敬表現、②謙譲表現、③丁寧表現に改めよ。

例 言う　①「おっしゃる」　②「申し上げる」　③「言います」
1 見る　①「　」　②「　」　③「　」
2 行く　①「　」　②「　」　③「　」
3 聞く　①「　」　②「　」　③「　」
4 食べる　①「　」　②「　」　③「　」
5 与える　①「　」　②「　」　③「　」

二 次の口語文について、傍線部の敬語の種類を答えよ。

1 日曜の三時にいらっしゃい。「　」
2 ご注文は何になさいますか。「　」
3 お名前は存じ上げております。「　」
4 おじさんにおみやげをいただきました。「　」
5 今日はいい天気ですね。「　」
6 風邪のため欠席します。「　」

三 次の文語の敬語動詞について、①あとのどの語の敬語かを選び、②敬語の種類、③意味を答えよ。

例 います　①「あり」　②「尊敬語」　③「いらっしゃる」
1 おぼす　①「　」　②「　」　③「　」
2 聞こす　①「　」　②「　」　③「　」
3 給ふ　①「　」　②「　」　③「　」
4 まかづ　①「　」　②「　」　③「　」
5 申す　①「　」　②「　」　③「　」
6 召す　①「　」　②「　」　③「　」

あり　与ふ　言ふ　出づ　思ふ　聞く　呼ぶ

四 次の傍線部の敬語について、口語訳の「　」に合わせて意味を答え、敬語の種類を答えよ。

1 惟喬《これたか》の親王《みこ》と申す[例]親王おはしましけり。（伊勢物語・八二段）
惟喬親王と「　」親王が「　」た。
例「申し上げる・謙譲語」「　・　」

2 庭のなでしこつくろはせて御覧ずとて、（とりかへばや物語・巻三）
（尚侍《ないしのかみ》は）庭のなでしこを手入れさせて「　」ということで、
「　・　」

3 世の人、光る君と聞こゆ。（源氏物語・桐壺）
世間の人は、（美しい皇子を）光る君と「　」。
「　・　」

4 親王《みこ》、大殿籠《おほとのごも》ら[1]で明かし給う[2]てけり。（伊勢物語・八三段）
親王は、「　」ないで夜明かし「　」てしまった。
1「　・　」　2「　・　」

5「身の候は[1]ばこそ、仰せごとも承らめ[2]。」（大鏡・道長伝）
（道隆・道兼が帝に）「この身が（無事で）「　」たらこそ、ご命令も「　」ましょう。」
1「　・　」　2「　・　」

6「久しく双六《すぐろく》つかまつら[1]で、いとさうざうしきに、今日あそばせ[2]。」（大鏡・道隆伝）
（道長が伊周《これちか》に）「長い間双六《すごろく》（のお相手）を「　」なくて、まことにもの足りないので、今日は（双六遊びを）「　」。」
1「　・　」　2「　・　」

五 次の傍線部の二種類の用法を持つ敬語について、口語訳の［　］に合わせて意味を答え、敬語の種類を答えよ。

1 こなたにて御果物参りなどし給へど、（源氏物語・薄雲）

（姫君は）こちらの部屋でお菓子を［　］などし［　］が、

例［なさる・尊敬語］　［　・　］

2 「東宮に参りたりつるか。」（大鏡・師尹伝）

（道長が能信《よしのぶ》に）「東宮御所へ［　］ていたのか。」

［　・　］

3 常にはまうでて、もの奉りなどしけり。（宇治拾遺物語・一〇四）

（猟師は僧のもとに）常日ごろ参上して、生活の物資を［　］たりしていた。

［　・　］

4 単《ひとへ》の御衣《おんぞ》ばかりを奉りておはしましけるなめり。（大鏡・藤原氏物語）

（一品の宮は）単のお着物だけを［　］ていらっしゃったようだった。

［　・　］

5 「御供《とも》に人も候はざりけり。」（源氏物語・夕顔）

（管理人が）「（源氏様の）お供に（きちんとした）人も［　］ていないよ。」

［　・　］

6 「笑ひ侮《あなづ》る人も、よも侍ら[1]じと思う給ふる[2]。」（源氏物語・乙女）

（源氏が大宮に）「（夕霧のことを）嘲笑し軽蔑する人も、まさか［　］まいと思っ［　］。」

1［　・　］　2［　・　］

六 次の傍線部を口語訳せよ。

1 帝も大将も、いとあさましくおぼしめす。（大鏡・兼通伝）

帝も大将も、たいそう［　］。

2 やつして、無紋《むもん》を奉れり。（源氏物語・幻）

（源氏は）地味にして、無地のものを［　］。

3 入道殿は、「いづくなりともまかりなむ。」（大鏡・道長伝）

入道殿（道長）は（帝に）、「どこであっても［　］。」

4 「一門の運命はや尽き候ひぬ。」（平家物語・忠度都落）

（忠度が俊成に）「（平家）一門の運命はもう［　］。」

5 「いまだ世にやおはすると、消息《せうそこ》奉らむ。」（増鏡・草枕）

（時頼が家主に）「（私の主人は）まだ［　］と、手紙を［　］。」

6 「常に参り寄ることも候はず。」（平家物語・忠度都落）

（忠度が俊成に）「常に（あなたのもとへ）［　］も［　］（でした）。」

7 かくいづれの道も抜け出で給ひけむは、いにしへも侍らぬことなり。（大鏡・頼忠伝）

この（公任《きんとう》殿の）ように諸道に［　］、昔にも［　］。

8 やや久しく候ひて、いにしへのことなど思ひ出で聞こえけり。（伊勢物語・八三段）

（翁《おきな》は親王のもとに）少し長い間［　］、昔のことなどを思い出して［　］。

⑩ 注意すべき敬語表現

1 二方面に対する敬語

一つの動作について、話し手（書き手）が、動作をする人と動作を受ける人との両方に同時に敬意を表現することがある。これをとくに**二方面に対する敬語**という。普通、**謙譲語＋尊敬語**の語順で表現する。

❶かぐや姫、……いみじく静かに、おほやけに御文《ふみ》**奉り**[1]**給ふ**[2]。（竹取物語・昇天）

1「奉り」は、「与ふ」の謙譲語で、地の文に用いられているので、書き手〈作者〉から、「（文ヲ）与ふ」という動作を受ける人〈おほやけ〉（帝）に対する敬意を表す。

2「給ふ」は、尊敬の補助動詞で、地の文に用いられているので、書き手〈作者〉から、「（文ヲ）与ふ」という動作をする人〈かぐや姫〉に対する敬意を表す。

2 最高敬語

地の文にあって、主として動作をする人が最高階級の人（天皇・皇后・上皇・皇太子・皇子・皇女などの皇族、および高位の貴族）の場合にのみ用いられる敬語を、**最高敬語**という。最高敬語は尊敬語を重ねて用いたもので、**二重敬語**ともいう。

次の二つの表現のしかたがある。

1 最高敬語の敬語動詞	おはします　おぼしめす　きこしめす　しろしめす　賜はす　のたまはす　など
2 尊敬語＋尊敬語	せ＋給ふ　させ＋給ふ　しめ＋給ふ　仰せ＋らる　など

❷上も**聞こしめし**[1]、めで**させ給ふ**[2]。（枕草子・清涼殿の丑寅の隅の）

▼**二方面に対する敬語の図解❶**

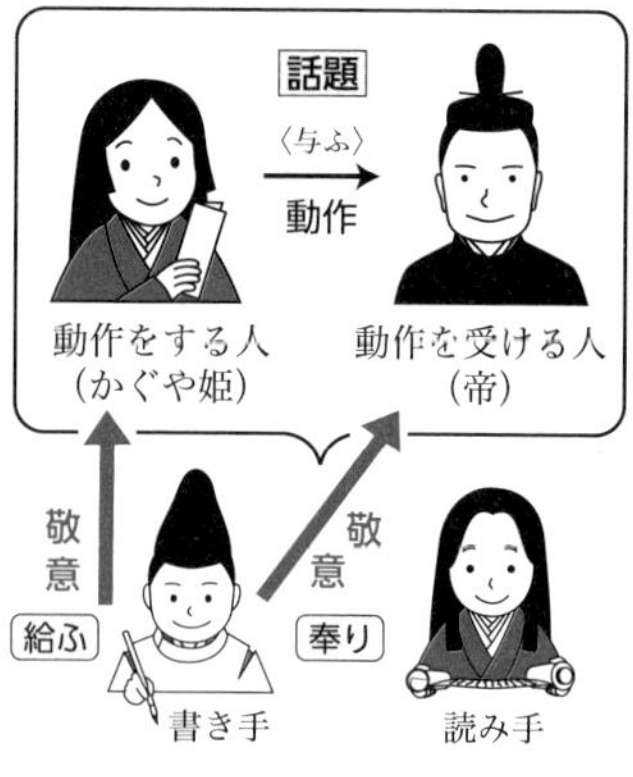

▼**敬語の重なり方**

敬語が複数重なる場合、「謙譲＋尊敬＋丁寧」の順となる。

▼**絶対敬語の名詞**

＊「みゆき」ともいう。

＊**行幸**《ぎやうかう》	天皇がお出かけになること。
＊**御幸**《ごかう》	上皇・法皇・女院がお出かけになること。
行啓《ぎやうけい》	皇后・皇太子・皇太子妃がお出かけになること。
叡覧《えいらん》	天皇・上皇が御覧になること。
天気《てんき》	天皇のご機嫌。（「天機」とも。）
崩御《ほうぎよ》	天皇・上皇・法皇・皇后・皇太后などが亡くなること。

❶かぐや姫は、……たいそう静かに、帝にお手紙を**差し上げなさる**。

1「聞こしめし」は、「聞く」の尊敬語で、地の文に用いられているので、書き手〈作者〉から、「聞く」という動作をする人〈上〉(帝)に対する高い敬意を表す。
2「させ給ふ」は、尊敬の助動詞「さす」に尊敬の補助動詞「給ふ」が付いたもの。地の文に用いられているので、書き手〈作者〉から、「めづ」という動作をする人〈上〉(帝)に対する敬意を表す。

会話文・手紙文では、最高階級以外の人にも最高敬語を用いることがある。

③(兼平ガ木曽殿ニ)「君はあの松原へ入ら**せ給へ**〔兼平→木曽殿〕。」 (平家物語・木曽最期)

3 絶対敬語

参照 p.133「奏す」「啓す」

最高階級の人に対してのみ用いられる特定の敬語を、**絶対敬語**という。絶対敬語の動詞に、「言ふ」の謙譲語の「奏す」「啓す」がある。

- **奏す** 天皇・上皇・法皇に申し上げる
- **啓す** 皇后・中宮・皇太子などに申し上げる

④(命婦ハ)あはれなりつること、忍びやかに**奏す**〔作者→帝〕。 (源氏物語・桐壺)

⑤御前《おまへ》にさへぞ、あしざまに**啓する**〔作者→中宮〕。 (枕草子・職の御曹司の西面の)

4 自敬表現

帝など身分の高い人が、自分の動作に尊敬語を用いたり、相手の動作に謙譲語を用いたりして、自分に対する敬意を表すことがある。これを**自敬表現**(自尊敬語)という。

⑥(帝ガ翁ニ)「この女、もし**奉り**〔帝→帝〕たるものならば、翁に冠《かうぶり》をなどか**給はせ**〔帝→帝〕ざらむ。」 (竹取物語・帝の求婚)

---

②帝も**お聞きになり**、ご称嘆**なさる**。
③(兼平が木曽殿に)「殿はあの松原へ**お入りになりなさい**。」
④(命婦は)しみじみと身にしみて感じたことを、ひそやかに**帝に申し上げる**。
⑤中宮様にまでも、(その人のことを)悪く**申し上げる**。
⑥(帝が翁に)「この女を、もし(宮中に)**差し出し**たなら、翁に位階をどうして**お与えになら**ないことがあろうか、いや、与えるつもりだ。」

▼自敬表現の考え方

自敬表現は、高貴な人が実際に用いた表現とも、作者(書き手)から高貴な話し手への敬意が表れたものとも考えられる。前者の立場から尊大語と呼ばれることもある。口語訳する際は、敬意を省いたほうが話し手の発言らしくなることが多い。

敬語理解の要点

1 敬語の語彙を覚えておく
2 誰からの敬意を表しているか判断
・**地の文**なら…**書き手(作者)**からの敬意
・**会話文** **手紙文**なら…**話し手**・**書き手**からの敬意
3 誰に対する敬意を表しているか判断
・**尊敬語**なら…**動作をする人**への敬意
・**謙譲語**なら…**動作を受ける人**への敬意
・**丁寧語**なら…**聞き手**・**読み手**への敬意

一 次の例文について、後の問いに答えよ。

● 帝は、院の御遺言を、思ひ聞こえ[1]給ふ[2]。（源氏物語・澪標）

1 傍線部の敬語の意味を終止形で答えよ。

1 聞こえ［　　］　**2** 給ふ［　　］

2 次の空欄に入る語を後から選び、記号で答えよ。

1 は［　］にあるので、［　］からの敬意を表す。

2 は［　］にあるので、［　］からの敬意を表す。

ア 地の文　**イ** 会話文　**ウ** 手紙文
エ 帝　**オ** 院　**カ** 作者

3 次の空欄に入る語を後から選び、記号で答えよ。

1 は［　］なので、［　］人への敬意を表す。

2 は［　］なので、［　］人への敬意を表す。

ア 尊敬語　**イ** 謙譲語　**ウ** 丁寧語
エ 動作をする　**オ** 動作を受ける　**カ** 物語を読む

4 例にならって、1～3を整理せよ。

● （源氏ガ三の宮ニ）「いとかしこうおぼしより[例]給へりかし。」（源氏物語・幻）

例 おぼしより［　源氏から三の宮への敬意を表す尊敬語。　］

1 聞こえ［　　］

2 給ふ［　　］

5 一文を口語訳せよ。

［　　］

二 次の傍線部の敬語の種類と、誰から（↓）誰への敬意を表しているかを答えよ。

1 上は（内裏ヲ）まかで[1]させ給ふ[2]。（源氏物語・藤裏葉）

紫の上は（内裏を）退出なさる。

1［　　］［　　↓　　］

2［　　］［　　↓　　］

2 （尼君ガ若紫ニ）「おのれ見捨て奉ら[1]ば、いかで世におはせ[2]むとすらむ。」（源氏物語・若紫）

（尼君が若紫に）「私が（あなたを）お見捨て申し上げて死んだなら、どうやって暮らしていこうとなさるのだろう。」

1［　　］［　　↓　　］

2［　　］［　　↓　　］

3 （大納言ガ）内裏に参り[1]て、御鷹《たか》の失せたるよしを奏し[2]給ふ[3]ときに、帝、ものものたまは[4]せず。（大和物語・一五二段）

（大納言が）宮中に参内して、御鷹がいなくなったことを申し上げなさるときに、帝は、何もおっしゃらない。

1［　　］［　　↓　　］

2［　　］［　　↓　　］

3［　　］［　　↓　　］

4［　　］［　　↓　　］

4 （老尼ガ法皇ニ）「（女院《にょうゐん》ハ）この上の山へ花摘みに入らせ給ひ[1]て候ふ[2]。」と申す[3]。（平家物語・大原御幸）

（老尼が法皇に）「（女院は）この山の上へ花を摘みにお入りになっています。」と申し上げる。

1［　　］［　　↓　　］

2［　　］［　　↓　　］

3［　　］［　　↓　　］

敬意の主体と対象の整理

種類		用例	書き手・話し手	話題：動作をする人	話題：動作	話題：動作を受ける人	読み手・聞き手
尊敬語	地の文	天人、「遅し。」と心もとながり給ふ。（竹取物語・昇天） 天人は、「遅い。」とじれったがりなさる。	作者	天人	心もとながり給ふ		読者
尊敬語	会話文	（翁ガかぐや姫ニ）「こは、なでふことのたまふぞ。」（竹取物語・嘆き） （翁がかぐや姫に）「これは、なんということをおっしゃるのだ。」	翁	かぐや姫	のたまふ	翁	かぐや姫
謙譲語	地の文	昔、二条の后につかうまつる男ありけり。（伊勢物語・九五段） 昔、二条の后にお仕えする男がいた。	作者	男	つかうまつる	二条の后	読者
謙譲語	会話文	（僧ガ別ノ僧ニ）「（児ヲ）な起こし奉りそ。」（宇治拾遺物語・一二） （僧が別の僧に）「（児を）お起こし申し上げるな。」	僧	別の僧	起こし奉り	児	別の僧
丁寧語	地の文	左衛門の内侍といふ人侍り。（紫式部日記・日本紀の御局） 左衛門の内侍という人がいます。	作者	左衛門の内侍	侍り		読者
丁寧語	会話文	（僧都ガ尼君ニ）「ただ今なむ聞きつけ侍る。」（源氏物語・若紫） （僧都が尼君に）「たった今聞きつけました。」	僧都	僧都	聞きつけ侍る		尼君
二方面に対する敬語	地の文	女御・更衣あまた（帝ニ）候ひ[1]給ひ[2]ける中に、（源氏物語・桐壺） 女御や更衣が大勢（帝に）お仕えして[1]いらっしゃっ[2]た中に、	作者（1→帝、2→女御・更衣）	女御・更衣	候ひ[1] 給ひ[2]	帝	読者
二方面に対する敬語	会話文	（船頭ガ乗客ニ）「（神ガ）うれしと思ひ給ぶべきものを奉り[1]給べ[2]。」（土佐日記・二月五日） （船頭が乗客に）「（神が）うれしいとお思いになるはずのものを差し[1]上げ[2]なさい。」	船頭（1→神、2→乗客）	乗客	奉り[1] 給べ[2]	神	乗客

＊青字が敬意の主体、赤字が敬意の対象。

第六章 修辞法

言葉を巧みに用いて、豊かで味わい深い表現を生み出す文章上の技法を、**修辞法**という。主な修辞法には、**枕詞**《まくらことば》・**序詞**《じょことば》・**掛詞**《かけことば》・**縁語**《えんご》・**体言止め**などがある。一首の和歌の中にこれらの修辞が複数使われることも多い。

1 枕詞

下の特定の語にかかる、習慣的、固定的な修飾の言葉を、**枕詞**という。大部分の枕詞は**五音節**からなり、声調を整えたり、荘重さを醸《かも》し出したり、余韻を与えたりする。枕詞はふつう口語訳しない。

❶ **あかねさす**（枕詞）→紫野行き標野《しめの》行き野守《のもり》は見ずや君が袖《そで》振る　（万葉集・二〇）

「あかねさす」は、東の空をあかね色に染めて照り輝く朝日の様子から、太陽や美しいものを連想して、「紫」「日」「昼」「照る」などの語を導き出す。

▼主な枕詞とかかる語

枕詞	かかる語
あかねさす（茜さす）	⬇紫　日　昼
あしびきの（足引きの）	⬇山　峰《を》　尾《を》の上《へ》
あづさゆみ（梓弓）	⬇引く　張る　末
あまざかる（天離る）	⬇日　鄙《ひな》　向かふ
あらがねの（粗金の）	⬇土　地
あらたまの（新玉の）	⬇年　月　日　春
あをによし（青丹よし）	⬇奈良
いさなとり（鯨取り）	⬇海　浜　灘《なだ》
からころも（唐衣・韓衣）	⬇着る　袖《そで》　裾《すそ》
くさまくら（草枕）	⬇旅　結《ゆ》ふ　結ぶ
さざなみの（細波の）	⬇近江　志賀
たたみこも（畳薦）	⬇へ　隔て　平群《へぐり》
たまくしげ（玉匣）	⬇蓋《ふた》　箱　開く
たらちねの（垂乳根の）	⬇母　親
つゆじもの（露霜の）	⬇置く　消ゆ
ちはやぶる（千早振る）	⬇神　社《やしろ》　宇治
ぬばたまの（射干玉の）	⬇黒　夜　闇　夢
ひさかたの（久方の）	⬇天《あめ》　光　月　雲

❶紫草の生える野、御領地の野を行き来して、野の番人は見ないでしょうか、あなたが（そんなに）袖を振（って合図す）るのを。

❷山鳥の垂れた尾のように長い長い夜を、ただ一人で寝ることだろうか。

❸風が吹くと沖の白波が立つ、その竜田山を、夜中にあなたが一人で今ごろは越えているのでしょうか。

❹ほととぎすが（来て）鳴く五月の（節句に飾る）菖蒲《あやめぐさ》、そのあやめという言葉のように、物事のあやめ――筋目もわからないような無我夢中の恋をすることだなあ。

2 序詞《じょことば》(じょし)

下にある語句を導き出すための前置きの語句を**序詞**という。枕詞が固定化しているのに対し、序詞は自由で、即興的、個性的に創作される。ふつう七音節以上からなり、表現内容に具体的なイメージを与える。歌の主意には関わらないが、ふつう序詞は口語訳する。

序詞による修飾のしかた(下の語句の導き方)には、次のような種類がある。

1 比喩による方法

❷ **あしびきの山鳥の尾のしだり尾の**（序詞）→ ながながし 夜をひとりかも寝む (拾遺集・七七八)

「あしびきの山鳥の尾のしだり尾の」は、「山鳥のしだり尾(垂れた尾)」のように「ながながし」という比喩によって、「ながながし」を導き出している。なお、「あしびきの」は「山」を導き出す枕詞である。

2 掛詞による方法

❸ **風吹けば沖つ白波**（序詞）→ たつ（立つ・竜）た山夜半《よは》にや君がひとり越ゆらむ (伊勢物語・二三段)

「風吹けば沖つ白波」は、「白波」が「立つ」と「竜田山」の「竜」との掛詞によって、「たつ」を導き出している。

3 同音反復による方法

❹ **ほととぎす鳴くや五月のあやめぐさ**（序詞）→ あやめ も知らぬ恋もするかな (古今集・四六九)

「ほととぎす鳴くや五月《さつき》のあやめ草」は、「あやめ草」(菖蒲《しょうぶ》)の「あやめ」が「あやめ」(ものの道理・筋道)と同音であることによって、「あやめ」を導き出している。

和歌の句切れ

和歌の結句以外の句に終止があることを、**句切れ**という。終止とは、終止形、命令形、終助詞、係り結びによる結びなどによって言い切られていることをいう。

初句切れ・三句切れは**七五調**、二句切れ・四句切れは**五七調**のリズムになる。『万葉集』の歌には五七調が多く、『古今集』以降は七五調が中心となる。

五 ｜初句切れ｜ 七 ｜二句切れ｜ 五 ｜三句切れ｜ 七 ｜四句切れ｜ 七
（初句切れ・三句切れ：七五調　二句切れ・四句切れ：五七調）

- 苦しくも降りくる雨か／神《みわ》の崎狭野《さきさの》の渡りに家もあらなくに (万葉集・二六五)

苦しくも降ってくる雨だなあ。神の崎の佐野の渡し場に家もないのに。

⇓**二句切れ　五七調**

- 駒《こま》止めて袖打ちはらふかげもなし／佐野の渡りの雪の夕暮れ (新古今集・六七一)

馬を止めて、袖(の雪)を打ち払う物陰もない。佐野の渡し場の雪の夕暮れよ。

⇓**三句切れ　七五調**

3 掛詞

同音を利用して、一つの言葉で複数の意味を言い表す技法を、**掛詞**という。表現内容を豊かにする効果がある。

❶山里は冬ぞさびしさまさりける 人めも 草も **かれ** ぬと思へば　（古今集・三一五）

（人めも→離《か》れ　草も→枯れ）

「かれ」は、人目も「離《か》れ」と、草も「枯れ」との掛詞。人の訪れが絶えるさびしさと冬枯れの野のさびしいイメージとが重ねられている。

4 縁語

一首のうちのある語と、語意の上で関係の深い語を、**縁語**という。連想によって、豊かなイメージを持たせる効果がある。

❷玉の **緒** よ **絶え** なば **絶え** ね **ながらへ** ば忍ぶることの **弱り** もぞする　（新古今集・一〇三四）

「緒」はひも・糸の意（「玉の緒」とは、「魂《たま》」をつなぎとめる緒、命のことである）。「絶え」「ながらへ」「弱り」は「緒」の縁語。

5 本歌取り

本歌（古歌）の一節を巧みに取り入れる技法を、**本歌取り**という。本歌の内容世界が重なって、余情・余韻を深める効果がある。

❸かきやりしその黒髪の筋ごとにうち伏すほどは面影ぞ立つ　（新古今集・一三一九）

❹〔本歌〕黒髪の乱れも知らずうち伏せばまづかきやりし人ぞ恋しき　（後拾遺集・七五五）

▼その他の修辞

1 物の名（隠し題）

歌の中に物の名前を隠してよみこむ技法。

・来べき**ほど時過**ぎぬれや待ちわびて鳴くなる声の人をとよむる　（古今集・四二三）

ほととぎすが来て鳴くはずの時期が過ぎてしまったからだろうか、待ちわびてやっと鳴くのが聞こえた声が、人に驚きの声をあげさせるよ。

⬇一句から二句にかけての「ほど時過」に「ほととぎす」をよみこんでいる。

2 折句

隠し題の技法の一つで、物の名前を一音ずつに分けて、各句の頭に置いてよむ技法。

・**唐**衣**着**つつなれにし**つ**ましあれば**は**るばる来ぬる**旅**をしぞ思ふ　（伊勢物語・九段）

（都には長年）慣れ親しんだ妻がいるので、はるばるやって来た旅をしみじみと悲しく思うよ。

⬇各句の頭の「唐・着・つ・は・旅」に「かきつばた」をよみこんでいる。

3 見立て

物事を他の事物になぞらえる技法。

・雪降れば木ごとに花ぞ咲きにけるいづれを梅とわきて折らまし

雪が降ると、木という木に花が見事に咲いたことだよ。どれを梅と区別して折ったらよかろうか。

⬇木の枝に雪が積もったのを花になぞらえている。

③の歌は、本歌の「黒髪の」「うち伏（す）」「かきやりし」などの語句を取り入れながら、女性の立場でよんだ歌を、女性の面影をしのぶ男性の歌に変えている。「その黒髪の筋ごとに（あの人の黒髪の一筋一筋に）」という印象鮮明な表現によって、妖艶《ようえん》美《び》を増した歌になっている。

6 体言止め

最後の句（結句・第五句）を体言で止めて余情・余韻を深める技法を、**体言止め**という。『新古今集』の時代に最も盛んに用いられた。

⑤人住まぬ不破《ふは》の関屋の板びさし荒れにしのちはただ秋の**風**　（新古今集・一五九九）

▼掛詞の例

あき→秋―飽き
あふ→逢ふ―逢坂《あふさか》―葵《あふひ》―扇《あふぎ》
いく→行く―生《い》く―生野《いくの》
おもひ→思ひ―火
かひ→貝《かひ》―甲斐《かひ》―峡《かひ》
かる→枯《か》る―離《か》る
こひ→こひ（恋）―火
しのぶ→忍草（忍摺り）―偲ぶ
たつ→立つ―裁つ―竜田山
ながめ→眺め―長雨《ながめ》
はる→春―張る―遥々《はるばる》
ふみ→踏み―文
ふる→降る―古る―経《ふ》る
まつ→松―待つ
よ→夜―世―節《よ》
よる→夜―寄る

▼縁語の例（上の太字の語が基準となり、その縁で下の語がよみこまれる。）

葦→刈《か》り根《ね》　節《ふし》　節《よ》
泉→涌《わ》く　汲《く》む
糸→縒《よ》る　乱《みだ》る　張《は》る　貫《つらぬ》く　綻《ほころ》ぶ
霞→立つ
川→流る　早し　瀬《せ》　淵《ふち》
煙→火　消《き》ゆ　なびく
衣《ころも》→着る　張る　馴《な》る　裁つ　袖
袖《そで》→結ぶ　解く　干す　裁つ
竹→節《ふし》　節《よ》　葉　さらさら
露→秋　置く　葉　命　結ぶ　消ゆ
波→立つ　返る　寄る　浦　音
橋→踏む　跡絶《とだ》ゆ　渡す　渡る
火→燃ゆ　消ゆ　焦がる
雪→解く　降る　跡
弓→張る　引く　寄る　射る
緒《を》→絶ゆ　ながらふ　弱る

---

①山里は冬がとくにさびしさがまさっているよ。人目も離《か》れてなくなるし、草もまた枯れてしまうと思うと。
②私の命よ。絶えてしまうというなら、絶えてしまえ。このまま生き長らえていると、（この恋を）忍び秘めている力が弱くなってしまうといけないから。
③（私が）かき上げたあの人の黒髪の一筋一筋が見えるほどに、一人寝ているときは、面影が浮かぶことだ。
④黒髪の乱れるのも構わず泣き伏すと、すぐに髪をかき撫でてくれたあの人が恋しく思われるよ。
⑤関守の住まない不破の関屋の板ぶきのひさしがすっかり荒れてしまった後には、ただ秋風（が寂しく吹き過ぎていくだけであること）よ。

一 次の空欄に入る枕詞として適当なものを、後から選べ。

1 家にあれば笥《け》に盛る飯《いひ》を［　　］旅にしあれば椎《しひ》の葉に盛る　（万葉集・一四二）

家にいるといつも食器に盛る飯を、（こうして心にまかせぬ）旅にいるので、椎の葉に盛ることだよ。

2 ［　　］夜の更けゆけば久木《ひさき》生《お》ふる清き川原に千鳥《ちどり》しば鳴く　（万葉集・九二五）

夜が更けていくと、久木が生える清らかな川原に千鳥がしきりに鳴くことだ。

3 ［　　］光のどけき春の日にしづ心なく花の散るらむ　（古今集・八四）

日の光がのどかな春の日に、どうして落ち着いた心もなく桜の花が散っているのだろう。

4 ［　　］神代《かみよ》も聞かず竜田川《たつたがは》からくれなゐに水くくるとは　（古今集・二九四）

神代《しんだい》の昔にも聞いたことがない。竜田川が（一面に散った紅葉で）水を真紅にくくり染めするとは。

5 ［　　］引けど引かねど昔より心は君に寄りにしものを　（伊勢物語・二四段）

（あなたが私の心を）引こうと引くまいと、昔からあなた一人を頼りにしてきましたのに。

ア あづさゆみ　**イ** くさまくら　**ウ** ちはやぶる
エ ひさかたの　**オ** ぬばたまの

二 次の和歌の序詞に傍線を引き、導き出している語句を抜き出せ。

1 多摩川にさらす手作りさらさらに何そこの児《こ》のここだかなしき　（万葉集・三三七三）

多摩川にさらす手織りの布のように、今さらながらにどうしてこの子がこんなに愛しいのだろうか。［　　］

2 みちのくのしのぶもぢずりたれゆゑに乱れそめにし我ならなくに　（伊勢物語・一段）

陸奥《むつ》の国のしのぶずりの乱れ模様のように、誰のせいで私の心は乱れ始めたのでしょうか、私のせいではないのに。［　　］

3 駿河《するが》なる宇津《うつ》の山べのうつつにも夢にも人にあはぬなりけり　（伊勢物語・九段）

駿河の国にある宇津の山辺の「うつ」という名のように、うつつ（現実）にも夢の中でもあなたに逢わないことだよ。［　　］

三 次の和歌の傍線部は、何と何との掛詞か。空欄部を埋める形で答えよ。

1 名残《なごり》なく燃ゆと知りせば皮衣《かはごろも》思ひ[1]のほかにおきて見ましを　（竹取物語・火鼠の皮衣）

跡形もなく燃えると知っていたならば、この皮衣を、（本物ではないかと）心配しないでおいて、火にくべたりしないでおいて、見ていたでしょうに。

1「思ひ」と「［　　］」との掛詞。

2 大江山いく[2]野の道の遠ければまだふみ[3]も見ず天《あま》の橋立《はしだて》　（古今著聞集・一八三）

大江山、生野《いくの》を通って行く、丹後《たんご》への道が遠いので、まだ天の橋立を実際に訪れたことはありません。そのように、母のいる丹後の国は遠いので、まだ便りもありません。

2「生野」と「　　」との掛詞。
3「踏み」と「　　」との掛詞。

3花の色はうつりにけりないたづらにわが身世にふる4ながめ5せしまに
(古今集・一一三)

花の色はあせてしまったなあ、長雨が降り続く間に。私の容色も衰えてしまったなあ、むなしくこの世で月日を過ごして、もの思いにふけっていた間に。

4「経る」と「　　」との掛詞。
5「眺め」と「　　」との掛詞。

四 次の傍線部の語の縁語を、〔　〕に示した数だけ抜き出せ。

1都をば霞とともに立ちしかど秋風ぞ吹く白河の関〔一〕
(後拾遺集・五一八)

都を、霞が立つのとともに出立したが、もう秋風が吹くよ、白河の関は。

［　　　］

2袖ひちてむすびし水のこほれるをはる立つ今日の風やとくらむ〔四〕
(古今集・二)

(夏の日に)袖をぬらして手ですくった(清水の)水が(冬には)凍っているのを、立春の今日の(暖かい)風が今ごろは解かしているだろう。

［　　　］［　　　］［　　　］［　　　］

3鈴鹿《すずか》山うき世をよそにふり捨てていかになりゆくわが身なるらむ〔二〕
(新古今集・一六一二)

鈴鹿山を、つらいこの世を自分には縁のないものとふりきって(越えて行くが)、この先どうなってゆくわが身なのだろうか。

［　　　］［　　　］

五 次の各文は、それぞれの和歌の修辞について説明している。空欄に適当な言葉を入れて、説明を完成させよ。

1み熊野《くまの》の浦の浜木綿《はまゆふ》百重《ももへ》なす心は思へど直《ただ》にあはぬかも
(万葉集・四九一)

熊野の浦の浜木綿が幾重《いくえ》にも重なり合っているように、(あなたのことを)幾重にも心に思っても、直接逢うことができないことだよ。

「み熊野の浦の浜木綿」は「A　　」で、「み熊野の浦の浜木綿のように」という「B　　」によるつながりで、下の「C　　」を導き出している。

2世の中は何か常なるあすか川昨日の淵《ふち》ぞ今日は瀬になる
(古今集・九三三)

世の中は何が不変であろうか、いや、すべて無常である。飛鳥川の昨日の淵も今日は瀬になっている。

「あすか川」は、「飛鳥川」と「D　　」との掛詞で、「昨日」「今日」はこの語の「E　　」である。

3志賀《しが》の浦や遠ざかりゆく波間より凍りて出づる有明《ありあけ》の月
(新古今集・六三九)

志賀の浦よ。(汀《みぎわ》から凍ってゆくので、波も沖のほうに)遠ざかってゆく(が、その)波間から凍って昇ってくる有明の月よ。

「F　　」句切れの歌で、七五調のリズムがある。「さ夜更くるままに汀や凍るらむ遠ざかりゆく志賀の浦波」(後撰集・四一九)を下敷きにして、もとの歌にはない視覚的な要素を取り入れた、「G　　」の歌である。また、結びに「H　　」の技法を用いて、余情をかもし出している。

紛らわしい語の識別一覧

語形・参照	種類・識別法	用例（太字・□・傍線は、上の識別法に対応）
が 1 p.82 2 p.92	**1** 格助詞 ・体　言＋が ・連体形＋が　体言や体言の代用の「の」を補うことができる。 **2** 接続助詞 ・連体形＋が　体言や体言の代用の「の」を補うことができない。 ・平安時代後期以降に発生した。⇒それ以前の「が」は格助詞。	**1** わ**が**宿に小松のあるを見る**が**悲しさ（土佐日記・二月十六日） 私の家の庭に小松が生えているのを見るの**が**、悲しいことだ。 **2** 今井四郎、いくさしける**が**、これを聞き、（平家物語・木曽最期） 今井四郎は、戦っていた**が**、これを聞き、
けれ 1 p.46 2 p.36 3 p.18	**1** 過去の助動詞「けり」の已然形 ・連用形＋**けれ** **2** 形容詞の已然形活用語尾（シク活用は語尾の一部） 形容詞型活用語の已然形の一部 ・〈形容詞〉な-**けれ**（切り離せない） ・〈助動詞〉{た・べ・まほし・まじ}-**けれ**（切り離せない） ・助動詞「けり」は語幹や終止形には接続しない。 **3** カ行四段動詞の已然形活用語尾＋完了の助動詞「り」の已然形・命令形 ・〈動詞〉咲-**け**（切り離せない）＋**れ** ・助動詞「けり」は語幹には接続しない。	**1** さてこそ粟津《あはづ》のいくさはなかり**けれ**。（平家物語・木曽最期） こうして粟津の戦いは終わったの**だった**。 **2** かねて思ひつるままの顔したる人こそ**なけれ**。（徒然草・七一段） 前に想像していたとおりの顔をしている人は**いない**。 飽かず向かは**まほしけれ**。（徒然草・一二段） 飽きることなく対座してい**たい**。 **3** 咲かざりし花も**咲け**れど（万葉集・一六） 咲いていなかった花も**咲いた**けれど、
し p.50	**1** サ変動詞の連用形 ・「する」の意味を持つ。	**1** 食ふ音の**し**ければ、（宇治拾遺物語・一二） 食べる音が**し**たので、

1 p.28　2 p.46　3 p.98

2 過去の助動詞「き」の連体形
・**連用形**（カ変・サ変には未然形にも）＋**し**
・下に体言が付くか、「ぞ・なむ・や・か」の結びであることが多い。

3 副助詞
・種々の語に付き、取り除いても文意が通じる。

2 **あはれなり** **し**[1]ものかな。（大鏡・雑々物語）
感慨深いもの**だった**よ。

3 はるばるきぬる旅を**し**ぞ思ふ（伊勢物語・九段）
はるばるやって来た旅をしみじみと思うことだよ。

しか

1 p.46　2 p.46　p.101　p.106　3 p.106

1 過去の助動詞「き」の已然形
・**連用形**（カ変・サ変には未然形にも）＋**しか**
・下に「ば・ど・ども」が付くか、「こそ」の結びであることが多い。

2 過去の助動詞「き」の連体形＋係助詞または終助詞「か」
・**連用形**＋**し**＋**か**
・「か」が疑問・反語か詠嘆を表す。

3 願望の終助詞「しか」と「てしか」「にしか」の一部
・連用形＋〈終助詞〉｛**て**・**に**｝＋**しか**（**切り離せない**）
・文末にあり、「……**たい**」の意味を表す。

1 かくこそ **言ひ** **しか**。（無名抄・俊成自賛歌事）
このように言っ**た**。

2 官爵《つかさかうぶり》の、心もとなく **おぼえ** **しか**。（栄花物語・巻一〇）
官職や位階（の上がり方）が、じれったく思われ**たか**。

3 上がる雲雀《ひばり》になり **てしか**（万葉集・四四三三）
（空へ）上がる雲雀になり**たい**。

確認問題

一 次の傍線部の「けれ」から、過去の助動詞を一つ選べ。

1 人ども来とぶらひけれ[1]ど、さわがず。（宇治拾遺物語・三八）
人々が見舞いに来たが、（良秀は少しも）慌てない。

2 世は定めなきこそ、いみじけれ[2]。（徒然草・七段）
この世は無常であるからこそ、たいへんすばらしいのだ。

3 人の鏡ならむこそいみじかるべけれ[3]。（徒然草・一段）
人の範であるというのはすばらしいにちがいない。

4 忘れ貝　寄せ来て置けれ[4]　沖つ白波（万葉集・三六二九）
忘れ貝を、打ち寄せて置いてくれ、沖の白波よ。

［　　］

二 次の傍線部の「し」「しか」から、過去の助動詞をすべて選べ。

1 いみじき高名し[1]たりとなむ、心ばかりはおぼえ侍りし[2]。（無名抄・頼政俊恵撰事）
たいそうな手柄を立てたと、心の内では思われました。

2 人知れずこそ思ひそめしか[3]（沙石集・巻五ノ一）
誰にも知られないように（あの人を）思い始めたのに。

3 酒壺になりにてしか[4]も　酒に染みなむ（万葉集・三四三）
酒壺になってしまいたい。酒にたっぷり浸ろう。

［　　］

語形・参照	種類・識別法	用例（**太字**・□・傍線は、上の識別法に対応）
して 1 p.28 p.92 2 p.18 p.92 3 p.86 4 p.92	**1** サ変動詞の連用形＋接続助詞「て」 ・「する」の意味を持つ。 **2** サ行四段動詞の連用形活用語尾＋接続助詞「て」 ・〈動詞〉**指**-**し**（切り離せない）＋て **3** 格助詞 ・［体言・連体形］＋して ・手段・方法・材料・使役の対象などを表す。 **4** 接続助詞 ・［連用形］＋して ・「くして・にして・として・ずして」の形が多い。	**1** 御送り**して**、とくいなむ。（伊勢物語・八三段） （親王を）お送り**して**、早く退出しよう。 **2** 浦戸《うらど》を［**指し**］て漕ぎ出づ。（土佐日記・十二月二十七日） 浦戸を**めざして**漕ぎ出す。 **3** ［米］**して**返り事す。（土佐日記・二月八日） （魚をもらったので、）米**で**返礼する。 **4** 力をも入れ［ず］**して**天地《あめつち》を動かし、（古今集・仮名序） 力をも入れない**のに**天地（の神々の心）を動かし、
せ 1 p.28 2 p.68 3 p.46 p.62	**1** サ変動詞の未然形 ・「する」の意味を持つ。 **2** 使役（尊敬）の助動詞「す」の未然形・連用形 ・［未然形］＋せ **3** 過去の助動詞「き」の未然形 ・［連用形］＋せ＋ば……まし〈反実仮想の助動詞〉	**1** いざ、かいもちひ**せ**む。（宇治拾遺物語・一二） さあ、ぼたもちを**作ろ**う。 **2** ［おどろか］**せ**給へ。（宇治拾遺物語・一二） お目覚め**なさい**ませ。 **3** 一つ松人に［あり］**せ**ば太刀《たち》佩《は》けましを（古事記・景行天皇） この一本松が人であっ**た**なら、太刀を帯びさせただろうに。
たり	**1** 完了（存続）の助動詞「たり」の連用形・終止形 ・［連用形］＋たり **2** 断定の助動詞「たり」の連用形・終止形 ・［体言］＋たり ・「……である」の意味を持つ。 **3** タリ活用形容動詞の連用形・終止形活用語尾	**1** 簾《すだれ》かけ、幕など［引き］**たり**。（更級日記・門出） 簾をかけ、幕などを引き回して**いる**。 **2** 諸国の［受領］**たり**しかども、（平家物語・祇園精舎） 諸国の国司という身分**であっ**たけれども、 **3** 生死流転のちまた、［**冥々たり**《めいめい》］。（平家物語・勧進帳）

1 p.50　2 p.64　3 p.38

・〈形容動詞〉**漢語の語幹**-**たり**（**切り離せない**）
・上に連用修飾句を付けることができる。
〇いと＋冥々たり。
・「たり」の上は語幹なので（＝体言ではないので）、主語にならない。
×冥々は……する。

生死流転してさまようこの世は、**真っ暗闇である**。

て

1 p.48　2 p.92

1 完了の助動詞「つ」の未然形・連用形
・連用形＋て＋助動詞（き・けり・む　など）

1 この男、垣間見《かいまみ》**て**けり。（伊勢物語・一段）
この男は、（美しい姉妹を）のぞき見し**てしまった**。

2 接続助詞
・連用形＋て＋……↑「そうして」などの意味で下の文節に続く。

2 春過ぎ**て**夏来たるらし（万葉集・二八）
春が過ぎ**て**夏がやって来るらしい。

確認問題

一 次の傍線部の「して」「せ」から、サ変動詞を含むものをすべて選べ。

1 暁に船を出だして[1]、室津《むろつ》を追ふ。（土佐日記・一月十一日）
明け方に船を出して、室津に向かう。

2 日々旅にして[2]、旅を栖《すみか》とす。（奥の細道・旅立ち）
毎日が旅であって、旅を自分の住む家にしている。

3 声高《こわだか》にものも言はせ[3]ず。（土佐日記・一月十六日）
（従者たちに苦情を）大声で言わせることはさせない。

4 恋しきときの思ひ出にせ[4]む（古今集・四八）
恋しいときの思い出にしよう。

［　　］

二 次の傍線部の「たり」「たる」「て」から助動詞を各文一つ番号で選び、その意味を答えよ。

1 山岳の峨々《がが》たる[1]より、百尺《はくせき》の瀧水《りうすい》みなぎり落ちたり[2]。（平家物語・康頼祝言《やすよりのつと》）
そびえたった山から、百尺の滝の水がみなぎり落ちている。
［　・　］

2「鷺《さぎ》の中の王たる[3]べし。」といふ札を遊ばいて[4]、（平家物語・朝敵揃）
「（おまえは）鷺の中の王であれ。」という札をお書きになって、
［　・　］

3 光満ちて[5]、清らにて[6]ゐたる[7]人あり。（竹取物語・帝の求婚）
光が満ちあふれて、美しい姿で座っている人がいる。
［　・　］

4 比叡《ひえ》の山に登りて[8]、かしらおろしてけり[9]。（古今集・八四七詞書）
比叡山に登って、出家してしまった。
［　・　］

語形／参照 ｜ 種類・識別法 ｜ 用例（太字・□・傍線は、上の識別法に対応）

と

1 p.64　2 p.38　3 p.85　4 p.117

1 断定の助動詞「たり」の連用形
・体　言＋**と**
・「……で・……であって」の意味を持つ。

2 タリ活用形容動詞の連用形活用語尾
・〈形容動詞〉**漢語の語幹-と**（切り離せない）
・上に連用修飾句を付けることができる。
○いと＋蒼々と、
・「と」の上は語幹なので（＝体言ではないので）、主語にならない。
×蒼々は……する。

3 格助詞
・体言・引用句＋**と**

4 副詞の一部
・〈副詞〉**ほのぼの-と**（切り離せない）
・活用がない。

用例

1 神社の司《つかさ》**と**あるによりて、（今昔物語集・巻一七ノ一一）
神社の宮司**である**ことによって、

2 天心は**蒼々《さうさう》と**して、はかりがたし。（平家物語・法印問答）
天の心は**青々と**して（果てがなく）、推測しがたい。

3 童《わらは》べ**と**腹立ち給へるか。（源氏物語・若紫）
子供たち**と**けんかをなさったのか。
親どもも「何事ぞ。」**と**問ひさわぐ。（竹取物語・嘆き）
親（である翁）たちも「どうしたのですか。」**と**尋ねて騒ぐ。

4 **ほのぼのと**春こそ空に来にけらし（新古今集・二）
ほんのりと春は空に来たらしい。

な

1 p.48　2 p.105　3 p.106　4 p.119

1 完了（確述・強意）の助動詞「ぬ」の未然形
・連用形＋**な**

2 禁止の終助詞
・終止形（ラ変型には連体形）＋**な**

3 詠嘆の終助詞
・終止した文＋**な**

用例

1 そのこと果て**な**ば、とく帰るべし。（徒然草・一七〇段）
用事が終わっ**た**なら、早く帰るのがよい。

2 さらに心よりほかにもらす**な**。（源氏物語・夕顔）
おまえの心に収めて決して他の者に漏らす**な**。

3 この影を見れば、いみじう悲し**な**。（更級日記・鏡のかげ）
この姿を見ると、本当に悲しいです**ね**。

4 禁止の副詞
・な＋……＋そ〈終助詞〉

p.105

4 涙な添へそ山ほととぎす
涙の雨を添えてくれるな、山ほととぎすよ。
（新古今集・二〇一）

なむ

1 p.48 p.52
2 p.100
3 p.105
4 p.29 p.52

1 確述の助動詞「ぬ」の未然形＋推量の助動詞「む」の終止形・連体形
・**連用形**＋な＋む

2 強意の係助詞
・種々の語に付き、取り除いても文意が通じる。
・係り結びで、結びが連体形になる。

3 他に対する願望の終助詞
・**未然形**＋なむ

4 ナ変動詞の未然形活用語尾＋推量の助動詞「む」の終止形・連体形
・**死な・往(去)な**（切り離せない）＋む

1 髪もいみじく長く**なり**なむ、
髪も**きっと**とても長くなる**だろう**、
（更級日記・物語）

2 もと光る竹**なむ**一筋ありける。
根元が光る竹が一本あった。
（竹取物語・おひたち）

3 いつしか梅**咲か**なむ。
早く梅が咲い**てほしい**。
（更級日記・梅の立ち枝《え》）

4 さあらむ所に一人**いな**むや。
そのような所に一人で**行けるだろう**か。
（大鏡・道長伝）

確認問題

一 次の傍線部の「と」の文法的説明として適当なものを後から選べ。

1 忽然《こつぜん》として隠れ給ひぬ。（古今著聞集・三七）
（薬師如来は）たちまちに姿を消してしまった。
［　　］

2 帝と御心合はせさせ給へりけるとぞ。（大鏡・時平伝）
（時平公が）帝とお心をお合わせになったということだ。
［　　］

3 この児さめざめと泣く。（沙石集・巻八ノ一二）
この児はさめざめと涙を流して泣く。
［　　］

ア 断定の助動詞「たり」　イ 形容動詞活用語尾
ウ 格助詞　エ 副詞の一部

二 次の傍線部の「な」「なむ」から、完了（確述）の助動詞を含むものをすべて選べ。

1 にくしとこそ思ひたれな。（源氏物語・夕顔）
（私のことを）憎らしいと思っているのだな。

2 来《き》なば帰さじ（俊頼髄脳・沓冠折句《くつかぶりをりく》）
（あなたが）来たなら、帰さないよ。

3 恨むることもありなむ。（大和物語・一四九段）
きっと（私を）恨むこともあるだろう。

4 今なむことわり知られ侍りぬる。（源氏物語・御法）
今になって理由が自然に納得されました。
［　　］

<table>
<tr><th>語形
参照</th><th>種類・識別法</th><th>用例（太字・□・傍線は、上の識別法に対応）</th></tr>
<tr><td>なり
1 p.64
2 p.61
3 p.38
4 p.18</td><td>1 断定の助動詞「なり」の連用形・終止形
・【体言・連体形】＋なり
2 推定・伝聞の助動詞「なり」の連用形・終止形
・【終止形（ラ変型活用語には連体形）】＋なり
→ラ変型活用語は撥音便無表記になることが多い。
・音や声｜によって推定する意味を持つ。
3 ナリ活用形容動詞の連用形・終止形活用語尾
・【〈形容動詞〉堪へがたげ-なり】（切り離せない）
・上に連用修飾句を付けることができる。
○いと堪へがたげなり。
・「なり」の上は語幹なので（＝体言ではないので）、主語にならない。
×堪へがたげは……する。
4 ラ行四段動詞「なる」（成る）の連用形
・述語になり、「成る」の意味を持つ。
・「になり・となり・くなり・ずなり」の形が多い。</td><td>1 この春より思ひ嘆き【侍る】なり。（竹取物語・嘆き）
この春以来思い嘆いているのです。
2 秋の野に人まつ虫の声｜【す】なり（古今集・二〇二）
秋の野に、人を待つという松虫の声がするようだ。
人の国にかかる習ひ【あ】なり。（徒然草・一七五段）
外国にこのような習慣があるそうだ。
3 泣きののしること、いと【堪へがたげなり】。（竹取物語・嘆き）
泣き騒ぐさまは、全くこらえかねる様子である。
4 関白殿、色青く｜なりぬ。（大鏡・道長伝）
関白殿は、顔色が真っ青になってしまった。</td></tr>
<tr><td>に</td><td>1 断定の助動詞「なり」の連用形
・【体言・連体形】＋に
・「……で・……であって」の意味を持つ。
2 完了の助動詞「ぬ」の連用形
・【連用形】＋に
3 ナリ活用形容動詞の連用形活用語尾
・下に助動詞が付いて、「にき・にけり・にたり」となることが多い。</td><td>1 学びて知るは、まことの【智】にあらず。（徒然草・三八段）
学んで知るのは、真の知恵ではない。
2 勢ひ猛の者に【なり】にけり｜。（竹取物語・おひたち）
勢力のある富豪になってしまった。
3 翁やうやう【豊かに】なりゆく。（竹取物語・おひたち）</td></tr>
</table>

1 p.64　2 p.48　3 p.38　4 p.84　5 p.92　6 p.117

・〈形容動詞〉**豊か-に**（切り離せない）
・上に連用修飾句を付けることができる。
○いと豊かになる。
・「に」の上は語幹なので（＝体言ではないので）、主語にならない。
×豊かは……する。

翁は次第に**裕福に**なっていく。

4 格助詞
・体　言＋に
・連体形＋に ― 体言や体言の代用の「の」を補うことができる。

4 勢ひ猛の 者 **に**なりにけり。（竹取物語・おひたち）
勢力のある富豪**に**なってしまった。
いと 暗き **に**来けり。（伊勢物語・六段）
とても暗い夜**に**逃げて来た。

5 接続助詞
・連体形＋に ― 体言や体言の代用の「の」を補うことができない。

5 憎き **に**、その法師をばまづ斬れ。（平家物語・倶利伽羅落《くりからおとし》）
憎い**ので**、その法師を真っ先に斬れ。

6 副詞の一部
・〈副詞〉**すで-に**（切り離せない）
・活用がない。

6 君 **すでに** 都を出でさせ給ひぬ。（平家物語・忠度都落）
主上は**すでに**都をお出になってしまった。

確認問題

一 次の傍線部の「なり」「なる」「に」から断定の助動詞をすべて選べ。

1 めづらかなる[1]ちごの御かたちなり[2]。（源氏物語・桐壺）
世にもすぐれた幼児のお顔立ちである。

2 みな人は花の衣に[3]なり[4]ぬなり[5]（古今集・八四七）
（喪が明けて）人々はみな華やかな着物に着替えたそうだ。

3 あてに[6]もいやしうもなる[7]は、いかなる[8]に[9]かあらむ。（枕草子・ふと心劣りとかするものは）
（言葉遣い一つで）上品にも下品にもなるのは、どういうわけなのだろうか。

［　　　　］

二 次の傍線部の「に」「なる」を文法的に説明せよ。

1 秋風に[1]初雁がねぞ聞こゆなる[2]（古今集・二〇七）
秋風に乗って初雁の声が聞こえるようだ。

1［　　　　］　2［　　　　］

2 末々の船に[3]至るまで、平らかに[4]上り給ひに[5]き。（大鏡・実頼伝）
従者たちの乗る船に至るまで（すべて）、無事に京にお上りになった。

3［　　　　］　4［　　　　］　5［　　　　］

語形 参照	種類・識別法	用例（太字・□・傍線は、上の識別法に対応）
にて 1 p.64 p.92 2 p.38 p.92 3 p.86	1 断定の助動詞「なり」の連用形「に」＋接続助詞「て」 ・**体言・連体形**＋**に**＋**て** ・「……で・……であって」の意味を持つ。 2 ナリ活用形容動詞の連用形活用語尾「に」＋接続助詞「て」 ・**〈形容動詞〉清ら**-**に**（切り離せない）＋**て** ・上に連用修飾句を付けることができる。 ○いと清らにて、 ・「なり」の上は語幹なので（＝体言ではないので）、主語にならない。 ×清らは……する。 3 格助詞 ・**体言・連体形**＋**にて** ・場所・手段・原因などを表す。	1 長き**疵**《きず》**にて**候ふなり。（平家物語・木曽最期） 末代までの不名誉**で**ございます。 2 **清らに**てゐたる人あり。（竹取物語・帝の求婚） **美しい姿で**座っている人がいた。 3 やがて**かしこ**にて失せにけり。（十訓抄・第八） そのままその地**で**亡くなってしまった。
ぬ 1 p.48 2 p.51 3 p.29	1 完了の助動詞「ぬ」の終止形 ・**連用形**＋**ぬ** ・言い切るか、助動詞「べし・らむ」などが付く。 2 打消の助動詞「ず」の連体形 ・**未然形**＋**ぬ** ・下に体言が付くか、「ぞ・なむ・や・か」の結びであることが多い。 3 ナ変動詞の終止形活用語尾 ・**死ぬ**と**往(去)ぬ**のみ。（切り離せない）	1 翁、竹を取ること久しく**なり**ぬ。（竹取物語・おひたち） 翁は、竹を取ることが長く続い**た**。 2 春や昔の春**なら**ぬ（伊勢物語・四段） 春は昔と同じ春では**ない**のか。 3 必ず先立ちて**死ぬ**。（方丈記・養和の飢渇） 必ず先に**死ぬ**。

ね

1 p.48　2 p.51　3 p.29

1 完了(確述・強意)の助動詞「ぬ」の命令形
・**連用形**＋**ね**
・「……てしまえ」の意味を表す。

2 打消の助動詞「ず」の已然形
・**未然形**＋**ね**
・下に「ば・ど・ども」が付くか、「こそ」の結びであることが多い。

3 ナ変動詞の命令形活用語尾
・**死ね** と **往(去)ね** のみ。**(切り離せない)**

1 はや舟出《ふなで》してこの浦を**去り** **ね**。(源氏物語・明石)
早く舟を出してこの浜を去って**しまえ**。

2 あき間を**射** **ね**ば手も負はず。(平家物語・木曽最期)
(鎧《よろい》の)すきまを射**ない**ので、傷を負うこともない。

3 なほ「**いね**。」と言ひければ、(大和物語・一四九段)
やはり「**行きなさい**。」と言ったので、

確認問題

一 次の傍線部の「にて」の文法的説明として適当なものを後から選べ。

1 その削り跡は、いとけざやかにて[1]侍めり。(大鏡・道長伝)
その削り跡は、とても鮮明であるようです。 [ ]

2 ゆゆしき心おくれの人にて[2]ぞありける。(十訓抄・第一)
(顕宗は)ひどい気おくれをしてしまう人であった。 [ ]

3 わななき声にて[3]うち出だす。(宇治拾遺物語・一一一)
震え声で(歌を)よみあげる。 [ ]

ア 断定の助動詞「に」＋接続助詞「て」
イ 形容動詞活用語尾「に」＋接続助詞「て」
ウ 格助詞

二 次の傍線部の「ぬ」「ね」は、A完了(確述)の助動詞、B打消の助動詞のどちらか。

1 玉の緒よ絶えなば絶えね[1](新古今集・一〇三四)
私の命よ、絶えてしまうというなら絶えてしまえ。

2 思ひ寄らぬ[2]道ばかりはかなひぬ[3]。(徒然草・一八九段)
思いも寄らない方面のことだけは実現してしまう。

3 強ひて背かせ給ふべき御道心にもあらね[4]ば、おぼしとまりぬ[5]。(増鏡・草枕)
無理にもご出家なさるべき仏道心でもないので、(上皇は出家を)思いとどまりなさった。

1[ ] 2[ ] 3[ ] 4[ ] 5[ ]

語形・参照	種類・識別法	用例（**太字**・□・傍線は、上の識別法に対応）
ばや 1 p.90 p.101 2 p.90 p.101 3 p.105	**1** 仮定条件の接続助詞「ば」＋疑問・反語の係助詞「や」 ・未然形＋**ば**＋**や**…… ・「もし〜たら(なら)……か」の意味を表す。 **2** 確定条件の接続助詞「ば」＋疑問・反語の係助詞「や」 ・已然形＋**ば**＋**や**…… ・「〜から(ので)……か」の意味を表す。 **3** 願望の終助詞 ・未然形＋**ばや** ・文末にあり、「……たい」の意味を表す。	**1** 心あてに 折ら **ばや**折らむ（古今集・二七七） もし当て推量に折る**なら**折ってみよう**か**。 **2** 思ひつつ 寝《ぬ》れ **ばや**人の見えつらむ（古今集・五五二） 思いながら寝た**ので**あの人が夢に姿を見せたのだろう**か**。 **3** 消えも 失せ **ばや**。（平家物語・大原御幸） 消え入り**たい**。
らむ 1 p.58 2 p.18 p.52 3 p.50 p.52	**1** 現在推量の助動詞「らむ」の終止形・連体形 ・終止形(ラ変には連体形)〈u段〉＋らむ **2** ラ行四段（ラ変）動詞の未然形活用語尾＋推量(意志)の助動詞「む」の終止形・連体形 ・〈動詞〉**罷-ら**〈a段〉(切り離せない)＋む ・助動詞「らむ」は語幹には接続しない。 **3** 完了(存続)の助動詞「り」の未然形＋推量(婉曲)の助動詞「む」の終止形・連体形 ・サ変動詞の未然形・四段動詞の已然形〈e段〉＋ら＋む	**1** 子 泣く **らむ**（万葉集・三三七） **今ごろは**(家で)子供が泣い**ているでしょう**。 **2** 憶良《おくら》らは今は **罷《まか》ら** **む**（万葉集・三三七） (私)憶良めは今はもう**退出しましょう**。 **3** あはれ 知れ **らむ**人に見せばや（後撰集・一〇三） 情趣を解し**ているような**人に見せたい。
る 1 p.66 2 p.50 3 p.18	**1** 自発・可能・受身・尊敬の助動詞「る」の終止形 ・四段・ナ変・ラ変動詞の未然形〈a段〉＋る **2** 完了(存続)の助動詞「り」の連体形 ・サ変動詞の未然形・四段動詞の已然形〈e段〉＋る	**1** 心もそらに ながめ暮らさ **る**。（更級日記・宮仕へ） 気もそぞろで**つい**もの思いがちに日を暮らす。 **2** ただ木ぞ三つ 立て **る**。（更級日記・門出） ただ木が三本立って**いる**。

・下に体言が付くか、「ぞ・なむ・や・か」の結びであることが多い。

3 ラ行四段動詞の終止形・連体形の活用語尾

・〈動詞〉**ののし-る**（切り離せない）

3 子たかりて**ののしる**。（土佐日記・二月十六日）

子供がよってたかって**騒ぐ**。

を

1 p.82 2 p.92 3 p.109

1 格助詞

・体言＋を

1 雪の降り**ける**をよみける。（古今集・三三七詞書）

雪が降った**の**を見てよんだ（歌）。

2 接続助詞

・連体形＋を　体言や体言の代用の「の」を補うことができる。

・連体形＋を　体言や体言の代用の「の」を補うことができない。

2 八重桜は奈良の都にのみあり**ける**を、このごろぞ世に多くなり侍るなる。（徒然草・一三九段）

八重桜は奈良の都にだけあった**のに**、最近は世間に多くなっているそうです。

3 詠嘆・整調の間投助詞

・種々の語に付き、取り除いても文意が通じる。

3 まづとくを聞こえむ。（蜻蛉日記・天禄二年六月）

何をおいても早速申し上げよう。

確認問題

一 次の傍線部の「ばや」の文法的説明として適当なものを後から選べ。

1 やはら、これを売りてばや。（宇治拾遺物語・九六）［　　］

そろそろ、この馬を売ってしまいたい。

2 八千夜《やちよ》し寝《ね》ばや飽くときのあらむ（伊勢物語・二二段）［　　］

もし八千夜も共寝したら、満足するときがあるだろうか。

3 ひさかたの月の桂《かつら》も秋はなほ紅葉《もみぢ》すればや照りまさるらむ（古今集・一九四）［　　］

月に生えている（という）桂も、秋はやはり紅葉するから、（このように月の光が）いちだんと明るく照るのだろうか。

ア 仮定条件＋係助詞　イ 確定条件＋係助詞　ウ 終助詞

二 次の傍線部の「らむ」「る」から、完了（存続）の助動詞「り」を含むものをすべて選べ。

1 こよなくまさり給へらむかし。（大鏡・序）

ずっと（年齢が）上でいらっしゃるだろうよ。

2 そらにいかでかおぼえ語らむ。（更級日記・門出）

暗記して話すことがどうしてできようか、いや、できない。

3 南ははるかに野の方見やらる。（更級日記・門出）

南ははるか遠く野原のほうがおのずから眺められる。

4 こなたに映れるかげを見よ。（更級日記・鏡のかげ）

こちらのほうに映っている姿を見なさい。

［　　］

識別の総合問題

◆次の文章を読んで、後の問いに答えよ。

出典　更級日記・物語

1 その春、世の中いみじうさわがしうて、（世間にたいへん疫病が流行して、）[a]松里のわたりの月影あはれに見し[1]乳母《めのと》も、（松里の渡し場の月に照らされた姿をしみじみと見た乳母も、）三月ついたちに[2]亡くなりぬ。[b]せむかたなく思ひ嘆くに、（やるせなく）物語のゆかしさもおぼえずなりぬ。（物語を読みたいと思う気持ちもなくなってしまった。）いみじく泣き暮らして見出だしたれば、（外を見やると、）[c]夕日のいとはなやかにさした[3]るに、（夕日が）桜の花残りなく散り乱る。

散る花もまた来む春は見もやせむ[d]やがて別れし人ぞ恋しき（散る花も、再び訪れるであろう春には見ることもできるかもしれない。）

2 また聞けば、侍従《じじゅう》の大納言《だいなごん》の御娘、（藤原行成殿の姫君が、）亡くなり給ひぬ[4]なり。[e]殿の中将のおぼし嘆く[5]なるさま、（姫君の夫である道長殿のご子息の中将〔長家様〕が）わがものの悲しき折な[6]れば、いみじくあはれ[7]なりと聞く。[f]上り着きたりしとき、（私が上総から上京して都に着いたとき、）「これ、手本にせよ。」（お習字の手本）とて、[g]この姫君の御手を取らせたりしを、（ご筆跡）「さ夜更けて寝覚めざりせば」（「夜が更けて目覚めなかったら、……」）など書きて、（などと〔古歌を〕書いていて、〔さらに〕）「鳥部山《とりべやま》谷に煙の燃え立たばはかなく見えし我と知ら[8]なむ」（鳥部山の谷に〔火葬の〕煙が燃え立ったなら、）と、[h]言ひ知らずをかしげに、（なんとも言えないほど美しく、）めでたく書き給へるを見て、いとど涙を添へまさる。（ますます）

問一 傍線部1「し」と文法的に異なるものを、本文中の次の傍線部から選べ。 参照 p.150

d やがて別れし人ぞ恋しき
e 殿の中将のおぼし嘆くなるさま、
f 上り着きたりしとき、
g この姫君の御手を取らせたりしを、

［　　］

問二 傍線部2「に」と文法的に同じものを、本文中の次の傍線部から選べ。 参照 p.156

a 松里のわたりの月影あはれに
b せむかたなく思ひ嘆くに、
c 夕日のいとはなやかにさしたるに、
h 言ひ知らずをかしげに、

［　　］

問三 傍線部3「たる」の文法的説明として適当なものを、次から選べ。 参照 p.152

ア 完了(存続)の助動詞「たり」の連体形
イ 断定の助動詞「たり」の連体形
ウ タリ活用形容動詞連体形活用語尾

［　　］

問四 傍線部4「ぬ」と文法的に同じものを第1段落からすべて抜き出し、その語を含む一文節で答えよ。 参照 p.158

［　　］

問五 傍線部5「なる」・6「なれ」・7「なり」を、それぞれ文法的に説明せよ。 参照 p.156

5［　　］ 6［　　］ 7［　　］

問六 傍線部8「なむ」と文法的に同じものを、次の中から選べ。 参照 p.155

ア おのづから《自然に、》、若宮など生ひ出で給はば《成長なさったなら、》、さるべきついで《そのような(宮仕えをしたかいがあったと思うような)機会》もありなむ。 (源氏物語・桐壺)
イ 人のつけたる《人が(応天門に火を)》になむありける。 (宇治拾遺物語・一一四)
ウ これまで逃れ来るは、なんぢと一所《いっしょ》で死なむと思ふためなり。 (平家物語・木曽最期)
エ 小倉山《をぐらやま》峰のもみぢ葉《もみじ葉よ、》心あらば《もし心があるなら、》いまひとたびのみゆき《行幸を》待たなむ (拾遺集・一一二八)

［　　］

問七 第2段落に完了(存続)の助動詞「り」が一つある。前後の一字ずつとともに、三字で抜き出せ。 参照 p.160

［　　］［　　］

中世・近世の特殊な語法

文語文法は平安時代の文法を規範としているので、中世、近世と時代が下るにつれ、これに収まらない語法が多く現れてくる。

1 連体形と終止形の区別がなくなってくる。

❶その人、ほどなく失せにけりと聞き侍り**し**。 参照 p.82主格の「が」「の」の結び

その人は、まもなく亡くなったと聞きましたよ。（徒然草・三二段）

❷ものには念を入れたるが**よい**。

ものには念を入れ（て調べ）るのがよい。（西鶴諸国ばなし・巻一ノ三）

①は、過去の助動詞「き」の連体形で文を終止し、②は形容詞「よし」の連体形「よき」のイ音便で文を終止している。②のような近世の話し言葉では連体形終止が普通になっており、とくに余情・余韻を認める必要がない場合が多い。

2 連用形に音便が多く用いられるようになる。 参照 p.33・41・73

● 寄**つ**[1]て教経《のりつね》に組**ん**[2]で生け捕りにせよ。（平家物語・能登殿最期）

近寄って教経に組んで生け捕りにせよ。

1は「寄り」の促音便、**2**は「組み」の撥音便である。

3 確定条件を表す已然形＋「ば」（……ノデ）が、仮定条件（モシ……ナラ）を表すようになる。 参照 p.14已然形と仮定形

● この銀《かね》が**なけれ**ば、我らも死なねばならぬ、（曽根崎心中・生玉の場）

もしこの金がなかったら、自分も死ななければならない、

已然形は、仮定形と呼ぶべき働きをするようになっている。

4 係り結びの乱れが現れる。 参照 p.102係り結びの法則

● よき折節にこそ、参り会ひ候ひに**けり**。（今昔物語集・巻二〇ノ六）

ちょうどよいときに、お伺いしてお会いしました。

已然形で結ぶはずのところが終止形で終止している。

5 二段活用が一段化する。 参照 p.15動詞の活用の種類の変化

● やせ蛙**負ける**な一茶これにあり（七番日記）

やせ蛙よ、負けるな。一茶がここに加勢しているぞ。

禁止の終助詞「な」は終止形に接続するので、上の語は下一段活用の「負ける」である。平安時代であれば下二段活用で終止形は「負く」である。

6 過去の助動詞「き」の連体形「し」・已然形「しか」が、サ行四段活用動詞の已然形に付いて、「せし」「せしか」の形になる。 参照 p.47「き」の力変・サ変への接続

●「広き世界に並びなき分限、我なり。」と自慢申**せし**、（日本永代蔵・巻二ノ一）

「この広い世界に並ぶ者のいない金持ちとは、自分である。」と自慢申し上げた、

「き」のサ変動詞への接続が影響したものと考えられている。

7 ナリ活用形容動詞の連体形活用語尾（「なる」）に、「な」の形が現れる。 参照 p.38

● ふたつ文字牛のつの文字**すぐな**文字ゆがみ文字とぞ君はおぼゆる（徒然草・六二段）

「『二』の文字（こ）、牛の角に似た文字（い）、まっすぐな文字（し）、ゆがんだ文字（く）（＝恋しく）」と、あなたのことが思われますよ。

8 丁寧語・謙譲語の「侍り」は衰退し、「候《さうら》ふ」が多く用いられるようになる。 参照 p.135・136

● 一門の運命はや尽き**候ひ**ぬ。（平家物語・忠度都落）

（平家）一門の運命はもう尽きてしまい**ました**。

9 音短縮によって新しい語形が現れる。

1 完了・存続の助動詞た（⬆「たり」の連体形「たる」） 参照 p.50

● 小判は、この方へ参つ**た**。（西鶴諸国ばなし・巻一ノ三）

小判は、こちらに来ていまし**た**。

2 やらん（⬆にやあらん〈断定の助動詞「なり」の連用形「に」＋疑問の係助詞「や」＋補助動詞「あり」の未然形「あら」＋推量の助動詞「ん（む）」の連体形「ん（む）」〉） 参照 p.64・101・30・32・52

● 人は、なんとして仏にはなり候ふ**やらん**。（徒然草・二四三段）

人は、どのようにして仏になった**のでしょうか**。

3 格助詞で（⬆にて） 参照 p.86「にて」から「で」への変化

● あの松原**で**御自害候へ。（平家物語・木曽最期）

あの松原**で**御自害なさい。

4 断定の助動詞ぢや（⬆ぢやる⬆である⬆にてある） 参照 p.64・86・30・32

● こなたはここらに見知らぬお人**ぢや**が、（冥途の飛脚・新口村）

あなたはこの辺では見かけないお方**だ**が、

10 助動詞に新しい語形が現れる。

1 推量・意志の助動詞う（⬆む〈ん〉） 参照 p.52

● 一首なりとも御恩をかうぶら**う**ど存じて候ひしに、（平家物語・忠度都落）

たとえ一首であっても（勅撰集入集の）ご恩情をこうむり**たい**と存じておりましたところ、

2 推量・意志の助動詞うず（⬆むず〈んず〉） 参照 p.52

● 首を取つて人に問へ。見知ら**うずる**ぞ。（平家物語・敦盛最期）

（私の）首を取って人に聞いてみよ。（私のことを）見知っている**だろう**よ。

3 打消推量・打消意志の助動詞まい（⬆「まじ」の連体形「まじき」） 参照 p.56

● 大坂の義理は欠かれ**まい**。（冥途の飛脚・新口村）

大坂の（義母に対する）義理は欠くことができ**まい**。

4 希望の助動詞たい（⬆「たし」の連体形「たき」） 参照 p.70

● 嫁・姑の未来の対面させ**たい**。（冥途の飛脚・新口村）

嫁・姑としてあの世での対面をさせ**たい**。

5 希望の助動詞たがる（⬆「たし」の語幹「た」＋接尾語「がる」） 参照 p.70・p.8接頭語と接尾語

● 見ぬ所をありき**たがる**べし。（日本永代蔵・巻二ノ一）

（まだ）見物していない所を見歩きまわり**たがる**にちがいない。

1 口語動詞活用表

口語の五段活用動詞は、サ行を除いて連用形に音便形が組みこまれる。また、「思う」のように、ア行・ワ行の二行にわたって活用する語がある。

種類	行	語	語幹	未然形	連用形	終止形	連体形	仮定形	命令形
五段	カ行	**聞く**	き	か こ	き い	く	く	け	け
	ガ行	**泳ぐ**	およ	が ご	ぎ い	ぐ	ぐ	げ	げ
	サ行	**隠す**	かく	さ そ	し	す	す	せ	せ
	タ行	**立つ**	た	た と	ち っ	つ	つ	て	て
	ナ行	**死ぬ**	し	な の	に ん	ぬ	ぬ	ね	ね
	バ行	**遊ぶ**	あそ	ば ぼ	び ん	ぶ	ぶ	べ	べ
	マ行	**住む**	す	ま も	み ん	む	む	め	め
	マ行	**恨む**	うら						
	ラ行	**帰る**	かえ	ら ろ	り っ	る	る	れ	れ
	ラ行	**ある**	あ						
	ラ行	**蹴る**	け						
	ワア行	**思う**	おも	わ お	い っ	う	う	え	え
上一段	ア行	**強いる**	し	い	い	いる	いる	いれ	いろ いよ
	ア行	**報いる**	むく						
	カ行	**尽きる**	つ	き	き	きる	きる	きれ	きろ きよ
	ガ行	**過ぎる**	す	ぎ	ぎ	ぎる	ぎる	ぎれ	ぎろ ぎよ
	ザ行	**恥じる**	は	じ	じ	じる	じる	じれ	じろ じよ
	タ行	**落ちる**	お	ち	ち	ちる	ちる	ちれ	ちろ ちよ
	バ行	**帯びる**	お	び	び	びる	びる	びれ	びろ びよ

2 口語形容詞活用表

形容詞は、文語ではク活用・シク活用の二種類があるが、口語では一種類である。

種類	語	語幹	未然形	連用形	終止形	連体形	仮定形	命令形
○	**ない**	な	かろ	く かっ	い	い	けれ	○
	おかしい	おかし						
下に続く主な語			う	なる て た	(終止)	とき こと	ば	(命令)

3 口語形容動詞活用表

形容動詞は、文語ではナリ活用・タリ活用の二種類があるが、口語では一種類である。

種類	語	語幹	未然形	連用形	終止形	連体形	仮定形	命令形
○	**静かだ**	静か	だろ	だっ で に	だ	な	なら	○
下に続く主な語			う	た て なる	(終止)	とき こと	ば	(命令)

4 口語助詞の主な意味・用法・接続

種類	助詞	意味・用法	接続
格助詞	**が**	主格 対象	体言・連体形・助詞「の」など
	の	主格 連体修飾格 体言の代用 並列	
	を	対象 通過する場所 起点	
	に	時間 場所 帰着点 比較の基準 変化の結果 対象 目的 受身の相手 使役の対象 原因・理由 並列 方法 状態	
格助詞	**へ**	方向	体言・連体形・助詞「の」など
	と	動作の共同 変化の結果 比較の基準 引用 内容 並列 比喩 強調	
	より	起点 比較の基準 限定	
	から	起点 通過する場所 原因・理由 受身の対象	
	で	場所 時間 手段・材料 原因・理由 状態	
	や	並列	

種類	行	基本形	語幹	ない・れる・られる・う・よう	ます・たい・た・て	（終止）	とき・こと	ば	（命令）
上一段	ラ行	懲りる	こ	り	り	りる	りる	りれ	りろ・りよ
上一段	ア行	射る							
上一段	ア行	居る	（い）	い	い	いる	いる	いれ	いろ・いよ
上一段	カ行	着る	（き）	き	き	きる	きる	きれ	きろ・きよ
上一段	ナ行	似る	（に）	に	に	にる	にる	にれ	にろ・によ
上一段	ハ行	干る	（ひ）	ひ	ひ	ひる	ひる	ひれ	ひろ・ひよ
上一段	マ行	見る	（み）	み	み	みる	みる	みれ	みろ・みよ
下一段	ア行	覚える	おぼ						
下一段	ア行	植える	う	え	え	える	える	えれ	えろ・えよ
下一段	ア行	得る	（え）						
下一段	カ行	明ける	あ	け	け	ける	ける	けれ	けろ・けよ
下一段	ガ行	上げる	あ	げ	げ	げる	げる	げれ	げろ・げよ
下一段	サ行	失せる	う	せ	せ	せる	せる	せれ	せろ・せよ
下一段	ザ行	混ぜる	ま	ぜ	ぜ	ぜる	ぜる	ぜれ	ぜろ・ぜよ
下一段	タ行	捨てる	す	て	て	てる	てる	てれ	てろ・てよ
下一段	ダ行	愛でる	め	で	で	でる	でる	でれ	でろ・でよ
下一段	ナ行	連ねる	つら	ね	ね	ねる	ねる	ねれ	ねろ・ねよ
下一段	ハ行	経る	（へ）	へ	へ	へる	へる	へれ	へろ・へよ
下一段	バ行	比べる	くら	べ	べ	べる	べる	べれ	べろ・べよ
下一段	マ行	集める	あつ	め	め	める	める	めれ	めろ・めよ
下一段	ラ行	恐れる	おそ	れ	れ	れる	れる	れれ	れろ・れよ
カ変		来る	（く）	こ	き	くる	くる	くれ	こい
サ変		する	（す）	し・せ・さ	し	する	する	すれ	しろ・せよ

種類	語	意味・用法	接続
接続助詞	ば	順接の仮定条件　順接の確定条件　単純接続　並列	仮定形
接続助詞	ても	逆接の仮定条件　逆接の確定条件	連用形
接続助詞	と	順接の仮定条件　順接の確定条件　逆接の仮定条件　単純接続	終止形
接続助詞	けれども	逆接の確定条件　単純接続	終止形
接続助詞	が	逆接の確定条件　単純接続	終止形
接続助詞	のに	逆接の確定条件	連体形
接続助詞	ので	順接の確定条件（原因・理由）	連体形
接続助詞	から	順接の確定条件（原因・理由）	終止形
接続助詞	て・で	逆接の確定条件　順接の確定条件　単純接続	連用形
接続助詞	し	並列	終止形
接続助詞	たり	並列　例示	連用形
接続助詞	ながら	逆接の確定条件　動作の同時並行	連用形　形容詞の終止形
副助詞	は	ある事物を他の事物と区別し強調する	種々の語
副助詞	も	同じ趣の事柄を付け加える　並列　強調	
副助詞	こそ	強意	
副助詞	か	不確か　選択	
副助詞	さえ	極端な事例を示して他を類推させる　限定して他を顧みない　添加	

種類	語	意味・用法	接続
副助詞	でも	極端な事例を示して他を類推させる　漠然とした指示を表す	種々の語
副助詞	しか	（下に打消を伴い）限定	
副助詞	なり	並列して選択の余地のあることを表す	
副助詞	やら	不確か　並列	
副助詞	ほど	およその程度　「につれて」の意	
副助詞	だけ	限定　程度	
副助詞	まで	範囲　限定　添加	
副助詞	ばかり	だいたいの程度　限定	
副助詞	など	例示　軽く扱う気持ちや謙遜の気持ちを添える	
終助詞	な	禁止	終止形
終助詞	か	疑問　反語　感動	体言　連体形
終助詞	の	断定　質問	連体形
終助詞	な（なあ）	感動	終止形
終助詞	ぞ・ぜ	念を押す　強意	終止形
終助詞	とも	強意	終止形
終助詞	よ	念を押す　強意　呼びかけ	体言　終止形　命令形
終助詞	わ	軽い感動	終止形
終助詞	こと	感動	終止形
終助詞	もの	不満　理由	終止形
終助詞	ね（ねえ）	感動を表す　念を押し調子を強める	種々の語
終助詞	さ	念を押し調子を強める	

5 口語助動詞活用表

接続	助動詞の種類	助動詞	意味	未然形	連用形	終止形	連体形	仮定形	命令形	活用の型	接続
未然形	自発・可能	れる	自発・可能	れ	れ	れる	れる	れれ	○	下一段型	五段・サ変の未然形
未然形	自発・可能	られる	自発・可能	られ	られ	られる	られる	られれ	○	下一段型	右以外の動詞の未然形
未然形	受身・尊敬	れる	受身・尊敬	れ	れ	れる	れる	れれ	れろ れよ	下一段型	五段・サ変の未然形
未然形	受身・尊敬	られる	受身・尊敬	られ	られ	られる	られる	られれ	られろ られよ	下一段型	右以外の動詞の未然形
未然形	使役・尊敬	せる	使役・尊敬	せ	せ	せる	せる	せれ	せろ せよ	下一段型	五段・サ変の未然形
未然形	使役・尊敬	させる	使役・尊敬	させ	させ	させる	させる	させれ	させろ させよ	下一段型	右以外の動詞の未然形
未然形	打消	ない	打消	なかろ	なく なかっ	ない	ない	なけれ	○	形容詞型	動詞・助動詞「れる」「られる」「せる」「させる」の未然形
未然形	打消	ぬ(ん)	打消	○	ず	ぬ(ん)	ぬ(ん)	ね	○	特殊型	動詞・助動詞「れる」「られる」「せる」「させる」の未然形
未然形	推量	う	推量・意志 勧誘	○	○	う	(う)	○	○	無変化型	五段・形容詞・形容動詞型活用語の未然形
未然形	推量	よう	推量・意志 勧誘	○	○	よう	(よう)	○	○	無変化型	五段以外の動詞の未然形
形	過去	た(だ)	過去・完了 存続	たろ	○	た	た	たら	○	特殊型	活用語の連用形
形	様態	そうだ	様態	そうだろ	そうだっ そうで そうに	そうだ	そうな	そうなら	○	形容動詞型	動詞型活用語の連用形 形容詞・形容動詞の語幹

体言・助詞		体言・連体形		終止形				連用			
断定		比況		伝聞		推定	打消推量	丁寧	希望		
です	**だ**	**ようです**	**ようだ**	**そうです**	**そうだ**	**らしい**	**まい**	**ます**	**たがる**	**たい**	**そうです**
丁寧な断定	断定	丁寧な比況 丁寧な例示 丁寧な不確かな断定	比況・例示・不確かな断定	丁寧な伝聞	伝聞	推定	打消推量 打消意志	丁寧	希望		丁寧な様態
でしょ	だろ	ようでしょ	ようだろ	○	○	○	○	ませ ましょ	たがら たがろ	たかろ	そうでしょ
でし	だっ で	ようでし	ようだっ ようで ように	そうでし	そうで	らしく らしかっ	○	まし	たがり たがっ	たく たかっ	そうでし
です	だ	ようです	ようだ	そうです	そうだ	らしい	まい	ます	たがる	たい	そうです
(です)	(な)	(ようです)	ような	○	○	らしい	(まい)	ます	たがる	たい	(そうです)
○	なら	○	ようなら	○	○	らしけれ	○	ますれ	たがれ	たけれ	○
○	○	○	○	○	○	○	○	ませ まし	○	○	○
特殊型	形容動詞型	特殊型	形容動詞型	特殊型	形容動詞型	形容詞型	無変化型	特殊型	五段型	形容詞型	特殊型
体言 助詞		活用語の連体形 格助詞「の」 連体詞		活用語の終止形		体言・形容動詞の語幹 動詞・形容詞の終止形	五段・助動詞「ます」の終止形 五段以外の動詞の未然形	動詞・助動詞の連用形	動詞型活用語の連用形		

6 紛らわしい語の識別一覧

語	例文	品詞◆識別法
ある	今日は試験が**ある**。	動詞◆存在を表す。形容詞「ない」に対応。
	吾輩《わがはい》は猫で**ある**。	補助動詞◆形容詞「ない」に対応しない。
	ある日のことだった。	連体詞◆体言を修飾。不特定を表す。
か	出席**か**欠席**か**決める。	副助詞◆文中にある。並列・選択を表す。
	このままでいいの**か**。	終助詞◆文末にある。疑問・反語・詠嘆など。
が	しつけ**が**厳しい。	格助詞◆体言に接続。
	厳しい**が**、温かい。	接続助詞◆終止形に接続。
	厳しい。**が**、温かい。	接続詞◆文頭にある。
から	すれちがい**から**別れた。	格助詞◆体言に接続。
	すれちがった**から**別れた。	接続助詞◆終止形に接続。
させる	詳しく調査**させる**。	動詞の未然形「さ」＋使役の助動詞「せる」 ◆「せる」は五段・サ変に付く。
	九回表まで投げ**させる**。	使役の助動詞◆上一・下一・カ変に付く。
そうだ	夕方から雨が降る**そうだ**。	伝聞の助動詞◆終止形に接続。
	今にも雨が降り**そうだ**。	様態の助動詞◆連用形に接続。
だ	今日は私の誕生日**だ**。	断定の助動詞◆体言に接続。上に連用修飾語が付けられない。
	伝言を頼ん**だ**。	過去の助動詞◆濁音化。音便「ん」「い」に付く。
	やもりは嫌い**だ**。	形容動詞の終止形活用語尾◆上に連用修飾語が付けられる。
	五時には着くそう**だ**。	伝聞の助動詞「そうだ」の一部◆⬇そうだ
	五時には着きそう**だ**。	様態の助動詞「そうだ」の一部◆⬇そうだ
	五時には着くよう**だ**。	比況の助動詞「ようだ」の一部◆⬇ようだ
で	電車**で**通学している。	格助詞◆体言に接続。
	鳥が空を飛ん**で**いる。	接続助詞「て」◆濁音化。音便「ん」「い」に付く。
	人間は考える葦**で**ある。	断定の助動詞「だ」の連用形◆体言に接続。「-な」に置き換えられない。
	さわやか**で**心地よい。	形容動詞の連用形活用語尾◆「-な」に置き換えられる。
	明日は雪が降るそう**で**ある。	伝聞の助動詞「そうだ」の一部◆⬇そうだ
	今にも雪が降りそう**で**ある。	様態の助動詞「そうだ」の一部◆⬇そうだ
	明日は雪が降るよう**で**ある。	比況の助動詞「ようだ」の一部◆⬇ようだ
でも	海外**でも**人気がある。	格助詞「で」＋副助詞「も」◆「で」と「も」は切り離せる。⬇で
	それほど暖か**でも**ない。	形容動詞の連用形活用語尾＋副助詞「も」◆「で」と「も」は切り離せる。⬇で
	斎藤茂吉《もきち》は医者**でも**ある。	断定の助動詞「だ」の連用形＋副助詞「も」◆「で」と「も」は切り離せる。⬇で
	手紙を読ん**でも**くれない。	接続助詞「て」＋副助詞「も」◆「で」と「も」は切り離せる。「て」は濁音化。
	叫ん**でも**返事はない。	逆接の接続助詞「ても」◆「で」と「も」は切り離せない。濁音化。音便「ん」「い」に付く。
	叫んだ。**でも**、返事はない。	逆接の接続詞◆「で」と「も」は切り離せない。文頭にある。
	散歩**でも**するか。	副助詞「でも」◆「で」と「も」は切り離せない。体言・連用形に付く。一例を示す意。
と	春が来たのだ**と**思う。	格助詞◆体言やそれに準ずる語句に付く。
	春が来る**と**、雪が解ける。	接続助詞◆終止形に接続。

二月**な**のに暖かい。　**断定の助動詞「だ」の連体形**◆「‐だ」に置き換えられる。「‐に」に置き換えられない。

彼は穏やか**な**性格だ。　**形容動詞の連体形活用語尾**◆「‐だ」「‐に」に置き換えられる。

な

おかし**な**話だ。　**連体詞の一部**◆「‐だ」「‐に」に置き換えられない。「な」をとると意味が通じない。

こごえそう**な**寒さだ。　**様態の助動詞「そうだ」の一部**◆⬇そうだ

こごえるよう**な**寒さだ。　**比況の助動詞「ようだ」の一部**◆⬇ようだ

廊下を走る**な**。　**禁止の終助詞**◆文末にある。動詞・助動詞の終止形に接続。

海は広い**な**。　**感動の終助詞**◆文末にある。終止形に接続。

ない

本を読む時間が**ない**。　**形容詞**◆「ぬ」に置き換えられない。

本はあまり読ま**ない**。　**打消の助動詞**◆「ぬ」に置き換えられる。未然形に接続。

さりげ**ない**気配り。　**形容詞の一部**◆「ない」をとると意味が通じない。

に

友人**に**手紙を書く。　**格助詞**◆名詞に付く。

知っているの**に**教えない。　**逆接の接続助詞「のに」の一部**◆⬇のに

きれい**に**掃除する。　**形容動詞の連用形活用語尾**◆「‐だ」に置き換えられる。

うれしそう**に**見える。　**様態の助動詞「そうだ」の一部**◆⬇そうだ

飛ぶよう**に**走る。　**比況の助動詞「ようだ」の一部**◆⬇ようだ

つい**に**終わりを告げた。　**副詞の一部**◆「‐だ」に置き換えられない。「に」をとると意味が通じない。

の

月**の**明るい夜だった。　**主格の格助詞**◆「が」に置き換えられる。

人を疑う**の**はよくない。　**準体言の格助詞**◆「もの」「こと」に置き換えられる。

地球**の**温暖化**の**問題。　**連体修飾格の格助詞**◆「が」「もの」「こと」に置き換えられない。

どうして帰らない**の**。　**終助詞**◆文末に付く。

この言葉を贈ろう。　**連体詞の一部**◆「この」「あの」「その」など。

のに

美しい**のに**とげがある。　**接続助詞**◆連体形に接続。逆接。

読む**のに**時間がかかる。　**準体言の格助詞「の」＋格助詞「に」**◆⬇の・に

ようだ

雪の**よう**に花が散る。　**比況の助動詞**◆「まるで」「いかにも」を付けられる。

君の**よう**な人は初めてだ。　**例示の助動詞**◆「たとえば」「まさに」を付けられる。

わかっていない**ようだ**。　**推定の助動詞**◆「…であるらしい」の意。

らしい

帰りは遅くなる**らしい**。　**推定の助動詞**◆「どうやら」を付けられる。

あた**らしい**服を着る。　**形容詞の一部**◆「らしい」をとると意味が通じない。

高校生**らしい**服を着る。　**接尾語**◆「…にふさわしい」「…の性質を備えている」の意。

れる

時間に追わ**れる**。　**受身の助動詞**◆「～に…される」の意。

三時までには来ら**れる**。　**可能の助動詞**◆「…ことができる」の意。

秋の気配が感じら**れる**。　**自発の助動詞**◆「自然に…する」の意。

先生が入って来ら**れる**。　**尊敬の助動詞**◆敬意を表す。

犬に吠えら**れる**。　**助動詞「られる」の一部**◆「れる」は五段・サ変に、「られる」は上一・下一・カ変に付く。

手を伸ばせば取**れる**。　**可能動詞の一部**◆五段動詞の下一段化。

索引

色字＝語彙　▼＝脚注欄　ポ＝ポイント　詳＝詳解

＊五十音順

助動詞

意志　あることをしようという思い　む・むず52　べし54
受身　他から動作や作用を受けること　る・らる66
打消　否定すること　ず51
打消意志　「……ないつもりだ」と意志を否定すること　じ56　まじ56
打消推量　「……ないだろう」と否定の内容を推量すること　じ56　まじ56
打消当然　そうしないのがあたりまえだということ　まじ56
詠嘆　初めて気がついた驚き・感動　けり46
婉曲　断定を避けて遠回しに言うこと　む・むず52
らむ58　けむ59　めり60　やうなり72
確述　確実に実現すること　つ・ぬ48
過去　過ぎ去った動作・状態　き46　けり46
過去推量　過去の事柄を推量すること　けむ59
仮定　実際には存在しないことを仮に想定して述べること　む・むず52
可能　そうすることができること　べし54　る・らる66
願望　実現することを願い望むこと　まほし・たし70
勧誘　相手にそうするように誘いかけ勧めること　む・むず52　べし54
完了　動作が完全に終わったこと　つ・ぬ48　たり・り50
義務　そうしなくてはならないこと　べし54
強意　意味を強めること　つ・ぬ48
禁止　相手にそうしないように求めること　まじ56
原因推量　原因・理由を推量すること　らむ58　けむ59
現在推量　直接に見ていない事柄が現在行われているだろうと推量すること　らむ58
使役　他に何かをさせること　す・さす・しむ68
実現不可能な希望　望んでもしかたのないことを望むこと　まし62
自発　自然にそうなること　る・らる66
状態　そのような状態であること　やうなり72
推定　根拠をもって推測すること　らし60　めり60　なり61
推量　まだ実現していないことや確かでないことを想像すること　む・むず52　べし54　らむ58　まし62
尊敬　動作をする人を敬うこと　る・らる66　す・さす・しむ68
存在　そこにあること　なり64
存続　動作・作用や状態が継続して現在も存在していること　たり・り50
断定　はっきり判断を下すこと　なり・たり64
適当　そうするのがふさわしいこと　む・むず52　べし54
伝聞　伝え聞くこと　らむ58　けむ59　なり61
当然　そうするのがあたりまえだということ　べし54
反実仮想　事実に反することを仮定して結果を想像すること　まし62
比況　他の事物にたとえて表すこと　ごとし71　やうなり72
不可能推量　実現できそうにないと推量すること　まじ56
不適当　そうしないほうがいいこと　まじ56
並列　二つ以上のものが同等に並んでいること　つ・ぬ48
迷い・ためらい　実行するかどうするか思い惑う気持ち　まし62
命令　他に命じること　べし54
様子　そのような様子であること　やうなり72
予定　前もって定めておくこと　べし54
例示　例として示すこと　ごとし71　やうなり72

助詞

＊主なもの

詠嘆　感動・感嘆すること　な106
か・かな106　は107　よ107　や109　を109
限定　そのことだけに限ること　より87　のみ96　ばかり97
最小限の限定　意志や希望などの表現中で、最も小さい事柄を示して、せめてそれだけはと限定・強調すること　だに96
即時　ある事柄が起こるとすぐ次の事柄が起こること　より87
添加　一つのことの上に、さらに他のことが加わること　に84　さへ96　も99
反語　疑問の表現をとることによって、それと逆の気持ちを強く表現する言い方　や〈やは〉・か〈かは〉101
比喩　事柄を他のものにたとえて表現すること　の82　と85
並行　二つ以上の動作・作用が同時に行われること　つつ94　ながら94
並列　二つ以上の事柄が同等に並んでいること　と85　も99
類推　①一つの事柄を示して、他の関係のある事柄を推し量ること　すら96
②程度の軽いものを示して、より程度の重いものを推し量ること　だに96

執筆者
○金子　彰（かねこあきら）　昭和二三年、愛媛県生まれ。広島大学大学院文学研究科博士課程単位修得（国語学専攻）。東京女子大学名誉教授。著書に『明恵上人資料第二』『髙山寺古訓点資料第一』『日本語史』（ともに共著）、論文に「世代差と表記差」などがある。

○野村貴郎（のむらきろう）　昭和二五年、愛媛県生まれ。兵庫教育大学大学院修士課程修了（国語学専攻）。武庫川女子大学名誉教授。著書に『北神戸 歴史の道を歩く』『源義経 鵯越えの坂落し』、論文に「『です』言い切り用法の考察」「用言に接続する『です』の考察」などがある。

○山口　豊（やまぐちゆたか）　昭和三三年、兵庫県生まれ。兵庫教育大学大学院修士課程修了（国語学専攻）。現在、武庫川女子大学教授。著書に『柳髪新話浮世床総索引』『夢酔独言総索引』（共著）『和英語林集成第三版訳語総索引』、論文に「近世後期の漢語受容について」などがある。

表紙写真出典：ColBase（https://colbase.nich.go.jp/）

訂正情報配信サイト　35826-04
利用に際しては、一般に、通信料が発生します。

https://dg-w.jp/f/a8fcc

古文解釈のための総合力を養う
完全マスター古典文法〈改訂三版〉

2000年1月10日　初版　第1刷発行
2022年1月10日　改訂3版　第1刷発行
2025年1月10日　改訂3版　第4刷発行

編　者　第一学習社編集部
発行者　松　本　　洋　介
発行所　株式会社　第一学習社

広　島：広島市西区横川新町7番14号　〒733-8521　☎082-234-6800
東　京：東京都文京区本駒込5丁目16番7号　〒113-0021　☎03-5834-2530
大　阪：大阪府吹田市広芝町8番24号　〒564-0052　☎06-6380-1391

札　幌：☎011-811-1848　仙　台：☎022-271-5313　新　潟：☎025-290-6077
つくば：☎029-853-1080　横　浜：☎045-953-6191　名古屋：☎052-769-1339
神　戸：☎078-937-0255　広　島：☎082-222-8565　福　岡：☎092-771-1651

書籍コード　35826－04
落丁・乱丁本はおとりかえします。
解答は個人のお求めには応じられません。

ISBN978—4—8040—3582—6

ホームページ　https://www.daiichi-g.co.jp/

文語動詞活用表

種類	ページ	行	語	語幹	未然形	連用形	終止形	連体形	已然形	命令形
四段	18	カ行	聞く	き	か	き	く	く	け	け
		ガ行	泳ぐ	およ	が	ぎ	ぐ	ぐ	げ	げ
		サ行	隠す	かく	さ	し	す	す	せ	せ
		タ行	立つ	た	た	ち	つ	つ	て	て
		ハ行	思ふ	おも	は	ひ	ふ	ふ	へ	へ
		バ行	遊ぶ	あそ	ば	び	ぶ	ぶ	べ	べ
		マ行	住む	す	ま	み	む	む	め	め
		ラ行	帰る	かへ	ら	り	る	る	れ	れ
下二段	20	ア行	得	(う)	え	え	う	うる	うれ	えよ
		カ行	明く	あ	け	け	く	くる	くれ	けよ
		ガ行	上ぐ	あ	げ	げ	ぐ	ぐる	ぐれ	げよ
		サ行	失す	う	せ	せ	す	する	すれ	せよ
		ザ行	混ず	ま	ぜ	ぜ	ず	ずる	ずれ	ぜよ
		タ行	捨つ	す	て	て	つ	つる	つれ	てよ
		ダ行	愛づ	め	で	で	づ	づる	づれ	でよ
		ナ行	連ぬ	つら	ね	ね	ぬ	ぬる	ぬれ	ねよ
		ハ行	経	(ふ)	へ	へ	ふ	ふる	ふれ	へよ
		バ行	比ぶ	くら	べ	べ	ぶ	ぶる	ぶれ	べよ
		マ行	集む	あつ	め	め	む	むる	むれ	めよ
		ヤ行	覚ゆ	おぼ	え	え	ゆ	ゆる	ゆれ	えよ
		ラ行	恐る	おそ	れ	れ	る	るる	るれ	れよ
		ワ行	植う	う	ゑ	ゑ	う	うる	うれ	ゑよ
二段	22	カ行	尽く	つ	き	き	く	くる	くれ	きよ
		ガ行	過ぐ	す	ぎ	ぎ	ぐ	ぐる	ぐれ	ぎよ
		タ行	落つ	お	ち	ち	つ	つる	つれ	ちよ
		ダ行	恥づ	は	ぢ	ぢ	づ	づる	づれ	ぢよ
		ハ行	強ふ	し	ひ	ひ	ふ	ふる	ふれ	ひよ
		バ行	帯ぶ	お	び	び	ぶ	ぶる	ぶれ	びよ

文語助詞の意味・用法・接続

種類	助詞	ページ	意味・用法 （ ）は訳語	接続
格助詞	が	82	主格(…ガ、…ノ)連体修飾格(…ノ、…ノヨウナ)体言の代用(…ノ、…ノモノ、…ノコト)同格(…デ)	体言・連体形
	の	82	主格(…ガ、…ノ)連体修飾格(…ノ、…ノヨウナ)体言の代用(…ノ、…ノモノ、…ノコト)同格(…デ)比喩(…ノヨウニ)	体言・連体形
	へ	82	方向(…ヘ)	体言
	を	82	対象(…ヲ)起点(…ヲ、…カラ)通過する場所(…ヲ、…ヲ通ッテ)継続する期間(…ヲ、…ノ間ヲ)	体言・連体形
	に	84	時間・場所(…ニ、…時ニ、…デ)帰着点(…ニ)対象(…ニ)目的(…ニ、…ノタメニ)原因・理由(…ノタメニ、…ニヨッテ)手段・方法(…デ、…ニヨッテ)変化の結果(…ニ、…ト)受身・使役の対象(…ニ)比較の基準(…ト比ベテ、…ヨリ)添加(…ニ、…ノ上ニ、…ニ加エテ)内容(…ト、…トシテ、…デアルト)資格・状態(…トシテ、…デ)	体言・連体形
	と	85	動作をともにする相手(…ト)変化の結果(…ト、…ニ)比較の基準(…ト、…ニ比ベテ)引用・内容(…ト、…ト言ッテ、…ト思ッテ)並列(…ト…ト)比喩(…ノヨウニ)	体言・引用句
	にて	86	場所・年齢(…デ)手段・方法・材料(…デ、…ニヨッテ)原因・理由(…デ、…ニヨッテ)資格・状態(…トシテ、…デ)	
	[illegible]	6	手段・方法・材料(…デ、…ニヨッテ、…ヲ使ッテ)人数・範囲(…	
接続助詞	が・に・を	92	逆接の確定条件(…ノニ、…ケレドモ、…ガ)順接の確定条件(…カラ、…ノデ)単純接続(…ガ、…ト、…トコロ)	連体形
	で	94	打消接続(…ナイデ、…ズニ)	未然形
	つつ	94	反復・継続(…テハ、…続ケテ)並行(…ナガラ、…ツツ)	連用形
	ながら	94	存続(…ママデ)並行(…ナガラ、…ツツ)逆接の確定条件(…ノニ、…ケレドモ、…ガ)	
副助詞	だに	96	程度の軽いものを示して、より程度の重いものを類推させる(…サエ)最小限の限定(セメテ…ダケデモ)	種々の語
	すら	96	一つのものを示して、それ以外のものを類推させる(…サエ)	
	さへ	96	添加(…マデモ)	
	のみ	96	限定(…ダケ)強意(ヒドク…、トクニ…)	
	ばかり	97	限定(…ダケ、…バカリ)およその程度(…クライ、…ホド)	
	まで	97	限界(…マデ)程度(…マデ、…ホド)	
	など	97	例示(…ナド)引用(…ナドト)婉曲(…ナド)	
	し・しも	98	強意、(下に打消を伴い)部分否定(必ズシモ…〈デハナイ〉)	
係助詞	は	99	提示(…ハ)対比(…ハ)強調(…ハ)	
	も	99	並列(…モ…モ)添加(…モ、…モマタ)類推(…デモ、…ダッテ)最小限の希望(セメテ…ダケデモ、…デモ)強意(…モ)	
	ぞ・なむ・こそ	100	強意	
	や〈やは〉・か〈かは〉	101	疑問(…カ)反語(…ダロウカ、イ…	